古典文獻研究輯刊

二三編

潘美月・杜潔祥 主編

第4冊

《荀子》校補（下）

蕭 旭 著

國家圖書館出版品預行編目資料

《荀子》校補（下）／蕭旭 著 -- 初版 -- 新北市：花木蘭文化出版社，2016〔民105〕
目 2+210 面；19×26 公分
（古典文獻研究輯刊 二三編；第 4 冊）
ISBN 978-986-404-843-4（精裝）
1. 荀子 2. 校勘
011.08   105015200

ISBN-978-986-404-843-4

古典文獻研究輯刊
二三編 第 四 冊   ISBN：978-986-404-843-4

《荀子》校補（下）

作　者	蕭　旭
主　編	潘美月　杜潔祥
總 編 輯	杜潔祥
副總編輯	楊嘉樂
編　輯	許郁翎、王筑　美術編輯　陳逸婷
企劃出版	北京大學文化資源研究中心
出　版	花木蘭文化出版社
社　長	高小娟
聯絡地址	235 新北市中和區中安街七二號十三樓
	電話：02-2923-1455／傳真：02-2923-1452
網　址	http://www.huamulan.tw 信箱 hml 810518@gmail.com
印　刷	普羅文化出版廣告事業
初　版	2016 年 9 月
全書字數	554401 字
定　價	二三編 21 冊（精裝）新台幣 40,000 元

《荀子》校補（下）

蕭旭　著

目次

卷第十四

《樂論篇》第二十校補

此篇與《禮記・樂記》、《史記・樂書》大同，下引省稱作「《禮記》」、「《史記》」。

（1）故人不能不樂，樂則不能無形，形而不為道，則不能無亂

按：久保愛曰：「道音導。」王天海曰：「道，疏導也。」二氏說非是。《禮記》孔疏解「不爲道」爲「不依道理」，則「道」當讀如字。「爲」讀平聲，不讀去聲。

（2）使其聲足以樂而不流，使其文足以辨而不諰

按：①《禮記》鄭注：「流，猶淫放也。」久保愛曰：「流，猶淫也。」久說本於鄭注，流、淫一音之轉耳。②《禮記》鄭注：「文，篇辭也。息，猶銷也。」孔疏：「使其文足論而不息者，文謂樂之篇章，足可談論義理而不息止也。」《史記集解》從鄭說，王懋竑從鄭、孔說〔註1〕。盧文弨曰：「辨而不諰，《禮記》作『論而不息』，《史記》作『綸而不息』。此作『諰』，乃『息』之訛。此二字形近易訛也。」王念孫、孫詒讓從盧說〔註2〕。郝懿行曰：「『諰』乃別字，古止作『息』。《樂記》作

〔註1〕 王懋竑《荀子存校》，《讀書記疑》卷11，收入《續修四庫全書》第1146冊，第355頁。

〔註2〕 孫詒讓《墨子後語》卷下《墨學通論》，附於《墨子閒詁》，中華書局2001年

『論而不息』是也。《荀》書多以『諰』爲『葸』，此又以『諰』爲『息』，皆假借也。」楊柳橋從郝說，楊氏又曰：「息，塞也。」蔣南華曰：「辨而不諰，清晰而不窒塞。」蔣說當襲自楊氏。丁晏曰：「古『綸』、『論』通。」〔註3〕物双松曰：「諰，恐貌。此借言不安裕意。」冢田虎曰：「『諰』、『葸』同，恐懼也。」羅焌曰：「諰，今作『葸』，不悅懌之貌。」梁啓雄曰：「辨，明也。諰，當作『偲』。《廣雅》：『偲，佞也。』有『邪』義。」李滌生曰：「諰，邪思、妄念。」李說當襲自梁氏。蔣禮鴻曰：「此『諰』字義當與『鰓』同，《說文》玉部曰：『鰓理自外，可以知中。』是『鰓』爲文理分別之義，『諰』亦分別也。諰者，辨之太過。諰與辨義本相近，而故爲別之。『息』當作『思』。盧氏、郝氏以不誤爲誤，蓋皆蔽於《禮記》鄭注、孔疏。」龍宇純曰：「『諰』字當是辨過而泥之意。『息』當是『思』字之誤。盧、郝、梁諸說並誤。」〔註4〕王天海曰：「諰，通『葸』。《集韻》：『葸，難順也。息改切。』言其明且順也。」《集韻》葸訓難順，「順」是「愼」借字，《廣雅》：「葸，愼也。」《後漢書・班固傳》《典引》：「雖云優愼，無乃葸歟？」葸亦愼也。「難順」是畏難謹愼義。王天海不知「難順」之義，亂解一通。《說文》「鰓」本訓角中骨，引申則指文理，「鰓理」喻指玉中的文理，「鰓」無分別之義。蔣禮鴻、龍宇純說無據。「諰」、「諰」形聲俱近，可能是形誤，亦可能是聲借，鄭、孔盧、郝說是。辨，讀爲辯，與「論」同義。

（3）是先王立樂之方也

按：王天海曰：「《樂記》鄭注：『方，道也。』方，義也，此指道理。鄭說未了。」鄭注是，《史記集解》亦從之。鄭說如何未了？

（4）故樂在宗廟之中，則君臣上下同聽之，莫不和敬

按：君臣，各本同，《禮記》、《史記》、《白虎通義・禮樂》引亦同，王天海本誤作「群臣」。又下文「比物飾節者也」，王天海本「飾節」誤作「節

版，第 736 頁。

〔註3〕丁晏《禮記釋注》卷 3，收入《續修四庫全書》第 106 冊，上海古籍出版社 2002 年版，第 36 頁。

〔註4〕龍宇純《讀荀卿子札記》，收入《荀子論集》，學生書局 1987 年版，第 209 頁。

節」。

（5）習其俯仰屈申

按：俯仰，王天海本誤作「府俯」。屈申，各本作「屈伸」，《禮記》作「詘伸」，《史記》作「詘信」，《白虎通義・禮樂》作「屈信」，本篇下文亦作「詘信」。詘、屈，伸（申）、信，並正、借字。

（6）而容貌得莊焉

按：莊，《禮記》、《史記》同，《白虎通義・禮樂》作「齊」。齊亦莊也、敬也。

（7）要其節奏

按：物双松曰：「『要』、『邀』通，赴也。」久保愛曰：「要，會也。」王天海曰：「《樂記》鄭注：『要，猶會也。』要，把握也。」《史記集解》從鄭注，要訓會是和同、和合義。《詩・蘀兮》：「叔兮伯兮，倡予和女。」又「叔兮伯兮，倡予要女。」要亦和也。下文「以要鍾鼓俯會之節」，亦此誼。「要」無把握之義，王氏臆說耳。

（8）先王喜怒皆得其齊焉，是故喜而天下和之，怒而暴亂畏之

按：盧文弨曰：「《禮記》『齊』作『儕』。」鄭玄注：「儕，猶輩類。」郝懿行曰：「齊，謂分齊也。《禮記》作『儕』，假借字耳。」久保愛曰：「得齊，謂喜怒中節也。」王先謙曰：「《史記》作『齊』。」梁啓雄曰：「齊，和也。」王天海曰：「齊，通『劑』，調和也。」《白虎通義・禮樂》亦作「儕」。久、梁說是，齊、儕，正、借字。《爾雅》：「齊，中也。」喜怒皆得其齊，言喜怒各得其中和，都合宜。

（9）如是，則百姓莫不安其處、樂其鄉，以至足其上矣

按：安積信曰：「『至』字疑衍。」鍾泰曰：「足其上，猶言重其上。」王天海曰：「至，極也。足，擁護也。《管子・五行》：『春辟無時，苗足本。』尹知章注：『足，猶擁也。春生之苗，當以土擁其本。』」安、鍾說是，下文「如是，則百姓不安其處、不樂其鄉，不足其上矣」，正無「至」字。王氏所引《管子》，今本「無」作「勿」。尹注「足，猶擁」，「擁」同「壅」，指培土。王氏不知，亂引一通。

（10）樂者，聖人之所樂也，而可以善民心，其感人深，其移風易俗，
　　　故先王導之以禮樂而民和睦

　按：久保愛曰：「《孝經》曰：『移風易俗，莫善於樂。』」王先謙曰：「《史
　　　記》作『其風移俗易』，語皆未了。此二語相儷，當是『其感人深，其
　　　移風俗易』。」楊柳橋從王說。陶鴻慶曰：「《史記》作『其風移俗易』，
　　　《漢書・禮樂志》作『其移風易俗易』，當以《漢書》爲是。」梁啓雄、
　　　徐仁甫說同陶氏，徐氏並指出說見《經義述聞》卷 15。龍宇純曰：「疑
　　　本作『其移風易』。」龍氏後又訂作「當是『其移風俗易』」〔註5〕。
　　　陶、龍說非是，本書不誤，《禮記》、《說苑・修文》並作「其移風易俗」，
　　　是其證也；《漢紀》卷 5 作「移人疾」，則誤以《漢書》下「易」爲「疾」。
　　　久氏所引《孝經》，以及《史記・太史公自序》「樂者，所以移風易俗
　　　也」，亦是其證。《漢書・董仲舒傳》：「樂者，所以變民風、化民俗也。」
　　　《御覽》卷 565 引《樂說》：「制禮作樂者，所以改世俗、致祥風、和
　　　雨露，爲萬姓獲福於皇天者也。」「變民風、化民俗」、「改世俗、致祥
　　　風」云者，即「移風易俗」也。「其移風易俗」言禮樂可以改易風俗，
　　　不與「其感人深」爲對句。

（11）故樂者，治人之盛者也

　按：物双松曰：「言治人之道，其盛者樂也。」久保愛曰：「治人之道，莫盛
　　　於樂。」王天海曰：「盛，與『成』同。物、久二說皆非也。」王說非
　　　是，上文「先王之道，禮樂正其盛者也」，《禮記》、《史記》、《白虎通義・
　　　禮樂》作「先王之道，禮樂可謂盛矣」，「盛」字義同，當讀如字。上下
　　　文皆「禮」、「樂」並言，疑此文「樂」上脫「禮」字。

（12）禮樂之統，管乎人心矣

　按：梁啓雄曰：「管，猶包也。《史記》『管』作『貫』。」王天海曰：「管，
　　　通『貫』。貫乎人心，即貫通人心。」《禮記》作「禮樂之說，管乎人情
　　　矣」，《史記》作「禮樂之說，貫乎人情矣」。鄭玄注：「管，猶包也。」
　　　《史記正義》：「貫，猶通也。」梁說本於鄭注，王說本於《正義》。管，
　　　管攝，「貫」乃借字。此文「統」當是「說」形譌，《樂書》卷 21 引已

〔註5〕龍宇純《荀子集解補正》、《讀荀卿子三記》，並收入《荀子論集》，學生書局
　　　　1987 年版，第 158、297 頁。

誤。

（13）窮本極變，樂之情也；著誠去偽，禮之經也

按：熊公哲曰：「著，深入也。」王天海曰：「著，猶貯也。」極，《禮記》、
《史記》作「知」。王說非是。《史記正義》：「著，明也。經，常也。著
明誠信，違去詐偽，是理之常行也。」《漢書・杜欽傳》：「表實去偽。」
顏師古注：「表，明也。」「著誠去偽」即「表實去偽」也。

（14）鼓天麗，鍾統實

按：天，各本作「大」。郝懿行依宋本作「天麗」。物双松曰：「麗者，群
音之所附麗，如萬象之麗乎天歟？」久保愛曰：「鼓天，故曰大。」
王先謙曰：「作『大』者是。鼓之爲物大，音亦大。麗者，偶物爲麗。」
久保愛曰：「宋本『大』作『天』，韓本同，非。鼓似天，故曰大。鍾
似地，故曰統。」劉師培曰：「『麗』當作『𧁤』，『𧁤』即『讙』字之
省文，猶言鼓聲大而喧也。」于省吾曰：「麗，應讀作𥠖，抗也。」
楊柳橋從于說。梁啓雄引高亨曰：「麗，讀爲離，遠也。言鼓音大而
遠也。」章詩同說同，當取自高說。李滌生從高說。駱瑞鶴曰：「天，
當作『夭』，此取壯盛之意。麗，疑當作『麤（音肩）』，《說文》：『麤，
鹿之絕有力者。』然則『鼓夭麤』謂鼓之聲壯盛有力也。」王天海曰：
「麗，與『儷』同，配偶也。鼓天麗者，謂鼓與天相匹偶，故下文云
『鼓似天』。『天』字，諸本作『大』者，形誤也。」駱瑞鶴妄改，全
無章法，且「麗」是名詞，「夭麤」亦不辭。王先謙、久保愛謂當作
「大麗」，是也，《儀禮集傳通解》卷 27 引同，然二氏所解則誤。《樂
書》卷 12：「先王之爲樂也，發之聲音則鑄之金而爲鍾，其用統實以
象地；節之革而爲鼓，其用大麗以象天。」（卷 169 略同）又卷 50：「是
故鼓大麗而象天，鍾統實而象地，天先而地從之，鼓先而鍾從之。」
又卷 68：「鼓者冬至之音，其大麗似天；鍾者立秋之音，其統實似地。」
又卷 79：「次之則鼓大麗而象天，鍾統實而象地，天先而地從之，鼓
先而鏞從之。」又卷 109：「是鼓大麗而象天，鍾統實而象地，天先而
地從之，鼓先而鏞從之。」並本《荀子》，是宋人所見，皆作「大麗」。
鼓大麗者，指鼓音壯麗，故下文言鼓爲樂之君，又言鼓似天。統實，
劉師培、豬飼彥博謂當作「充實」，可從。

（15）塤箎翁博

按：郝懿行曰：「翁者，後世以爲父老之偁，古義不爾。此『翁博』、『婦好』或皆假借之字，其義未聞。」邵晉涵曰：「塤箎翁博，指塤箎之大者而言。」〔註6〕物双松曰：「翁博，蓋如雲之生而不窮邪，比琴瑟或有濃厚之意歟？」久保愛曰：「翁，未詳。或曰與『蓊』通。蓊博，盛大貌。」俞樾曰：「『翁』當爲『滃』。《文選・江賦》曰：『氣滃渤以霧杳。』翁博，猶滃渤也〔註7〕。『博』與『渤』亦一聲之轉。」王先謙、孫詒讓從俞說〔註8〕。劉師培曰：「『翁』與『泱』同（《說文》：『泱，滃也。』）……此文之『翁博』，翁即泱泱，博即大也。」梁啓雄從劉說。陳直曰：「翁指塤聲，博指箎聲。『翁』爲『滃』字省文。」楊柳橋曰：「翁，疑讀爲雍。翁博，謂雍和而寬博也。」董治安曰：「『翁』通『雍』。雍博者，沉雍廣遠之謂也。」王天海曰：「翁，通『甕』，甕者，聲之重濁沉悶也。博者，深也。」王天海純是臆說，今人謂鼻不清爲「甕（瓮）鼻」者，「甕」是狀語，謂如甕聲耳，非此文之誼，且「甕博」不辭。俞樾說近是，然未盡也。所引《文選・江賦》「滃渤」，五臣本作「滃浡」。李善注：「滃渤，霧出皃。成公綏《天河賦》曰：『氣蓬勃以霧蒸。』」「翁博」、「滃渤」皆與「蓬勃」同義。柳宗元《招海賈文》：「陰陽開闔兮，氛霧滃渤。」亦作「滃勃」，《初學記》卷2魏・繆襲《喜霽賦》：「白日時其潛旭兮，雲滃勃而交回。」倒言則作「浡滃」，《漢書・揚雄傳》《解嘲》：「泰山之高不嶕嶢，則不能浡滃雲而散歊烝。」顏師古曰：「浡滃，盛也。滃，雲氣皃。」也倒言作「勃滃」，《後漢書・馬融傳》《廣成頌》：「黃塵勃滃，闇若霧昏。」滃之言「鬱翁」（也倒言作「翁鬱」），渤之言「蓬勃」。《類聚》卷61晉・庾闡《揚都賦》：「滃渤灪滃，潢漾擁涌。」「滃渤」同「蓬勃」，「灪滃」同「鬱翁」。「翁博」、「滃勃」等詞即「滃渤灪滃」省文。《漢書・禮樂志》：「殊翁雜。」沈欽韓曰：「《集韻》：『翁，《說文》：「頭（頸）毛也。」』按頭上毛易雜色，《荀子・樂論》『塤箎翁博』，翁亦有雜義。

〔註6〕邵晉涵《爾雅正義》卷8，收入《續修四庫全書》第187冊，上海古籍出版社2002年版，第156頁。
〔註7〕王天海引「滃渤」誤作「滃博」。
〔註8〕孫詒讓《荀子校勘記》，收入《籀廎遺著輯存》，中華書局2010年版，第555頁。

《墨子·節葬》『翁縒経』，亦謂縒之垂如鳥頭（頸）毛。」〔註9〕三例「翁」亦翁鬱義，沈氏謂由「頸毛也」引申，非是。

（16）瑟易良，琴婦好

按：《增韻》卷3、4並云：「婦，好貌。《荀子》：『琴婦好。』又曰：『其容婦。』」傅山、物双松、俞樾並謂「婦」是靜柔、柔婉義，俞氏又指出「婦好」即「女好」，王先謙、梁啓雄、楊柳橋從俞說。《左傳·宣公三年》：「以蘭有國香，人服媚之如是。」章太炎曰：「杜預注：『媚，愛也。』本《毛詩》傳。『服』字無訓。『服』當讀爲『婦』，《白虎通》、《說文》、《釋名》皆云：『婦，服也。』是『婦』、『服』聲義皆同。《荀子》：『琴婦好。』又云：『其容婦。』是『婦』有美好之義。婦爲美好，亦爲愛好；猶《小爾雅》云『媚，美也』、《廣雅》云『媚，好也』，而引申亦爲愛好也。是則『服』、『媚』二字同義也。」〔註10〕劉師培曰：「章絳云云。案章說是，後世『嫵媚』二字，即『服媚』之轉音。又本篇下文『其容婦』，亦與『婦好』之義同。」諸說皆是也，婦之言服，女之言如，皆取柔弱順從之義。陳直曰：「俞說非是。『婦好』二字不辭，當爲『俙好』之假借字。謂琴聲依象天地之情而美好也。」陳說誤，「俙好」不辭。豬飼彥博、龍宇純謂「婦」當作「靜」〔註11〕，王天海讀婦爲媚，全無根據。

（17）歌清盡舞意，天道兼

按：物双松曰：「『盡』豈『審』歟？」王先謙、久保愛並讀作「歌清盡，舞意天道兼」，王氏云：「盡者，反復以盡之。」梁啓雄從王說。高亨曰：「盡，讀爲津。清津，猶清潤也。」楊柳橋從高說，並指出本字爲「盡」，其說本於《說文繫傳》。駱瑞鶴曰：「當讀作『清歌盡舞意，天道兼』，言和樂之歌清明而使舞意曲盡，則天道兼具矣。」李中生曰：「歌清盡即歌聲音清越而優美。」〔註12〕王天海曰：「盡者，極也。此言歌清明

〔註9〕 沈欽韓《漢書疏證》卷14，收入《續修四庫全書》第266冊，上海古籍出版社2002年版，第447頁。《說文》原文作「頸毛也」，《集韻》引不誤，沈氏誤引。

〔註10〕 章太炎《春秋左傳讀》，收入《章太炎全集（2）》，上海人民出版社1982年版，第372～373頁。

〔註11〕 龍宇純《荀子集解補正》，收入《荀子論集》，學生書局1987年版，第160頁。

〔註12〕 李中生《〈荀子〉詞例誤釋舉例》、《讀〈荀子〉札記》，並收入《荀子校詁叢

至極也。」「清盡」不辭，然不當乙作「清歌」，《儀禮集傳通解》卷 27、《樂書》卷 30、171 引同摹宋本。高亨讀作「清津」，雖於古音有據，然「清津」用作「清潤」以狀歌，古籍未見，且下句「舞意」缺動詞，故高說不可取。「清」當作「情」，字之誤也。本文疑當作「〔合〕歌情，盡舞意，天道兼」。《文選・舞賦》：「（宋）玉曰：『臣聞歌以詠言，舞以盡意。』」李善注引《說苑》佚文：「聲樂易良而合於歌情，盡舞意。」正本於此文。《書鈔》卷 109「而合於歌」條引《說苑》：「聲樂之象，瑟易瑟良，而合於樂也。」孔廣陶校：「今案此條有譌脫，陳、俞本刪。」
〔註 13〕《樂書》卷 33：「荀卿曰：『歌清盡。』以清盡之聲，歌清廟之詩。」《古微書》卷 20 引「清盡」作「清淨」。並非是。

（18）目不自見，耳不自聞也，然而治俯仰詘信、進退遲速，莫不廉制

按：廉制，《儀禮集傳通解》卷 27、《樂書》卷 23、171 引同，《樂書》卷 30 引作「兼制」。作「兼制」是也。「制」與「治」異字同義，言對於俯仰詘信、進退遲速，無不兼而治之也。王先謙、于省吾、楊柳橋謂「廉制」即上文「磬廉制」之「廉制」，王氏解作「謂舞之容節，莫不廉棱而有裁斷也」，于氏讀作「廉折」，楊氏解作「清明」，皆非是，二者明顯不同義。王天海曰：「廉者，節也。廉制，即節制。」王天海尤為臆說，「廉」無節制義。

（19）盡筋骨之力，以要鍾鼓俯會之節，而靡有悖逆者

按：要，和也。楊柳橋曰：「俯會，本作『附會』。」駱瑞鶴曰：「俯會，猶會聚。『俯』與『府』同，聚也。」王天海曰：「俯、附一聲之轉。」俯會，《儀禮集傳通解》卷 27、《樂書》卷 12、23、30 引作「拊會」，《玉海》卷 107：「盡筋骸之力，以要鍾鼓拊會之節。」本於《荀子》，亦作「拊會」。俯（拊）會，讀作符會，猶言符合，與「悖逆」對舉成文。

（20）眾積意譯譯乎

稿》，廣東高等教育出版社 2001 年版，第 49、208 頁。
〔註 13〕《書鈔》卷 109，孔廣陶校注本，收入《續修四庫全書》第 1212 冊，上海古籍出版社 2002 年版，第 503 頁。

按：傅山曰：「諢，直黎、直利二切，諄諢也。」〔註14〕王懋竑曰：「『諢』當作『諈』，音池、稚二音，《說文》：『諄諈也。』」〔註15〕盧文弨曰：「元刻無『意』字。諢，《說文》作『諈』，云：『語諄諈也。』元刻正同。」郝懿行曰：「此論舞意與眾音繁會而應節，如人告語之熟，諈諈然也。《說文》云：『諈，語諄諈也。』」王先謙、符定一從郝說〔註16〕。胡文英曰：「哇哇，多言而厭也。吳中謂多言而高曰諢諢哇哇，《荀子》：『眾積諢諢乎。』」〔註17〕物双松曰：「諈，《說文》：『語諄諈也。』積，皆也。」鍾泰曰：「積者，習也。諢諢，猶諄諄，厚也。言眾習此而意諄厚也。盧欲依元刻去『意』字，非也。」梁啓雄、熊公哲從鍾說。楊柳橋曰：「意，猶或也，或作『抑』。諢諢，蓋與『遲遲』同義，舒緩也。」駱瑞鶴曰：「『諢』借爲『徲』，其義本行路之久遠。言眾人積習其舞樂之意日久也。」王天海曰：「諢諢，疑讀作『癡癡』，一聲之轉。言眾舞者積意癡迷於樂舞也。」遞修本無「意」字，「諢諢」作「諈諈」，《儀禮集傳通解》卷27引同。《增韻》卷1：「諈，《廣韻》：『語諄諈。』《荀子》：『眾積諈諈乎。』」又卷4同，並與遞修本合。是宋、元人所見本無「意」字。諈、諢，正、俗字。《說文》「語諄諈」者，段玉裁謂「諄諈」即「鈍遲」，錢坫、朱駿聲謂即「遲鈍」，錢氏又引此文解爲「語言遲鈍」；桂馥、王筠引《集韻》「諈，喥諈，語不正」以說之，謂「諄」當作「喥」〔註18〕。敦煌寫卷 P.2011 王仁昫《刊謬補缺切韻》：「諈，語諈。」諈之言遲，行動之遲緩爲遲，語言之遲鈍爲諈，其義一也。此文「諈諈」，即「遲遲」，舒緩貌，從容不迫貌。《禮記‧孔子閒居》：「孔子曰：『無聲之樂，氣志不違。無體之禮，威儀遲遲。』」眾積諈諈，言眾人積習於舞意而從容不迫，狀其有威儀也。

〔註14〕王天海引誤點作「諄，諢也」。

〔註15〕王懋竑《荀子存校》，《讀書記疑》卷 11，收入《續修四庫全書》第 1146 冊，上海古籍出版社 2002 年版，第 356 頁。

〔註16〕符定一《聯緜字典》酉集，中華書局 1954 年版，第 123 頁。

〔註17〕胡文英《吳下方言考》卷 4，收入《續修四庫全書》第 195 冊，上海古籍出版社 2002 年版，第 32 頁。

〔註18〕段玉裁《説文解字注》，錢坫《説文解字斠詮》，朱駿聲《説文通訓定聲》，桂馥《説文解字義證》，王筠《説文解字句讀》，並收入丁福保《説文解字詁林》，中華書局 1988 年版，第 2924 頁。

（21）其養生無度，其送死瘠墨

按：郝懿行曰：「《禮論篇》云：『送死不忠厚、不敬文謂之瘠……刻死而附
生謂之墨。』墨者，墨子之教，以薄爲道也〔註19〕。瘠，亦儉薄之意。」
王先謙、符定一從郝說〔註20〕。物双松曰：「瘠、墨，皆見《禮論篇》。」
劉師培曰：「郝氏解『墨』字非也。《左傳・昭十四年》：『貪而敗官爲
墨。』……『墨』即昏墨之墨也……《解蔽篇》引《詩》曰：『墨以爲
明。』楊云：『墨，猶蔽塞也。』郝懿行曰：『墨者，幽暗之義。』蓋貪
墨者必惑，故『墨』義又與『蔽塞』相同。」楊柳橋曰：「墨，謙也。
亦減縮之意。」王天海曰：「瘠，薄也。墨，讀爲薄。」《禮論篇》楊倞
注：「瘠，薄。刻，損減。附，增益也。墨子之法。」王懋竑、王念孫
謂「『墨』非墨子之謂」〔註21〕，文廷式謂「此『墨』字必指墨子，楊
注不誤」〔註22〕，于鬯謂「墨」訓蔽塞，楊柳橋謂「墨」訓晦暗不明，
李新魁謂「墨，即黑也」〔註23〕，王天海讀「墨」爲「昧」或「眛」。「墨」
字于鬯、劉師培說是。王天海於二文不能照應，濫說音轉，讀墨爲薄，
全無根據。

〔註19〕 引者按：《孟子・滕文公上》：「墨之治喪也，以薄爲其道也。」此郝氏所本。
〔註20〕 符定一《聯縣字典》午集，中華書局 1954 年版，第 112 頁。
〔註21〕 王懋竑《荀子存校》，《讀書記疑》卷 11，收入《續修四庫全書》第 1146 冊，
第 356 頁。
〔註22〕 文廷式《純常子枝語》卷 15，收入《續修四庫全書》第 1165 冊，第 205 頁。
〔註23〕 李新魁《類別辭匯釋》，河南人民出版社 1989 年版，第 568 頁。

卷第十五

《解蔽篇》第二十一校補

（1）亂國之君，亂家之人，此其誠心莫不求正而以自為也，妬繆於道而人誘其所迨也

> 楊倞注：迨，近也。近，謂所好也。言亂君、亂人本亦求理，以其嫉妬迷繆於道，故人因其所好而誘之。謂若好儉則墨氏誘之，好辯則惠氏誘之也。

按：郝懿行曰：「迨者，及也。注訓近，則借為『殆』字。殆訓近也，其義較長。」王先謙從郝說。物双松曰：「言妬，故繆於道也。」久保愛曰：「『迨』不可訓近，當是『殆』字誤。或疑楊倞時未誤，故訓近。其後並注文而誤。」豬飼彥博引白鹿曰：「『妬』當作『始』。」鍾泰曰：「迨，借為殆，危也，不正也。『殆』與『正』相對為義。」高亨曰：「迨，疑借為怡，喜也，願也。楊注、郝說並失之。」方竑、楊柳橋從高說〔註1〕。丁惟汾曰：「臨事遲疑不決，謂之妬能（讀去聲）。『妬能』為『妬繆（古音讀忸）』之音轉。《荀子》云云。『妬繆』即『猶豫』。『猶豫』倒言，與『妬繆』為音轉。」〔註2〕張之純曰：「『繆』同『謬』。妬，謂嫉賢能。因妬而繆於道。迨，及也，謂近功也。」

〔註1〕 方竑《讀〈荀子·解蔽篇〉札記》，重慶《中國文學》第 1 卷第 5 期，1945 年版，第 12 頁。
〔註2〕 丁惟汾《俚語證古》，齊魯書社 1983 年版，第 90 頁。

楊柳橋曰：「妬，害也。繆，違也。」王天海曰：「『妬繆』不辭，疑『妬』乃『誤』之音譌。誤繆，猶謬誤也。迨，通『怠』，慢也。此言謬誤於道，則人於其輕慢處誘之。」丁惟汾、王天海所說音轉，皆不可信。妬，讀爲託，寄也。「迨」字高亨說是。言謬託於道，則人以其所喜之說誘之也。

（2）**凡萬物異，則莫不相為蔽**

按：駱瑞鶴曰：「當讀作『凡萬物異則，莫不相爲蔽』。言大凡萬事不同法度，無有不相爲蔽者。」王天海曰：「則，猶者。」二說皆誤，「則」屬下句，承接之詞。「萬物異」即「眾異」，下文云「是故眾異不得相蔽」，是其反面之筆。

（3）**桀死於亭山**

楊倞注：亭山，南巢之山。或本作「鬲山」。案《漢書·地理志》廬江有灊縣，當是誤以「灊」爲「鬲」，傳寫又誤爲「亭」耳。灊，音潛。

按：王念孫曰：「作『鬲山』者是也。『鬲』讀與『歷』同，字或作『歷』。《御覽·皇王部七》引《尸子》：『桀放於歷山』，《淮南子·修務篇》：『放之歷山。』楊以『鬲山』爲『灊山』之誤，非也。」王先謙、孫詒讓、陳直、楊柳橋從王說〔註 3〕。姚範曰：「案『鬲』同『歷』，疑近之。楊倞但本晉後孔書耳。」〔註 4〕久保愛曰：「《竹書紀年》：『殷成湯二十年，夏桀卒亭山。』然則作『亭山』者非誤也。」考《路史》卷 23：「桀立四十有三歲而放，三年死於亭山。」亦與本書合。考上博楚簡（二）《容成氏》簡 39～41：「女（如）是而不可，然句（後）從而攻之，陞（升）自戎（？）述（遂），內（入）自北門，立於中𦈡。傑（桀）乃逃之鬲山是（氏），湯或（又）從而攻之，降自鳴攸（條）之述（遂），以伐高神之門；傑（桀）乃逃之南蘽（巢）是（氏），湯或（又）從而攻之，述（遂）逃迲（去），之桑（蒼）虗（梧）之埜（野）。」楚簡亦作「鬲山」，然非其死所。再考《山海經·大荒西經》：「故成湯伐夏桀于章山，克之。」「章山」與「亭山」形近，當是字譌。

〔註 3〕孫詒讓《荀子校勘記》，收入《籀廎遺著輯存》，中華書局 2010 年版，第 556 頁。

〔註 4〕姚範《援鶉堂筆記》卷 50，收入《續修四庫全書》第 1149 冊，第 171 頁。

（4）成湯鑒於夏桀，故主其心而慎治之

楊倞注：主其心，言不爲邪佞所惑也。

按：物双松曰：「主其心，應上『兩疑』。」久保愛曰：「無主乃亂之主。」駱瑞鶴曰：「主，猶定也，守也。」諸說皆是。豬飼彥博曰：「『主』當作『正』。」非是。王天海曰：「主，通『注』。注其心，注意於心也。」王天海妄說通借。主其心，言心有主，不疑惑也。

（5）故目視備色，耳聽備聲，口食備味，形居備宮，名受備號

按：李中生曰：「備色，美色。……荀子以全、備爲美，『備』也就有了『美』的意義。」王天海曰：「備，讀爲美。」李說是，王天海妄說通借。本書《禮論》：「故雖備家，必踰日然後能殯，三日而成服。」楊倞注：「備，豐足也。」

（6）《詩》曰：「鳳凰秋秋，其翼若干，其聲若蕭（簫），有鳳有凰，樂帝之心。」

楊倞注：逸詩也。秋秋，猶蹌蹌。蹌蹌謂舞也。干，楯也。

按：①劉師培曰：「《類聚》卷99、《御覽》卷467、915、王氏《王會篇》補注並引『秋』作『啾』。」《御覽》見卷468引，而非卷467，劉氏誤記。張之純曰：「秋秋，猶鏘鏘。」王天海不引張說，竊其說曰：「秋秋，飛舞貌。又作『鏘鏘』，鳴叫聲。《類聚》引作『啾啾』，亦其鳴也。」《尚書精義》卷8引亦作「啾啾」。「秋秋」即「啾啾」之省，亦作「噍噍」，又音轉作「啾嘈」，鳥鳴聲嘶急貌〔註5〕。②惠士奇曰：「舜舞干羽於兩階而有苗格，簫韶九成而鳳凰儀〔註6〕。《逸詩》曰：『鳳凰秋秋，其翼若干，其聲若簫，有鳳有凰，樂帝之心。』蓋『干』畫雜羽之文，有似乎翼。吹簫，象鳳鳴。舞干，象其翼也。」〔註7〕物双松曰：「『干』、『竿』通。若干者，如簫也。」豬飼彥博曰：「『干』當作『竿』。

〔註5〕 參見蕭旭《敦煌變文校補（二）》，收入《群書校補（續）》，花木蘭文化出版社2014年版，第1369頁。

〔註6〕 引者按：《書・大禹謨》：「舞干羽於兩階，七旬有苗格。」又《益稷》：「簫韶九成，鳳皇來儀。」

〔註7〕 惠士奇《禮說》卷14，收入《叢書集成三編》第24冊，新文豐出版公司1997年版，第452頁。

竿，笙類。」劉師培曰：「《御覽》引『干』作『竿』，《白帖》卷 94
及《類聚》引並譌『竿』。」王天海曰：「《類聚》引作『若竿』。言其
翼振動如竿聲也。」干，《埤雅》卷 8、《玉海》卷 199、《詩攷》、《禮
書》卷 125、《樂書》卷 17、79、80、《皇王大紀》卷 80 引同，《類聚》
卷 99、《御覽》卷 915、《尚書精義》卷 8 引作「竿」，《白氏六帖事類
集》卷 29、《御覽》卷 468 引作「竿」〔註8〕。《類聚》引作「竿」，不
作「竿」，劉氏失檢。王天海不能檢正，又從而為之辭，增「振動」二
字為解，其說非是。楊注、惠說是也，「干」指干羽。「竿」是「竿」
形譌。

（7）墨子蔽於用而不知文

楊倞注：欲使上下勤力，腓無胈，脛無毛，而不知貴賤等級之文飾也。

按：王天海曰：「楊注『股』字原作『腓』，據諸本改之。」「腓無胈」不誤，
《莊子・天下》：「墨子稱道曰：『昔者……禹腓無胈，脛無毛。』」《御
覽》卷 372 引《正部》：「夏禹治水，腓無胈，脛無毛。」《玉篇》：「胈，
禹治水，腓無胈。胈，股上小毛也。」蔣斧印本《唐韻殘卷》、《廣韻》
並云：「胈，夏禹治水，腓無胈，脛無毛。韋昭云：『胈，股上小毛也。』」
此作「腓」字所本。《莊子・在宥》：「堯、舜於是乎股無胈，脛無毛。」
《文選・難蜀父老》李善注引《莊子》佚文：「股無胈，脛不生毛。」
《韓子・五蠹》：「股無胈，脛不生毛。」《史記・李斯傳》：「而股無胈，
脛無毛。」此作「股」字所本。

（8）慎子蔽於法而不知賢，申子蔽於埶而不知知

楊倞注：申子名不害，其說但賢得權埶，以刑法馭下，而不知權埶待才智
然後治。下「知」音智。

按：梁啓雄曰：「下『知』字疑『和』字之訛。」王天海曰：「下『知』當作
『智』。《意林》錄《申子》曰：『智均不相使，力均不相勝。』是其證
也。」王氏所引《意林》，與此文無涉，不足證當作「智」字。北宋鄒
浩《策問》引作「申子蔽於勢而不知智」，作「智」字。疑下「知」當
作「法」，《韓子・定法》云：「問者曰：『徒術而無法，徒法而無術，其

〔註8〕《白帖》在卷 94。

不可何哉？』」問者接著舉申不害徒術而無法、公孫鞅徒法而無術作證據。

（9）由俗謂之道，盡嗛矣

　　楊倞注：「俗」當爲「欲」。嗛，與「慊」同，快也。言若從人所欲，不爲
　　　節限，則天下之道盡於快意也。

　按：朱駿聲曰：「俗，叚借爲欲。」〔註9〕尚節之曰：「『俗』、『欲』通，言
　　　從民欲則無不快也。案《毛公鼎》：『俗女弗以乃辟陷於囏。』吳北江
　　　云：『《師訇敦》作「欲女」。』」〔註10〕梁啓超曰：「『俗』字必有誤，
　　　但不可考。」〔註11〕王天海曰：「俗，通『足』，一聲之轉。」俗，當
　　　讀爲欲，朱說是也。《釋名》：「俗，欲也，俗人所欲也。」

（10）心未嘗不滿也，然而有所謂一

　　　楊倞注：「滿」當爲「兩」。兩，謂同時兼知。

　按：王天海曰：「滿，實也。」楊注是，「滿」與「一」相對，自當作「兩」。
　　　下文云：「心，生而有知，知而有異。異也者，同時兼知之。同時兼知
　　　之，兩也，然而有所謂一。」即申述此文，字正作「兩」。

（11）恢恢廣廣，孰知其極？睪睪廣廣，孰知其德

　　　楊倞注：睪，讀爲皞（皞）。皞皞，廣大貌。

　按：王懋竑曰：「睪，註改爲『皞』。『廣』字重上，亦誤。」〔註12〕顧千里
　　　曰：「下『廣廣』疑有誤，與上文『恢恢廣廣』重出。二字以楊注『睪
　　　讀爲皞』例之，則此句『廣』讀爲『曠』也。」〔註13〕王念孫、王先
　　　謙、孫詒讓、梁啓雄、楊柳橋從顧說〔註14〕。豬飼彥博曰：「『廣』當

〔註9〕　朱駿聲《說文通訓定聲》，武漢市古籍書店1983年版，第372頁。
〔註10〕尚節之《荀子古訓考》，北京《雅言》1941年第6期，第23頁。
〔註11〕梁啓超《讀書示例——〈荀子〉》（吳其昌記錄），《清華週刊》第25卷第3期，
　　　　1926年版，第150頁。
〔註12〕王懋竑《荀子存校》，《讀書記疑》卷11，收入《續修四庫全書》第1146冊，
　　　　第356頁。
〔註13〕王天海引「皞」誤作「皋」，又誤以「二字」屬上句。王念孫引顧說，「二字」
　　　　屬下句，王念孫《荀子雜志補遺》正如此，收入《讀書雜志》卷12，中國書
　　　　店1985年版，本卷第51頁。
〔註14〕孫詒讓《荀子校勘記》，收入《籀廎遺著輯存》，中華書局2010年版，第558

作『曠』，與上句重。」符定一曰：「『睪睪』當爲『睪睪』之譌，『睪睪』即『皞皞』也。」〔註15〕徐仁甫曰：「『睪睪』當訓爲高貌。《大略篇》：『望其壙，皋如也。』《家語・困誓篇》作『睪如也』王肅曰：『睪，高貌。』」張覺曰：「睪睪，通『浩浩』，廣大之貌。」王天海曰：「恢恢廣廣，恢宏廣大。睪睪，通『皓皓』，光亮潔白之貌。廣廣，通『洸洸』，勇武之貌。」楊注讀睪爲皞，則「睪」當作「睪」，同「皋」，讀爲高，徐仁甫說是也。所引《家語》「睪如也」，寬永本、宗智本「睪」作「皋」。睪睪，猶言睪如，高大貌。《爾雅》：「五月爲皋。」《釋文》：「皋，或作高，同。」《玉燭寶典》卷5引作「五月爲睪」，又引李巡曰：「五月萬物盛壯，故曰睪。睪，大也。」又引孫炎曰：「睪，物長之貌。」《大戴禮記・四代》：「群然戚然，頤然睪然。」《家語・辯樂解》：「有所睪然高望而遠眺。」二例「睪然」即「睪然」，亦高貌。

（12）自禁也，自使也，自奪也，自取也，自行也，自止也

按：羅焌曰：「奪，謂失去也。」王天海曰：「自奪，自裁也。奪，裁斷，定奪。奪、度雙聲，韻近可通，故『自奪』亦『自度』也。」羅說是，王氏妄說通借。「奪」、「取」對文，奪、脫一聲之轉（「脫」是借字）。

（13）〔壹於道〕以贊稽之，萬物可兼知也

楊倞注：贊，助也。稽，考也。

按：「以贊稽之」句上冢田虎、陶鴻慶據下文補「壹於道」三字，張蔭麟補「壹」字〔註16〕。王懋竑曰：「『贊』字誤，注以『助』字解之，難通。後又言『一於道而以贊稽物』，『贊』字當是『貫』字之訛也。」〔註17〕郝懿行曰：「贊者，佐助也。稽者，同也。言若比而同之，則萬物可兼知。」文廷式曰：「『贊』當讀如《論語》『鑽之彌堅』之鑽，楊注『贊，助也』，誤。」〔註18〕久保愛曰：「『贊』字依上文例，則當『參』誤，

頁。孫氏誤作王念孫說。

〔註15〕符定一《聯緜字典》午集，中華書局1954年版，第189頁。

〔註16〕張蔭麟《〈荀子・解蔽篇〉補釋》，收入《張蔭麟全集》卷中，清華大學出版社2013年版，第875頁。

〔註17〕王懋竑《荀子存校》，《讀書記疑》卷11，收入《續修四庫全書》第1146冊，第356頁。

〔註18〕文廷式《純常子枝語》卷15，收入《續修四庫全書》第1165冊，第206頁。

義亦稍勝。」鍾泰曰:「『贊』訓明,不訓助。」方竑從鍾說〔註19〕。
王天海曰:「贊,通『參』。」贊訓助訓明,其義相成。《周易・說卦》:
「昔者聖人之作《易》也,幽贊於神明而生蓍。」韓康伯注:「贊,明
也。」孔疏:「贊者,佐而助成而令微者得著,故訓爲明也。」《集解》
引荀爽曰:「幽,隱也。贊,見也。」又引干寶曰:「贊,求也。」字
亦作讚,上引《易》,《釋文》云:「贊,本或作讚。」《隸釋》卷 1 漢
《孔龢碑》:「經緯天地,幽讚神明。」《後漢紀》卷 15:「將以幽讚神
明,通暢萬物。」皆同於一本作「讚」。《方言》卷 13:「讚,解也。」
戴震曰:「『讚』、『贊』同用,取贊明之義。」〔註20〕

(14) 昔者舜之治天下也,不以事詔而萬物成

　　　　楊倞注:舜能一於道,但委任眾賢而已,未嘗躬親以事告人。

按:亦見本書《大略》,楊氏「詔」訓詔告。王天海曰:「詔,教也。言不以
　　事教導之。楊注未當。」詔訓告誡,與「教導」義相因,王氏未會。

(15) 其榮滿側

　　　　楊倞注:側,謂偪側,亦充滿之義。處心之危有形,故其榮滿則可知也。

按:注「滿則」當作「滿側」。豬飼彥博曰:「滿側,猶言滿四邊也。」梁啓
　　雄曰:「側,當爲『廁』,間也。」楊柳橋解作「榮滿左右」。龍宇純曰:
　　「『滿』當是『偪』字之誤(偪與滿雖同義,然語言有習慣。可以言『偪
　　側』,不可以言『滿側』也。)。」〔註21〕楊注是,方竑從其說〔註22〕。
　　《釋名》:「側,偪也。」側、塞一音之轉,正字作「窴」〔註23〕。「滿
　　側」即「滿塞」音轉。龍氏改字無據。《孟子・公孫丑上》趙岐注:「塞
　　滿天地之間。」「塞滿」是其倒言。

〔註19〕 方竑《讀〈荀子・解蔽篇〉札記》,重慶《中國文學》第 1 卷第 5 期,1945
　　　　年版,第 24 頁。
〔註20〕 戴震《方言疏證》卷 13,收入《戴震全集(5)》,清華大學出版社 1997 年版,
　　　　第 2469 頁。
〔註21〕 龍宇純《讀荀卿子札記》,收入《荀子論集》,學生書局 1987 年版,第 213 頁。
〔註22〕 方竑《讀〈荀子・解蔽篇〉札記》,重慶《中國文學》第 1 卷第 5 期,1945
　　　　年版,第 25 頁。
〔註23〕 參見蕭旭《敦煌變文校補(二)》,收入《群書校補(續)》,花木蘭文化出版
　　　　社 2014 年版,第 1385〜1387 頁。

（16）故人心譬如槃水，正錯而勿動，則湛濁在下而清明在上

　　　　楊倞注：湛，讀爲沈，泥滓也。

　按：宋眞德秀《西山讀書記》卷3：「湛，澄也。濁，謂沉泥滓也。」楊注
　　　是也，《類聚》卷6引《神農書》：「湛濁爲地。」〔註24〕亦同。《莊子・
　　　天下》：「以天下爲沈濁，不可與莊語。」又倒言作「濁沈」，《後漢書・
　　　班固傳》李賢注引《易乾鑿度》：「清輕者爲天，濁沈者爲地。」本字
　　　爲默，《說文》：「沈，一曰濁默也。」段玉裁曰：「《黑部》曰：『默，
　　　滓垢也。』默、沈同音通用。」段氏又曰：「滓者，澱也。垢者，濁也。
　　　《荀卿》楊倞云云。按：湛即默之叚借字。」朱駿聲曰：「湛，叚借爲
　　　默。」〔註25〕

（17）微風過之，湛濁動乎下，清明亂於上，則不可以得大形之正也

　按：王先謙曰：「『大』字無義。大形，疑當爲『本形』。」楊柳橋從其說。
　　　梁啓超曰：「『大』疑當作『夫』。夫，彼也。」于省吾曰：「按『大』
　　　作『夫』是也。夫，語詞。」鍾泰曰：「『大』字不誤。大形，形之大
　　　者。」潘重規說同鍾氏〔註26〕，方竑從鍾說〔註27〕。駱瑞鶴曰：「大
　　　形即人形也。」王天海曰：「大者，此言大略、大致也。」潘、鍾說是
　　　也，《記纂淵海》卷20引作「大」〔註28〕。北宋彭汝礪《上哲宗論人
　　　主盡道在脩身，脩身在正學》引誤作「夫」。

（18）小物引之，則其正外易，其心內傾

　按：劉如瑛曰：「易，移也。外易，向外移動。」王天海曰：「其正外易，由
　　　外改變其形之正。」劉說是，王說釋「易」爲「改變」誤。易、移一音
　　　之轉。

（19）曾子曰：「是其庭可以搏鼠，惡能與我歌矣？」

〔註24〕《白氏六帖事類集》卷1引同。
〔註25〕段玉裁《說文解字注》，上海古籍出版社1981年版，第558、488頁。朱駿聲
　　　　《說文通訓定聲》，武漢市古籍書店1983年版，第86頁。
〔註26〕潘重規《讀王先謙〈荀子集解〉札記》，《制言》第12期，1936年版，本文第
　　　　20頁。
〔註27〕方竑《讀〈荀子・解蔽篇〉札記》，重慶《中國文學》第1卷第5期，1945
　　　　年版，第25頁。
〔註28〕四庫本《記纂淵海》在卷58。

楊倞注：「是」蓋當爲「視」。曾子言有人視庭中可以搏擊鼠，則安能與我成歌詠乎？言外物誘之，思不精，故不能成歌詠也。

按：惠棟曰：「視庭中可搏鼠，則不能成歌詠。」〔註29〕郝懿行曰：「此言庭虛無人，至靜矣，恐有潛修其中而深思者，我何可以歌詠亂之乎〔註30〕？荀義當然，注似失之。」王先謙從郝說。朱駿聲曰：「是，叚借爲眂。」〔註31〕久保愛曰：「『是』與『諟』通，又與『題』通，視也。」鍾泰曰：「其庭可以搏鼠，言穢亂也。郝說非是。」劉師培曰：「《廣雅》：『題，視也。』此文『是』字與《詩‧小宛》『題彼脊令』之『題』，並『題』字之叚。」高亨曰：「庭，疑借爲莛、爲筳，小竹幹也〔註32〕。古人歌時，持蒿莛或竹筳以擊節，亦可用以搏鼠。今歌者視其莛筳可以搏鼠，是其心不在歌，而在搏鼠。心既別馳，必不能歌。」梁啓雄從劉、高說，王天海從高說。楊倞讀「是」爲「視」，是也，臧琳、張培仁、俞樾、金正煒並從楊注〔註33〕，「眂」、「諟」、「題」亦同源。高亨說以蒿莛或竹筳以擊節、搏鼠，別無所證，蓋臆說耳。朱亦棟曰：「考《韓詩外傳》：『昔者孔子鼓瑟，曾子、子貢側門而聽。曲終，曾子曰：「夫子瑟聲，殆有貪狼之志，邪僻之行，何其不仁、趨利之甚？」子貢以爲然，不對而入。夫子望見子貢有諫過之色，應難之狀，釋瑟而待之。子貢以曾子之言告。子曰：「夫參，天下賢人也，其習知音矣。鄉者丘鼓瑟，有鼠出游，狸見於屋，循梁微行，造焉而避，厭目曲脊，求而不得。丘以瑟淫其音，參以丘爲貪狼邪僻，不亦宜乎？」』此段正與此條相合，故採之。案此段又見《孔叢子》，『鼓瑟』作『鼓琴』，『曾子』作『閔子』，『子貢』作『曾子』。」〔註34〕所引《外傳》見卷7，《孔叢子》見《記義篇》，荀子蓋用此典。

〔註29〕惠棟《荀子微言》，收入《續修四庫全書》第932冊，第471頁。

〔註30〕王天海引脫「可」字。

〔註31〕朱駿聲《說文通訓定聲》，武漢市古籍書店1983年版，第513頁。

〔註32〕王天海引「幹」誤作「竿」。

〔註33〕臧琳《經義雜記》卷13，收入《續修四庫全書》第172冊，第141頁。張培仁《靜娛亭筆記》卷6，收入《續修四庫全書》第1182冊，第6頁。俞樾《群經平議》卷30，收入《續修四庫全書》第178冊，第495頁。俞樾《諸子平議》卷3、28，上海書店1988年版，第45、576頁。金正煒《戰國策補釋》卷3，收入《續修四庫全書》第422冊，第478頁。

〔註34〕朱亦棟《群書札記》卷9，收入《續修四庫全書》第1155冊，第123頁。

（20）有子惡臥而焠掌，可謂能自忍矣，未及好也

　　　　楊倞注：有子，蓋有若也。焠，灼也。惡其寢臥而焠其掌，若刺股然也。

　　按：劉師培曰：「《類聚》卷 55、《御覽》卷 370 並引作『焠其掌』，《御覽》
　　　　注云：『倉韋反。』疑亦《荀子》舊音（《御覽》又云：『桓要《世範論》
　　　　曰：「有君好臥則炳焠其掌。」是《世範》焠作焮。』）」劉氏所引《御
　　　　覽》，頗有錯亂。焠，《類聚》卷 55、《困學紀聞》卷 7 引同。《御覽》
　　　　卷 370 引作「卒其掌」，有注：「倉韋切。」又引魏・桓範《世要論》：
　　　　「有君（若）好臥而刺其掌。」《御覽》卷 611《世要論》：「有〔子〕
　　　　讀書倦，而刺其掌。」《廣弘明集》卷 27 齊・王融《努力門頌》：「有
　　　　子刺掌修名立，王生擢髮美譽垂。」道藏本《劉子・崇學》：「有子惡
　　　　臥，自碎其掌。」注：「讀書惡睡，自刺碎其掌也。」敦煌寫卷 P.3562
　　　　《劉子》亦作「碎」字〔註35〕；羅振玉校錄何穆忝藏敦煌《劉子》殘
　　　　卷作「焠」〔註36〕，四庫本同。盧文弨曰：「『焠』誤『碎』，事見《荀
　　　　子》。」〔註37〕盧說非是，「焠」當作「碎」。舊注「刺碎其掌」是也，
　　　　猶言刺破其掌。桓範、王融皆作「刺掌」，可證其義。《玉篇》：「碎，
　　　　破也。」又「瓬，《說文》云：『破也。』亦作碎。」瓦破曰瓬，石破
　　　　曰碎，其義一也。

（21）冥冥而行者，見寢木以為伏虎也，見植林以為後人也

　　　　楊倞注：冥冥，暮夜也。

　　按：俞樾曰：「後人，疑本作『立人』。」久保愛曰：「植林，疑當作『植木』。
　　　　《淮南子》曰：『怯者夜見立表，以為鬼也；見寢石，以為虎也。』」
　　　　蔣超伯亦指出《淮南》語本《荀子》〔註38〕。豬飼彥博曰：「『林』當
　　　　作『目』，『後』當作『候』。言見植木以為佇立而候己者也。」鍾泰曰：
　　　　「『後』疑『從』字之誤。『從』蓋『聳』之叚字。」羅焌曰：「『後』

〔註35〕P.3562《劉子》，收錄於《法藏敦煌西域文獻》第 25 冊，上海古籍出版社 2002
　　　　年版，第 320 頁。

〔註36〕羅振玉校錄何穆忝藏《劉子》殘卷，傅增湘校錄本同，並見林其錟、陳鳳金
　　　　《敦煌遺書劉子殘卷集錄》，上海書店 1988 年版，第 13、16 頁。

〔註37〕盧文弨《劉晝〈新論〉校正》，收入《群書拾補》，《續修四庫全書》第 1149
　　　　冊，上海古籍出版社 2002 年版，第 511 頁。

〔註38〕蔣超伯《讀淮南子》，收入《南漘楛語》卷 7，《續修四庫全書》第 1161 冊，
　　　　第 360 頁。

當爲『復』字。復，猶覆也。」沈祖緜曰：「『後人』疑『候人』。候人，
即斥候也。是言冥冥而行者，其心多疑，見植林以爲斥候也。」〔註39〕
于省吾曰：「後，應讀作厚。厚，猶多也。」楊柳橋曰：「『後』當爲『竣』
之誤字。《說文》：『竣，居也。居，蹲也。』居，即今之踞。」李中生
曰：「後，當是『厚』字之借。『厚』有多義。」王天海曰：「寢木，倒
臥之木。遞修本、明世本、四庫本並作『寢石』，義長。植林，即樹林。
後人，於說義長。」久保愛說是，所引《淮南子》見《氾論篇》，「植
木」與「寢木」對舉成文。《御覽》卷 891 引《荀子》同摹宋本作「寢
木」，《喻林》卷 48 引「植林」作「植木」。《韓詩外傳》卷 6：「昔者
楚熊渠子夜行，〔見〕寢石以爲伏虎，彎弓而射之。」〔註40〕《外傳》
以射喻，故易作「寢石」。「後人」不誤，猶言後面有人，與《淮南》
言「鬼」，義同。今吳語尙謂黑暗中懷疑後面有人爲有鬼。

（22）醉者越百步之溝，以為蹞步之澮也；俯而出城門，以為小之閨也，酒亂其神也

　　楊倞注：「蹞」與「跬」同，半步曰跬。澮，小溝也。閨，小門也。

按：《御覽》卷 844 引上句作「醉者越百步溝，以爲跬步也」，又引「以爲小
之閨也」作「以爲萬丈之門」（董治安校誤作卷 849，引文又誤「萬」
作「乃」）。《淮南子・氾論篇》：「夫醉者俛入城門，以爲七尺之閨也；
超江淮，以爲尋常之溝也。酒濁其神也。」蔣超伯、孫詒讓、久保愛指
出語本《荀子》〔註41〕。孫氏並據校正文「小」作「七尺」。

（23）厭目而視者，視一以為兩

　　楊倞注：厭，指按也。

按：羅焌曰：「厭，讀爲擫。《說文》：『擫，一指按也。』」駱瑞鶴、楊柳橋
說同，是也。楊愼曰：「擫，音捻，《說文》：『一指按也。』一作厭，《文
子》：『使倡吹竿，使工厭竅。』《荀子》云云。或書作擪，唐詩：『李摹

〔註39〕沈瓞民《讀荀臆斷》，《制言》第 58 期，1939 年版，本文第 18 頁。
〔註40〕「見」字據《初學記》卷 5、《類聚》卷 6、74、《御覽》卷 51、744 引補，《新
　　　　序・雜事四》、《論衡・儒增》亦有「見」字。
〔註41〕蔣超伯《讀淮南子》，收入《南滑楛語》卷 7，《續修四庫全書》第 1161 冊，
　　　　第 360 頁。

撅笛傍宫墙。』」〔註42〕胡培翬曰:「厭之本字蓋當作擪。《說文》:『擪,
一指按也。』《廣雅》:『擪,按也。』《荀子》注云云。《文選·笙賦》:
『厭焉乃揚。』注:『厭,亦作撅。撅謂指撅也。』是二字通用之
證。聲轉作擪。」〔註43〕朱駿聲曰:「厭,叚借爲擪。」〔註44〕說皆早於羅
氏。劉文典曰:「『厭』當爲『擪』,字之誤也。」以爲誤字,則誤。《韓
詩外傳》卷7:「厭目曲脊。」

(24) 從山下而望木者,十仞之木若箸,而求箸者不上折也

按:折,《御覽》卷760引誤作「析」。

(25) 水動而景搖,人不以定美惡,水埶玄也

　　楊倞注:玄,幽深也,或讀爲眩。

按:冢田虎從楊注或說。王天海曰:「玄,通『泫』,泫潃也,水含混不清
貌。《集韻》:『泫,泫潃,混合也,通作眩。』」楊注或說是也,字亦
作旬(眴),《說文》:「眩,目無常主也。」又「旬,目搖也。眴,旬
或從旬。」《集韻》:「眴,目眩也。」言水勢使人目眩也。

(26) 夏首之南有人焉,曰涓蜀梁

　　楊倞注:涓蜀梁,未詳何代人。姓涓,名蜀梁。《列仙傳》有涓子,齊人,
　　　　　隱於宕山,餌术,能致風雨者也。

按:劉師培曰:「《孟子·盡心》疏引同(《文選·上書諫吳王》注引亦作『涓
蜀梁』〔註45〕),《御覽》卷496引『蜀』作『濁』。」涓蜀梁,《御覽》
卷388、《姓氏急就篇》卷上引同,《御覽》卷499、《記纂淵海》卷63、

〔註42〕楊慎《古音獵要》卷5,收入景印文淵閣《四庫全書》第239冊,臺灣商務印
　　　書館1986年版,第292頁。
〔註43〕胡培翬《儀禮正義》卷5,《國學基本叢書》影《萬有文庫》本,商務印書館
　　　1934年發行,第92頁。
〔註44〕朱駿聲《說文通訓定聲》,武漢市古籍書店1983年版,第138頁。
〔註45〕引者按:《文選·上書諫吳王》李善注:「《孫卿子》以爲涓蜀梁。」胡克家
　　　《文選考異》卷7云:「袁本、茶陵本無此八字。」(嘉慶十四年刊本,本
　　　卷第13頁。)宋淳熙八年池陽郡齋刻本(胡氏《考異》據爲底本)、嘉靖
　　　元年金臺汪諒刊本有此八字,宋刊《六臣注文選》本(即《四部叢刊》景
　　　印本)、重刊天聖明道本、慶長十二年活字印本、朝鮮木活字印本、四庫本
　　　無此八字。

《冊府元龜》卷 954 引作「涓濁梁」〔註46〕，《白氏六帖事類集》卷 28 引作「消蜀良」〔註47〕。劉氏引《御覽》誤記作「卷 496」。「消」是「涓」形誤。《元和姓纂》卷 5：「涓濁：《呂氏春秋》：『夏首人涓濁梁，善畏明，失氣而卒。』按『涓濁』又作『羌憲』。」又「羌憲：《呂氏春秋》：『夏首南人羌憲梁，善畏明，失氣而卒。』」所引當出本書，而誤記作《呂氏春秋》，以「涓濁」為複姓。宋·鄧名世《古今姓氏書辯證》卷 9：「或恐濁梁姓涓，而非複姓。」王天海曰：「『餌术』之术原作『木』，據諸本補正。」摹宋本本作「术」，王氏失檢。

（27）俯見其影以為伏鬼也，印視其髮以為立魅也

楊倞注：「印」與「仰」同。

按：印視，《白氏六帖事類集》卷 28、《御覽》卷 388、499、《記纂淵海》卷 63、《冊府元龜》卷 954 引作「仰見」，《孟子·盡心上》孫奭疏引作「仰視」。

（28）背而走

楊倞注：背，棄去也。

按：物双松曰：「背而走，謂走而去則見背。」冢田虎曰：「背而走，言不前行而走於後也。」久保愛曰：「背走，反走也。」豬飼彥博曰：「背而走，背影而走也。」劉師培曰：「《孟子》疏引同，《白帖》卷 93 引『背』作『踣』，《御覽》引作『匍踣』，與楊本殊（『匍踣』蓋與『匍匐』同。踣、背古通，猶之『背』、『倍』通用也。楊氏所據本作『背』，又挩『匍』字，因以『棄去』為解）。」《白氏六帖事類集》卷 28 引作「踣而走」，《御覽》卷 388 引作「倍道而走」，《御覽》卷 499、《記纂淵海》卷 63 引作「匍踣而走」，《冊府元龜》卷 954 作「匍匐而走」。久保愛、豬飼彥博說是，《莊子·漁父》：「人有畏影惡跡而去之走者。」此《荀子》所本。《漢書·枚乘傳》：「人性有畏其景而惡其跡者，卻背而走。」枚氏又本於《莊》、《荀》。「背」同「倍」，諸本誤解「倍」為「踣」，因又作複音詞「匍踣」、「匍匐」。

〔註46〕 四庫本《記纂淵海》在卷 48，下同。
〔註47〕 《白帖》在卷 93，下同。

（29）凡人之有鬼也，必以其感忽之閒、疑玄之時正之

　　　　楊倞注：感，驚動也。感忽，猶慌惚也。玄，亦幽深難測也。必以此時定
　　　　　　　　其有鬼也。

　按：感忽，疾速之義，另詳《議兵篇》校補。王念孫曰：「『正』當爲『定』，
　　　聲之誤也。下文『正事』同。據楊注明矣。」孫詒讓從王說〔註48〕。
　　　物双松曰：「『正之』、『己以正事』，『正』皆訓定。」于鬯曰：「正，
　　　或讀爲証。証者，證也。」龍宇純曰：「正，猶定也。楊注正以『定』
　　　訓『正』，非本是『定』字也。」王天海曰：「正之，是之。《說文》：
　　　『正，是也。』言人之以爲有鬼，在其神志恍惚、昏惑之時認定是也。
　　　諸說未得。下『正事』放此。」《說文》：「正，是也。」又「是，直
　　　也。」「是」是「正直」、「平正」之義，王天海不達其誼，而妄引之。
　　　此文「正」，讀爲定。

（30）故傷於溼而擊鼓鼓痺，則必有敝鼓喪豚之費矣，而未有俞疾之
　　　福也

　　　　楊倞注：痺，冷疾也。傷於濕則患痺，反擊鼓烹豚以禱神，何益於愈疾
　　　　　　　　乎？俞，讀爲愈。

　按：王念孫曰：「自『鼓痺』以上脫誤不可讀，似當作『故傷於溼而痺，痺
　　　而擊鼓烹豚，則必有弊鼓喪豚之費矣，而未有俞疾之福也』。楊注云云，
　　　是其證。」王先謙、孫詒讓、梁啓雄、楊柳橋、李滌生並從王說〔註49〕。
　　　方竑曰：「『故傷於溼而擊鼓鼓痺』應作一句讀。鼓痺者，鼓去其痺也。
　　　原文不誤。」〔註50〕王天海曰：「鼓痺，擊鼓以驅痺也。原文無誤，王
　　　說非。」方說是。

（31）多能，非以脩蕩是，則謂之知

　　　　楊倞注：脩，飾也。蕩，動也。多能知非，脩飾蕩動而爲是，則謂之知。
　　　　　　　　言智者能變非爲是也。

〔註48〕孫詒讓《荀子校勘記》，收入《籀廎遺著輯存》，中華書局 2010 年版，第 559 頁。
〔註49〕孫詒讓《荀子校勘記》，收入《籀廎遺著輯存》，中華書局 2010 年版，第 559
　　　～560 頁。
〔註50〕方竑《讀〈荀子・解蔽篇〉札記》，重慶《中國文學》第 1 卷第 5 期，1945
　　　年版，第 28 頁。

按：王引之曰：「『是』字指聖王之制而言。脩，讀爲滌。謂滌蕩使潔清也。多能而不以蕩滌是，則謂之智（智，謂智故也。《淮南・主術篇》注曰：『故，巧也。』《管子・心術篇》曰：『恬愉無爲，去知與故。』《莊子・胠篋篇》曰：『知詐漸毒。』《荀子・非十二子篇》曰：『知而險，賊而神，爲詐而巧。』《淮南・原道篇》曰：『偶睞智故，曲巧僞詐。』並與此『知』字同義。）。」王先謙從王說。物双松曰：「言多能於非也，脩飾於是也。『蕩』字恐衍。『知』當作『蕩』。」久保愛曰：「『蕩』字恐衍。」豬飼彥博曰：「『知』疑『矯』字之缺也。矯，詐僞也。」鍾泰曰：「『蕩』字疑衍。王說迂而難通。」高亨曰：「知，讀爲智，巧詐之義。」梁啓雄曰：「脩，智也。蕩，借爲盪，相推盪也。」楊柳橋曰：「脩蕩，謂修飾而排除之也。」王天海曰：「脩者，飾也。蕩者，激揚也。」王引之、高亨說是（高說即自王說化出），餘說皆非。「滌蕩」音轉亦作「條暢」、「條鬯」、「滌盪」、「滌場」、「搖蕩」、「愮蕩」〔註51〕。

（32）此亂世姦人之說也，則天下之治說者方多然矣

按：裴學海曰：「方，猶正也。則，乃也。」王天海曰：「方，輩類也。」裴說是，王說不合句法。

（33）《傳》曰：「析辭而爲察，言物而爲辨，君子賤之。」

　　楊倞注：所謂「析言破律，亂名改作」者也。

按：辨，遞修本、四庫本作「辯」，正字。《說苑・談叢》：「析辭勿應，怪言虛說勿稱。」本書《正名篇》：「故析辭擅作名以亂正名，使民疑惑，人多辨（辯）訟，則謂之大姦。」可以互證。析辭，謂刑名家剖析言辭，違背經義，務其曲折之言也。楊注所引「析言破律，亂名改作」，見《禮記・王制》。言物，謂怪言虛說以亂其名物，亦即擅作名以亂正名也。物双松曰：「言物，謂博物也。」豬飼彥博曰：「言物，當作『分物』。」皆非是。

（34）不慕往，不閔來，無邑憐之心

〔註51〕參見王引之《經義述聞》卷 15 引王念孫說，江蘇古籍出版社 1985 年版，第 368 頁。又參見朱起鳳《辭通》卷 20，上海古籍出版社 1982 年版，第 2116～2117 頁。又參見蕭旭《呂氏春秋校補》，花木蘭文化出版社 2016 年版，第 91 頁。

　　　　楊倞注：邑憐，未詳。或曰：「邑」與「悒」同。悒，快也。憐，讀爲吝，
　　　　　　惜也。言棄無益之事，更無悒快吝惜之心。

　按：王天海曰：「邑，通『悒』，憂也。憐，惜也。楊注、諸說似未省。」
　　　楊注悒訓快，是心情不平服、不舒暢義，與「憂」義相因。王說明明
　　　是從楊注而來，稍異其辭，竟顏曰「楊注未省」；又憐訓惜，是「吝」
　　　借字，王氏未明通借。王氏未引他說，何來「諸說未省」？楊慎《古
　　　音駢字》卷下：「邑憐：悒吝。」朱駿聲曰：「邑，叚借爲悒。憐，叚
　　　借爲吝。」〔註52〕皆從楊注後說。《古今韻會舉要》卷20：「悋，鄙也，
　　　又慳也。或作『恡』，亦作憐，《荀子》：『無邑憐之心。』通作『吝』，
　　　亦通作『遴』。」《韻府群玉》卷14說略同。楊慎《轉注古音略》卷4：
　　　「憐，音義與『連』通，《苟（荀）子》：『無邑憐之心。』」豬飼彥博
　　　曰：「邑憐，當作『悒遴』。遴，古『吝』字。」楊倞讀憐爲吝，是也。
　　　《說文》：「吝，恨惜也。」

（35）《詩》云：「墨以為明，狐狸其蒼。」

　　　　楊倞注：逸《詩》。墨，謂蔽塞也。狐狸其蒼，言狐狸之色，居然有異，
　　　　　　若以蔽塞爲明，則臣下誑君，言其色蒼然無別，猶指鹿爲馬者也。

　按：盧文弨曰：「元刻『明』作『朗』。宋本『而』作『其』，《詩攷》引作
　　　『而』，今從之。」王叔岷曰：「類纂本、百子本『明』亦作『朗』。」
　　　董治安曰：「劉本、遞修本『明』作『朗』。」《詩攷》引作「墨以爲
　　　明，狐狸而蒼」，《鶡冠子・度萬》宋・陸佃注引《詩》作「狐狸而蒼，
　　　墨以爲明」。《子華子・晏子問黨》：「墨以爲明，狐而爲蒼。」〔註53〕
　　　「狐」是「狐」俗字。元本作「朗」，後人所改。

（36）故君人者周則讒言至矣，而直言反矣……君人者宣則直言至矣，
　　　而讒言反矣

　　　　楊倞注：反，還也。讒言復歸而不敢出矣。或曰：反，倍也。言與讒人相
　　　　　　倍反也。

　按：王先謙曰：「或說非。」劉師培曰：「『反』即《彊國篇》『反然』之『反』，

〔註52〕朱駿聲《說文通訓定聲》，武漢市古籍書店1983年版，第115、836頁。
〔註53〕四庫本「狐」誤作「狐」。

楊說彼『反』字爲改變貌，似較此二說爲確。」周大璞曰：「『反』當讀爲《樂記》『樂盈而反』之反，謂自抑止也。」〔註54〕王天海曰：「《說文》：『反，覆也。』直言反矣，直言被推翻。讒言反矣，讒言被推翻。」「反」與「至」相對爲義，楊氏前說是，王先謙得之。謝劼曰：「『反』與『至』相對舉，猶『遠』與『邇』相對言。『反』字通『返』，在此有返回、退回之義。」〔註55〕是也。

〔註54〕 周大璞《荀子札記》，《清議》第 1 卷第 9 期，1948 年版，第 27 頁。

〔註55〕 謝劼《讀〈荀子詁譯〉小札》，《古籍整理研究學刊》1988 年第 4 期，第 56 頁。

卷第十六

《正名篇》第二十二校補

（1）正利而為謂之事，正義而為謂之行

　　　　楊倞注：爲正道之事利，則謂之事業，謂商農工賈者也。苟非正義，則謂
　　　　　　　之姦邪。

　按：物双松曰：「『正』皆期待意。」豬飼彥博從其說。俞樾曰：「正，正當
　　　也。」久保愛曰：「正，謂正之。董仲舒曰：『正其義，不計其利。』語
　　　意正同。」劉念親曰：「正，猶止也。正利，猶言止於利也。正義，猶
　　　言止於義也。」〔註1〕周大璞曰：「正，是也。正利謂以利爲是，正義
　　　謂以義爲是。」〔註2〕李滌生曰：「正，正鵠，此作動詞，謂意志之所
　　　向。」龍宇純曰：「正，準也。」〔註3〕王天海曰：「正，定也。」俞說
　　　是也，王先謙從其說。「正」即公正、正當之意，是「邪」的反面。梁
　　　啓超曰：「此『行』字蓋指德行。」〔註4〕梁說非是。「行」、「事」對文，
　　　即今言行事義。

〔註1〕劉念親《〈荀子・正名篇〉詁釋》，《華國月刊》第 1 卷第 10 期，1924 年版，
　　　　第 6 頁。
〔註2〕周大璞《荀子札記》，《清議》第 1 卷第 9 期，1948 年版，第 27 頁。
〔註3〕龍宇純《讀荀卿子三記》，收入《荀子論集》，學生書局 1987 年版，第 302 頁。
〔註4〕梁啓超《讀書示例——〈荀子〉》（吳其昌記錄），《清華週刊》第 24 卷第 11
　　　　期，1925 年版，第 276 頁。

（2）故析辭擅作名以亂正名，使民疑惑，人多辨訟，則謂之大姦，其
　　　罪猶為符節度量之罪也

　　　楊倞注：《新序》曰：「子產決鄧析教民之難，約大獄袍衣，小獄襦袴。民
　　　　　　　之獻袍衣襦袴者不可勝數。以非為是，以是為非，鄭國大亂，民
　　　　　　　口讙譁。子產患之，於是討鄧析而僇之，民乃服，是非乃定。」
　　　　　　　是其類也。

　　按：盧文弨、久保愛並謂今本《新序》缺此文。考《呂氏春秋·離謂》：「子
　　　　產治鄭，鄧析務難之，與民之有獄者約，大獄一衣，小獄襦袴。民之
　　　　獻衣襦袴而學訟者不可勝數。以非為是，以是為非，是非無度。而可
　　　　與不可日變，所欲勝因勝，所欲罪因罪，鄭國大亂，民口讙譁。子產
　　　　患之，於是殺鄧析而戮之，民心乃服，是非乃定，法律乃行。」疑楊
　　　　倞誤記出處。注文「民乃服」句脫「心」字，當據《呂氏》補。

（3）是非之形不明

　　按：久保愛曰：「形，舊作『刑』，今據宋本、韓本改之。」楊柳橋曰：「形，
　　　　正也。通作『刑』，《廣雅》：『刑，正也。』」王天海曰：「形，諸本作『刑』，
　　　　皆通『型』。型者典範也，引申為準則。」形、刑，正、借字。王懋竑
　　　　曰：「『刑』當作『形』。」〔註5〕《廣雅》：「形，見也。」

（4）貴賤不明，同異不別，如是，則志必有不喻之患，而事必有困廢
　　　之禍

　　按：物双松曰：「困廢者，不得行也。困者，窮也。廢者，輟也。」久保愛
　　　　曰：「困，不通也。廢，不成也。」王天海曰：「困廢，因困而廢也。」
　　　　物、久說近之，「困廢」平列為詞，王氏不明詞法。《管子·明法解》：「如
　　　　此，則士上通而莫之能妬，不肖者困廢而莫之能舉。」亦其例。

（5）疾養、凔熱、滑鈹、輕重以形體異

　　　楊倞注：疾，痛也。「養」與「癢」同。凔，寒也。「滑」與「汩」同。「鈹」
　　　　　　　與「被」同。皆壞亂之名。或曰：「滑」如字。「鈹」當為「鈒」，
　　　　　　　傳寫誤耳，與「澀」同。

〔註5〕王懋竑《荀子存校》，《讀書記疑》卷11，收入《續修四庫全書》第1146冊，
　　　第356頁。

按：注「被」，遞修本、四庫本作「披」，《古今韻會舉要》卷2引亦作「披」。
①蛘，讀爲蛘。《說文》：「蛘，搔蛘也。」俗字作癢、痒。字亦作蟲〔註6〕，《淮南子・俶眞篇》：「手足之攢疾蟲，辟寒暑，所以與物接也。」
②傅山曰：「《成相篇》：『吏謹將之無鈹滑。』注：『言不使紛亂披汨也。』但此節用字皆兩相對，若『鈹』、『滑』亦當有二義。」王懋竑曰：「疑有脫誤，註未然。」朱駿聲曰：「鈹，叚借爲柀。」〔註7〕朱氏申楊注前說讀鈹爲披。久保愛曰：「滑，皮膚滑利也。『鈹』當作『皸』，坼裂也。」梁啓雄從久說。豬飼彥博曰：「『鈹』當作『皴』，不滑利也。」劉念親曰：「案《成相篇》：『吏謹將之無鈹滑。』字亦作『鈹』，則此非傳寫誤也。繹故書從皮聲之字，如『陂、波、坡、頗、跛』，皆含不平意。疑此『鈹』字亦當於聲得義，物之滑澀平頗，皆以體著而異也。」〔註8〕梁啓超曰：「楊注非是。凡從皮者，皆有不平之意。《易》云：『無平不陂。』水之不平者名爲波，土之不平者爲坡，足之高下者爲跛。」〔註9〕沈祖民曰：「『鈹』費解，楊註：『鈹與披同。』作『披』亦費解。久保愛作『皸』，以《漢書・趙充國傳》『軍士寒，手足皸裂』爲證。『皸』今通『皴』，然『皸』字猶有疑。《素問・生氣通天論》云：『勞汗當風，寒薄爲皶。』『皶』係『皴』之誤。然『皴』亦誤字。又《禮記・內則》：『去其皽。』鄭註：『皽，謂皮肉之上魄莫也。』《釋文》：『莫，亦作膜。』似作『皽』是也。總之『鈹』固誤，作『皸』、作『皴』、作『皶』、作『皽』，義均可通，而亦不能正爲何字也。」〔註10〕尙節之曰：「滑披者暴下，所謂霍亂病也。」〔註11〕楊柳橋曰：「《說文》：『諀，行貌。一曰，此與駊同。』即鈹可通澀之證。《說文》本字作『澀』，云：『澀，不滑也。』滑、澀，相對爲義。」《成相篇》：「君教出，行有律，吏謹將之無鈹滑。」楊倞注：「將，持也。『鈹』與『披』同。『滑』與『汨』

〔註6〕參見于省吾《淮南子新證》卷1，收入《雙劍誃諸子新證》，上海書店1999年版，第402頁。

〔註7〕朱駿聲《說文通訓定聲》，武漢市古籍書店1983年版，第499頁。

〔註8〕劉念親《〈荀子・正名篇〉詁釋》，《華國月刊》第1卷第11期，1924年版，第5頁。

〔註9〕梁啓超《讀書示例——〈荀子〉》（吳其昌記錄），《清華週刊》第24卷第11期，1925年版，第277頁。

〔註10〕沈祖民《讀荀臆斷》，《制言》第58期，1939年版，本文第18頁。

〔註11〕尙節之《荀子古訓考》，北京《雅言》1941年第7期，第17頁。

同。言不使紛披汨〔亂〕也。」〔註12〕朱熹《楚詞後語集注》從楊注。傅山曰:「鈹是入,滑是出。」郝懿行曰:「《正名篇》有『滑鈹』,此言『鈹滑』,其義同,皆謂骫骳、滑亂之意。《漢書・淮南厲王傳》:『骫天下正法。』顏注:『骫,古委字,謂曲也。』《枚乘傳》:『其文骫骳。』『骳』與『鈹』同,謂曲戾也。『滑』蓋與『猾』同,謂攪亂也。」王先謙、孫詒讓從郝說〔註13〕。孫詒讓又曰:「《正名篇》注二說,後說是也。此言吏持法謹無太寬,無太嚴,猶形體之無澀滑也。」豬飼彥博曰:「無鈹滑,猶言無敢伸縮也。『鈹』亦當作『鈹』。」梁啓雄曰:「『鈹』當作『頗』,衰也。『滑』同『猾』,黠惡也。」朱師轍曰:「鈹借爲詖,鈹滑謂奸詐也。」〔註14〕楊注或說讀作「滑鈹」,是也,戴震、冢田虎、孫詒讓、于省吾、伍非百、楊柳橋、李滌生、王天海皆從之〔註15〕。《說文》:「滑,利也。」「澀」是「澀」俗字,《說文》作「歰」,亦作「濇」,云:「濇,不滑也。」《玄應音義》卷7:「古文歰,今作濇,同。歰者,不滑也。」

(6) 說故喜怒哀樂愛惡欲以心異

楊倞注:說,讀爲脫,誤也。脫故,猶律文之「故誤」也。

按:傅山、王懋竑、冢田虎謂「說故」二字衍文〔註16〕。古屋鬲曰:「說故,猶『死生之說,幽明之故』之『說故』。」王先謙曰:「說,心誠悅之。故者,作而致其情也,與《性惡篇》『習僞故』之『故』同義。楊注非。」朱駿聲曰:「脫,叚借爲挩,實爲奪。」〔註17〕朱氏申證楊注。于鬯曰:「說之言悅也。故,疑讀爲苦。『悅』與『苦』義正相反對。」王天海從于說,而未引「說之言悅也」五字,則下句無所承,其鈔書粗疏至極。

〔註12〕宋本脫「亂」字,據遞修本補。

〔註13〕孫詒讓《荀子校勘記下》,收入《籀廎遺著輯存》,中華書局2010年版,第534頁。

〔註14〕朱師轍《〈荀子・成相篇〉韻讀補釋》,《中山大學學報》1957年第3期,第47頁。

〔註15〕戴震《續方言》卷1,收入《戴震全書》第3冊,黃山書社1994年版,第258頁。伍非百《〈荀子・正名〉解》,收入《中國古名家言》,中國社會科學出版社1983年版,第726頁。

〔註16〕王懋竑《荀子存校》,《讀書記疑》卷11,收入《續修四庫全書》第1146冊,第356頁。

〔註17〕朱駿聲《說文通訓定聲》,武漢市古籍書店1983年版,第653頁。

劉念親曰：「『說故』兩字不可解。疑『說』同『閱』，『故』通作『固』。閱，容也。固，閉也。容者，感物而有受，《解蔽篇》所謂『心容』是也。閉者，當物而靡納，《禮記・大學》謂『心不在焉，視而不見，聽而不聞，食而不知其味』，是其狀也。此皆以心異者有感受而後有喜怒哀樂愛惡欲。閉而無納，則情無由動，欲無由見也，故『說固』兩異最居前。『欲』當讀下文『欲者，情之應也』之欲，不得與『喜怒哀樂愛惡』並列作七情。」〔註18〕梁啟超曰：「『故』當為『固』，『固』通作『錮』，謂錮蔽。」〔註19〕梁啟雄曰：「說，釋也。『故』當為『固』。固，讀為錮。說者，心之開釋。錮者，心之鬱結。」李滌生、董治安從梁啟雄說。劉盼遂曰：「疑『說』當為『娩』之叚（段）字或誤字。《說文》：『娩，好也。』字亦作娩（悅）〔註20〕，《廣雅》：『悅，可也。』然則古人言娩言悅，猶今人言對矣。『故』當訓為『胡』，『胡』與『何、惡、奚、瑕』同聲一語，故引用有妄亂之意。故『胡』之訓為謬妄，與『娩』之訓可與好，恰相對也。」〔註21〕楊柳橋曰：「故，猶為也，行也。說故，謂言行也。」李中生曰：「說，讀為脫，訓為舒。舒與錮語義正好相對。」王天海曰：「怨，諸本作『怒』，可據改。『欲』字，巾箱三本無。」王校「怨」作「怒」是也，而「欲」字則未必衍文。《禮記・禮運》：「何謂人情？喜怒哀懼愛惡欲，七者弗學而能。」《家語・禮運》同。此七者，謂之「七情」，去「懼」則謂之「六情」。《白虎通・情性》：「喜怒哀樂愛惡謂六情。」

（7）心有徵知

楊倞注：徵，召也，言心能占萬物而知之。

按：錢佃曰：「監本『召』皆作『占』。」王懋竑曰：「徵，驗也。謂有所徵

〔註18〕 劉念親《〈荀子・正名篇〉詁釋》，《華國月刊》第 1 卷第 11 期，1924 年版，第 5～7 頁。

〔註19〕 梁說轉引自劉盼遂《〈荀子・正名篇〉札記》，《清華週刊》第 25 卷第 10 期，1926 年版，第 603 頁。

〔註20〕 《劉盼遂文集》誤點作：「《說文》：『娩，好也。字亦作娩。』」殊不成語，點校者不知下「娩」字是劉氏筆誤；北京師範大學出版社 2002 年版，第 337 頁。

〔註21〕 劉盼遂《〈荀子・正名篇〉札記》，《清華週刊》第 25 卷第 10 期，1926 年版，第 603～604 頁。

－463－

驗而知之。注解爲召，非是。」〔註22〕包遵信說同。劉念親曰：「『徵』
當從楊注訓召。召，致也。『徵知』猶《禮記‧大學》言『致知』。有，
讀又。」〔註23〕梁啓超說同劉氏〔註24〕。鍾泰曰：「徵，驗也，不訓
召。謂耳目之所接，心得以考驗而知其是非，辨其然否也。」梁啓雄
曰：「有，借爲又。徵，應也。」伍非百曰：「有，讀爲又。徵，召也。
徵知，謂召而知之。」〔註25〕楊柳橋曰：「楊釋『有』爲『能』。有，
猶能也，說見《古書虛字集釋》。」王天海不引楊柳橋說，竊作己說。
王天海又曰：「楊注『心能占萬物而知之』，下文楊注又言『心能占知
萬物』，故知楊注『召也』必爲『占也』之誤。徵，徵驗也。占者，亦
驗也。各本皆改楊注此與下注文中『占萬物』爲『召萬物』，是不明『占』
可訓『驗』之誤也，亦不知楊注『召』乃『占』字之誤。」此文「徵」
當訓應驗，「有」讀如字，王懋竑、鍾泰說是。

（8）山淵平

楊倞注：「山淵平」即《莊子》「山與澤平」也。

按：劉念親曰：「山淵平，《莊子‧天下篇》作『山與澤平』，蓋本惠施之言，
而《荀》、《莊》述之，小有異同也。」〔註26〕梁啓雄說同，又指出亦
見於《不苟篇》。伍非百曰：「山淵平，蓋鄧析、惠施之說。《不苟篇》
曰：『山淵平……此說之難持者也，而惠施、鄧析能之。』又《莊子‧
天下篇》：『天與地卑，山與澤平。』《墨子‧經下篇》：『取下以求上也，
說在澤。』皆『山淵平』之義。」〔註27〕金德建曰：「『山淵平，天地
比』，應該同於《天下篇》惠施所說的『天與地卑，山與澤平』。『卑』

〔註22〕 王懋竑《荀子存校》，《讀書記疑》卷11，收入《續修四庫全書》第1146冊，
第356頁。

〔註23〕 劉念親《〈荀子‧正名篇〉詁釋》，《華國月刊》第1卷第11期，1924年版，
第7～8頁。

〔註24〕 梁啓超《讀書示例——〈荀子〉》（吳其昌記錄），《清華週刊》第24卷第11
期，1925年版，第277頁。

〔註25〕 伍非百《〈荀子‧正名〉解》，收入《中國古名家言》，中國社會科學出版社1983
年版，第726頁。

〔註26〕 劉念親《〈荀子‧正名篇〉詁釋》，《華國月刊》第2卷第3期，1925年版，第
2頁。

〔註27〕 伍非百《〈荀子‧正名〉解》，收入《中國古名家言》，中國社會科學出版社1983
年版，第737頁。

可以假爲『比』字，『澤』和『淵』二字意義也相同。」〔註 28〕王天海曰：「『山淵平』乃惠施之說，《莊子・天下篇》引之作『山與澤平』，且見於《不苟篇》。楊注未晰。」《莊子・天下篇》引惠施說「天與地卑，山與澤平」，本書《不苟篇》、《韓詩外傳》卷 3 稱「山淵平，天地比」是鄧析、惠施之說。王天海不引諸說，竊作己說；又王氏云云，易誤解爲「山與澤平」亦見於《不苟篇》，其說亦未晰。

（9）夫民易一以道

楊倞注：言聖人謹守名器，以道一民。

按：郝懿行曰：「夫民愚而難曉，故但可偕之大道。」王先謙從郝說。物双松曰：「道，即王道也。」劉念親曰：「一猶整齊也。」〔註29〕梁啓雄曰：「一以道，用道來齊一。」王天海曰：「謂民容易齊一而引導。道，通『導』。」楊、劉、梁說是，王氏未達其句法而妄說通借。《荀子》「道」指禮法。「一」下省「之」字。一以道，猶言以道一之。下文「道之以道」，猶言以道道（導）之。

（10）期命也者，辨說之用也

楊倞注：期謂委曲爲名以會物也。期與命，所以爲辨說之用。

按：王天海曰：「用者，由也，因也。此言約定內容和命名是辨說之原由。」王說非是，「用」訓功用，即上文「故期命辯說也者，用之大文也」之「用」。

（11）心也者，道之工宰也

楊倞注：工能成物，宰能生物。心之於道，亦然也。

按：王懋竑曰：「『工』乃『主』字之訛，注非是。」〔註30〕久保愛、鍾泰說同。陳奐曰：「工，官也。官宰，猶言主宰（《廣雅》：『官、主，君也。』）《解蔽篇》曰：『心者，形之君也，而神明之主也，出令而無所

〔註28〕金德建《荀子零箋》，收入《先秦諸子雜考》，中州書畫社 1982 年版，第 184～185 頁。
〔註29〕劉念親《〈荀子・正名篇〉詁釋》，《華國月刊》第 2 卷第 3 期，1925 年版，第 6 頁。
〔註30〕王懋竑《荀子存校》，《讀書記疑》卷 11，收入《續修四庫全書》第 1146 冊，第 356 頁。

受令。』是其義。舊注失之。」王念孫、王先謙、孫詒讓、楊柳橋從
陳說〔註31〕。物双松曰：「工，工匠也。宰，宰夫也。」洪誠說同物
氏〔註32〕。駱瑞鶴曰：「工宰，謂工巧之宰。」陳奐說是，《皇王大紀》
卷80引則徑易作「主宰」。

（12）不賂貴〔者〕之權埶

　　楊倞注：不為貨賂而移貴者之權埶也。

　按：陶鴻慶曰：「『賂』疑當作『輅』，迎也。」劉師培曰：「『賂』當作『絡』，
　　絡有束義。」久保愛曰：「言不賂遺權貴之人也。」豬飼彥博曰：「賂，
　　謂諂（諂）媚也。」劉念親曰：「賂，貨也。『貨』讀《孟子》『是貨
　　之也，焉有君子而可以貨取』之『貨』。謂不為貴者之權位所貨。」〔註
　　33〕梁啓雄曰：「賂，當作『略』。不略，猶言不顧。」龍宇純說同梁
　　氏〔註34〕。董治安曰：「賂，古通『略』。略，界也。即不為貴者之權
　　勢所框定也。」李滌生曰：「賂，財貨，此有收買義。」王天海不引
　　劉念親、李滌生說，竊作己說，而又大言「楊注及他說皆誤」。劉念
　　親說是也。

（13）不利傳辟者之辭

　　楊倞注：利，謂說愛之也。辟，讀曰僻。

　按：注「說」，遞修本、四庫本作「悅」。物双松曰：「傳，當作『便』。」
　　梁啓超、梁啓雄、潘重規說同〔註35〕。久保愛曰：「『利』字疑當作『和』。
　　『辟』字疑當移『辭』上。」包遵信從久說，又曰：「『利』字古音本
　　同『和』，《廣雅》：『利，和也。』此乃聲訓。」劉師培曰：「傳，讀如

〔註31〕孫詒讓《荀子校勘記》，收入《籀廎遺著輯存》，中華書局2010年版，第562
　　　頁。
〔註32〕洪誠《〈荀子・正名〉（節錄）》，收入《中國歷代語言文字學文選》，《洪誠文
　　　集》，江蘇古籍出版社2000年版，第44頁。
〔註33〕劉念親《〈荀子・正名篇〉詁釋》，《華國月刊》第2卷第5期，1925年版，第
　　　2頁。
〔註34〕龍宇純《荀卿子記餘》，《中國文史研究集刊》第15期，1999年版，第254
　　　頁。
〔註35〕梁啓超《讀書示例——〈荀子〉》（吳其昌記錄），《清華週刊》第24卷第11
　　　期，1925年版，第277頁。潘重規《讀王先謙〈荀子集解〉札記》，《制言》
　　　第12期，1936年版，本文第22頁。

專。專辟，猶言堅僻。《非十二子篇》、《宥坐篇》：『行僻而堅。』即此文所謂『專辟』也。」劉念親曰：「傳辟，即『便辟』，言近習也。謂不藉便辟之辭以爲利也。」〔註36〕高亨曰：「此句當作『不利傳者之辟辭』。辟讀爲僻。僻辭，偏邪之辭也。」楊柳橋從高說。姜亮夫曰：「『便辟』與『誇毗』蓋古今語也。聲變爲『槃辟』，字或作『旁辟』，便辟、槃辟、旁辟，皆便旋、退避、足恭之貌，即以體柔人之義也。音變則爲『傳辟』。按『傳』或又是『便』之形誤。」〔註37〕鍾泰曰：「『利』爲衍文。」羅焌曰：「傳辟，謂傳說邪僻也。」龍宇純亦謂當作「便辟」，云「楊注獨不釋『傳』字，蓋其時字猶未誤也。『便辟』字本以書『僻』者爲正，故其但云『辟讀爲僻』矣。」〔註38〕龍氏後又訂作「不和便辟者之辭」，云：「和謂附和。」〔註39〕王天海曰：「不以傳邪僻者之辭爲利也。楊注不是也，改字爲訓者尤非。」包遵信說「利」、「和」聲訓，非是；《說文》謂「利」從「和」省聲，亦誤。「利」字從禾從刀，是會意字。姜亮夫說「傳辟」、「旁辟」是「便辟」音變，非是。「便辟」字以「辟」爲正〔註40〕，龍說未是。王天海說即是羅焌說，易其辭耳。上文「觀者」、「貴者」皆單音詞，此文不當「傳辟」作複音詞。高亨、鍾泰說皆通。

（14）吐而不奪，利而不流

楊倞注：吐而不奪，謂吐論人人不能奪。「利」或爲「和」。

按：俞樾曰：「『吐』當爲『咄』，形似而誤。咄者，詘之叚字。言雖困詘而不可劫奪，雖通利而不流蕩也。」王先謙、孫詒讓、劉念親、楊寬、梁啓雄、牟宗三、李滌生、熊公哲皆從俞說〔註41〕。久保愛曰：「『吐』字

〔註36〕 劉念親《〈荀子·正名篇〉詁釋》，《華國月刊》第 2 卷第 5 期，1925 年版，第 2 頁。

〔註37〕 姜亮夫《詩騷聯綿字考》，收入《姜亮夫全集》卷 17，雲南人民出版社 2002 年版，第 358～359 頁。

〔註38〕 龍宇純《讀荀卿子三記》，收入《荀子論集》，學生書局 1987 年版，第 305 頁。

〔註39〕 龍宇純《荀卿子記餘》，《中國文史研究集刊》第 15 期，1999 年版，第 254 頁。

〔註40〕 參見蕭旭《「便辟」正詁》。

〔註41〕 孫詒讓《荀子校勘記》，收入《籀廎遺著輯存》，中華書局 2010 年版，第 563 頁。劉念親《〈荀子·正名篇〉詁釋》，《華國月刊》第 2 卷第 5 期，1925 年版，第 1 頁。楊寬《諸子正名論》，收入《楊寬古史論文選集》，上海人民出版社出版 2003 年版，第 756 頁。牟宗三《〈荀子·正名篇〉疏解》，收入《名家與

未詳。或疑當作『予』，《淮南子》曰：『其德生而不辱，予而不奪。』
『利或爲和』爲是〔註42〕，《禮記》曰：『和而不流。』」〔註43〕劉師培
曰：「『吐』當作『杜』。杜，指寨（塞）阨弗達言。利〔註44〕，即《致
仕篇》『通利』之利。杜、利對文，猶之通、塞對言也。」羅焌曰：「奪，
失也，誤也。謂吐詞無失誤也。」伍非百曰：「奪，謂語氣中斷，辭句
脫漏。流，謂旁溢橫出，蕩而忘返。」〔註45〕包遵信曰：「『吐而不奪』
正承『不賂貴者之權埶』言，『利而不流』正承『不和傳者之辟辭』言。」
〔註46〕龍宇純曰：「『吐』蓋『屈』之誤耳。屈而不奪，謂屈之不能奪其
志也。『利』字不誤。利而不流，謂利之而不能使流移。」〔註47〕楊柳
橋曰：「『和』字是。」王海根曰：「利，通『離』，離開。」〔註48〕王天
海曰：「吐而不奪，言發出議論而不失誤，正與下『利而不流』相對爲
文也。唯羅說得之。」「吐」、「利」二字皆不誤。伍非百說是，「奪」、「脫」
一音之轉，謂吐詞而無脫漏也。「利」、「流」義近而又有別，「利」謂水
流通利，「流」指水流汜濫，此文以喻言辭之流利。

(15)《詩》曰：「長夜漫兮，永思騫兮。大古之不慢兮，禮義之不愆兮，
何恤人之言兮？」

　　楊倞注：逸《詩》也。慢，謂漫漫長夜貌。騫，咎也。

　按：《韻補》卷2云「慢，怠也」，引此《詩》爲證。《增韻》卷2：「騫，與
　　『愆』同，《荀子》注云云。」朱駿聲曰：「騫，叚借爲愆。」〔註49〕
　　皆申證楊注。明人朱朝瑛曰：「騫，《說文》云：『馬腹縶也。』《考工記》
　　云：『小體騫腹。』是縶者，收束之意，蓋言瘦也，故借爲虧損之義。《荀

　　荀子》，《牟宗三先生全集（2）》，聯經出版事業有限公司2003年版，第238
　　頁。
〔註42〕王天海誤點作「利，或爲『和』爲是」，連久氏語都讀不懂。「利或爲和」是
　　久氏所引的楊注。
〔註43〕引者按：久氏所引《淮南子》見《氾論篇》，所引《禮記》見《中庸》。
〔註44〕董治安誤以「利」字屬上句。
〔註45〕伍非百《〈荀子·正名〉解》，收入《中國古名家言》，中國社會科學出版社1983
　　年版，第751頁。
〔註46〕包遵信《讀〈荀子〉札記（下）》，《文史》第6輯，1979年出版，第230頁。
〔註47〕龍宇純《荀卿子記餘》，《中國文史研究集刊》第15期，1999年版，第255頁。
〔註48〕王海根《古代漢語通假字大字典》，福建人民出版社2006年版，第99頁。
〔註49〕朱駿聲《說文通訓定聲》，武漢市古籍書店1983年版，第702頁。

子》注云云，亦謂德之虧也。」〔註50〕惠棟曰：「『愆』當作『謇』。」
〔註51〕冢田虎曰：「謇，蓋永思貌耳。注言不通也。」久保愛曰：「謇，
病貌。或曰：當作『蹇』。蹇，難也。」豬飼彥博曰：「謇，思貌。」劉
念親曰：「漫，長也。謇，虧也。『禮義不愆，何恤人言』，謂君子辨說，
內省無虧，則持之介然，備上舉諸德也。」〔註52〕鍾泰曰：「注『謇，
咎也』，蓋以謇與愆通，然下有『不愆』句，則此不得又作『愆』也，
且與上『長夜漫兮』義亦不屬。『謇』仍當讀如本字。永思謇者，謂欲
謇舉而遠去也。」章詩同曰：「謇，過錯。愆，違反。」熊公哲曰：「慢，
猶悖也。」王天海曰：「永思謇，長思過也。楊注是。不慢，不怠慢。」
「謇」字楊注及《增韻》說是也，此《詩》「謇」、「愆」異字同義，鍾
泰說誤。《文選·扶風歌》：「惟昔李謇期，寄在匈奴庭。」五臣本「謇」
作「愆」。李善注：「《周易》曰：『歸妹愆期，遲歸有時。』王肅曰：『愆，
過也。』謇與愆通也。」胡紹煐曰：「《說文》『愆』重文『寋』，故假作
『謇』。《大雅·假樂》：『不愆不忘。』《春秋繁露》引作『謇』。《荀子》
注云云，亦以『謇』為『愆』，可證。」〔註53〕本書《天論》引《詩》
曰：「何恤人之言兮？」《左傳·昭公四年》引《詩》：「禮義不愆，何恤
於人言？」杜預注：「逸《詩》。」《漢書·東方朔傳》《答客難》引《詩》：
「禮義之不愆，何恤人之言？」顏師古注：「逸《詩》也。愆，過也。
恤，憂也。」《漢書·匡衡傳》引《傳》：「禮義不愆，何恤人之言？」
《文選·景福殿賦》李善注引《大戴禮記》：「禮義之不謇，何恤人言？」
〔註54〕「謇」同「愆」。皆節引此《詩》。義，讀為儀。禮義，禮之威儀
也。《詩·抑》：「淑慎爾止，不愆於儀。」《禮記·緇衣》引「愆」作「謇」。

〔註50〕 朱朝瑛《讀詩略記》卷3，景印文淵閣《四庫全書》第82冊，臺灣商務印書
　　　　館1986年初版，第433頁。《說文》「繋」當作「墊」，下陷也，故引申則為
　　　　虧損之義。朱氏謂「繋」由收束義引申為虧損義，非是。

〔註51〕 惠棟《春秋左傳補註》卷5，《叢書集成新編》第109冊，新文豐出版公司1985
　　　　年版，第319頁。

〔註52〕 劉念親《〈荀子·正名篇〉詁釋》，《華國月刊》第2卷第5期，1925年版，第
　　　　2頁。

〔註53〕 胡紹煐《文選箋證》卷23，黃山書社2007年版，第607頁。《春秋繁露》見
　　　　《郊語篇》，四庫本、《四部叢刊》本、漢魏叢書本、畿輔叢書本、龍谿精舍
　　　　叢書本、崇文書局叢書本皆作「愆」，獨《詩考》謂《春秋繁露》引作「謇」。

〔註54〕 引者按：今《大戴》無此文。

鄭玄注：「淑，善也。譽，過也。言善慎女之容止，不可過於禮之威儀
也。」又考《論語・顏淵》孔子曰：「內省不疚，夫何憂何懼？」即此
逸《詩》「思騫……禮義之不愆」之誼。

（16）君子之言，涉然而精，俛然而類，差差然而齊

　　楊倞注：涉然，深入之貌。俛然，俯就貌。俛然而類，謂俯近於人，皆有
　　　　　　統類，不虛誕也。差差，不齊貌。謂論列是非，似若不齊，然終
　　　　　　歸於齊一也。

　按：王先謙、梁啓雄、羅焌從楊注〔註55〕。冢田虎曰：「涉然，猶涉獵之涉，
　　　謂所及之廣也。」豬飼彥博曰：「涉，謂博涉。差差然，有次序也。」
　　　劉師培曰：「『涉』當作『陟』。『陟』為高義，與下『俛』字對文。陟
　　　然者，高視之貌也。」熊公哲從劉說。劉念親曰：「《爾雅・釋水》：『繇
　　　膝以上為涉，繇帶以上為厲。』『涉』非深入也（楊注『深入之貌』，
　　　非）。俛，卑近也。差差，儳互不齊貌。不窮幽窈若淺而實精深，不尚
　　　高遠若卑而克肖類，不嫌差別若儳互而實整齊極至也。」〔註56〕鍾泰
　　　曰：「涉然，謂淺也。劉師培改涉為陟，尤非。」徐仁甫曰：「上句、
　　　下句皆以相反為義，則俛然者，不類之意也。不當訓為俯就。《淮南・
　　　說林訓》注云：『俛，猶戾也。』此亦當謂戾然而類也。《性惡篇》楊
　　　注：『無類，首尾乖戾。』是戾與類相反之證。」章詩同曰：「俛然，
　　　切近。類，有條理。」楊柳橋曰：「涉然，與下『俛然』對文，蓋淺顯
　　　之意。俛，即『俯』低也。類，善也。」王天海曰：「俛，通『俯』。
　　　俯然，低聲貌。類，善也。俯然而類，謂其言聲低而美善。」王天海
　　　不引楊柳橋說，而竊作己說。此文三句，句內自為對文，「涉然」與「精」、
　　　「俛然」與「類」、「差差然」與「齊」，義皆相對，劉師培、楊柳橋皆
　　　未得其句法，徐仁甫得之。「涉然」句劉念親、鍾泰、楊柳橋說是。「俛
　　　然」句徐仁甫說是。「差差」楊注是也，「差」從左得聲，差、左一聲
　　　之轉。本書《榮辱篇》：「斬而齊。」劉台拱曰：「斬，讀如儳。《說文》：
　　　『儳，儳互不齊也。』」王念孫從劉說，並指出「『儳而齊』即《正名

〔註55〕羅焌《諸子述學》，華東師範大學出版社 2008 年版，第 216 頁。
〔註56〕劉念親《〈荀子・正名篇〉詁釋》，《華國月刊》第 2 卷第 5 期，1925 年版，第
　　　　2～3 頁。

篇》所謂『差差然而齊』」〔註57〕。

（17）故愚者之言，芴然而粗，嘖然而不類，誻誻然而沸

> 楊倞注：「芴」與「忽」同。忽然，無根本貌。粗，疏略也。嘖，爭言也。
> 或曰：與「賾」同，深也。誻誻，多言也。謂愚者言淺則疏略，
> 深則無統類，又誻誻然沸騰也。

按：遞修本、四庫本注「誻誻然」上有「言」字。物双松曰：「沸，是不齊
意。」焦循曰：「芴然即忽然。粗即不精心意。」〔註58〕朱駿聲曰：「誻，
叚借爲沓。」〔註59〕吳汝綸曰：「嘖，當爲『雜』。」〔註60〕豬飼彥博
曰：「嘖然，煩言貌。誻誻然，重言貌。」高亨曰：「嘖可訓雜。猶云雜
然而不類也。」〔註61〕劉師培曰：「《廣雅》云：『忽，輕也。』芴然而
粗，猶言其語輕而粗也。」梁啓雄從劉說。劉念親曰：「『芴然、嘖然、
誻誻然』與上文『涉然、俛然、差差然』文各相對，義各相反。見愚者
之言，適與君子反也。芴然，芒芴之芴。芴，微也。言談說冥昬，似微
芒而實粗也。嘖，讀《續漢書·輿服志下》『幘者，賾也，頭首嚴賾也』
之賾。嚴賾，高貌（嘖、賾通假字。《易·繫辭》：『言天下之至賾。』
《釋文》：『賾，京作嘖。』可證。賾本訓深，深亦可訓高。）。言遠舉
不切事情，似高深而實不類也。誻誻，字亦作『嗒嗒』，《顏氏家訓·書
證》謂『嗒嗒，蓋無所不施、無所不容之意』，是也。沸，亂也。言漫
無差別，似兼施並容而實相亂也。」〔註62〕鍾泰曰：「『嘖』或說『與賾
同』是也。芴者，言其隱約也。沸，當讀作拂。拂者，悖也。『悖』與
『齊』反。」楊樹達曰：「芴謂粗貌，誻誻，沸貌。《呂氏春秋·精諭篇》
云：『有事於此，而精言之而不明，勿言之而不成，精言乎？勿言乎？』

〔註57〕劉台拱《荀子補注》、《荀子補注續》，收入《劉氏遺書》卷4，《叢書集成續編》
　　　　第15冊，第478頁。王念孫《荀子雜志》，收入《讀書雜志》卷10，中國書
　　　　店1985年版，本卷第71頁。

〔註58〕焦循《孟子正義》卷5，中華書局1987年版，第143頁。

〔註59〕朱駿聲《說文通訓定聲》，武漢市古籍書店1983年版，第110頁。

〔註60〕吳汝綸《易說》卷2，收入《吳汝綸全集（二）》，黃山書社2002，第203頁。

〔註61〕高亨《周易大傳今注》，收入《高亨著作集林》第2卷，清華大學出版社2004
　　　　年版，第589頁。

〔註62〕劉念親《〈荀子·正名篇〉詁釋》，《華國月刊》第2卷第5期，1925年版，第
　　　　3～4頁。

以『勿』與『精』爲對文，則『勿』有『精（粗）』義甚明。『芴』與『勿』同，楊說『忽然，無根本貌』，非也。《說文》：『渹，涫溢也，今河朔方言謂沸溢爲渹。』此假『譇』爲『渹』，是譇爲沸也，楊據『譇』字本義釋爲多言，非也。」〔註63〕楊樹達又曰：「譇，當讀爲渹。《說文》云云。《埤蒼》云：『沓，釜沸出也。』是渹即沸，故《荀》言『渹渹然而沸』也。」〔註64〕劉如瑛曰：「沸，假爲㤊，違也。譇譇然而沸，意爲：言雖多，但違背常理。」楊柳橋曰：「沸，通『拂』，違戾也。」王天海曰：「芴然，輕浮貌。嘖，大呼也。嘖然而不類，其言聲高而不善。沸，通『悖』，亂也，鍾說是。」「芴」字劉念親、鍾泰、楊樹達說是也。《莊子·至樂篇》：「芒乎芴乎。」《釋文》：「芴，音忽。」「芴然」同「芴乎」。「䫆」是幽深義，無高義，劉念親說非是〔註65〕。此文「嘖」當訓爭言、爭辯，謂愚者之言，爭辯而無條理。「譇譇」句楊注是也，「沸」當讀如字，鍾泰、劉如瑛、楊柳橋改讀非是。楊樹達以「渹」爲本字則拘，字本當作「沓」。《說文》：「沓，語多沓沓也。」《說文繫傳》：「渹，沓沓然沸也。」《詩·蕩》：「如沸如羹。」鄭玄箋：「其笑語沓沓，又如湯之沸，羹之方熟。」《詩·十月》：「噂沓背憎，職競由人。」毛傳：「噂，猶噂噂。沓，猶沓沓。」《孟子·離婁上》：「《詩》曰：『天之方蹶，無然泄泄。』泄泄，猶沓沓也。事君無義，進退無禮，言則非先王之道者，猶沓沓也。」泄之言牒、偞，借爲疊，指語之疊，故泄泄猶沓沓，多言貌，《說文》專字作「呭」、「詍」，並訓「多言也」。「渹」是水沸溢的後出分別字，「譇」是語沸溢的後出分別字。

（18）彼誘其名，眩其辭，而無深於其志義者也

〔註63〕楊樹達《荀子集解二十卷（思賢講舍刻本）》，《湖南文獻匯編》第 2 輯《省志初稿·藝文志》，湖南人民出版社 2008 年版，第 108 頁；其說又見楊樹達《鍾泰〈荀注訂補〉》，《清華學報》第 11 卷第 1 期，1937 年版，第 238 頁。

〔註64〕楊樹達《鍾泰〈荀注訂補〉》，《清華學報》第 11 卷第 1 期，1937 年版，第 238 頁。

〔註65〕劉氏所引《續漢書》「幘者，䫆也，頭首嚴䫆也」者，䫆之言蹟，《說文》：「蹟，齊也。」《釋名》：「冊，䫆也，勒使整䫆，不犯之也。」「䫆」亦借字。嚴䫆猶言齊整也。《釋名》：「幘，蹟（䫆）也，下齊員（眉）蹟（䫆）然也。」《御覽》卷 687 引「員」作「眉」，二「蹟」作「䫆」。《急就篇》卷 3 顏師古注：「幘者，韜髮之巾，所以整蹟髮也。」「齰」訓齒相值，是齒齊義的分別字。

楊倞注：誘，誆也。但欺誆其名而不正，眩惑其辭而不實，又不深明於志
義相通之理也。

按：劉念親曰：「誘，惑也。惑亂其名，掉眩其辭者，無深於其志義。無深，
猶言無益也。」〔註66〕鍾泰曰：「『無』字當讀如『憮』，或讀如『蕪』。
憮深者，謂揣摩求深也。蕪深者，謂蕪雜而深也。」劉如瑛曰：「誘，
當爲『美』字之誤。」王天海曰：「誘，惑也。惑，亂也。而，猶以也。
無者，通『務』，一聲之轉。上文言君子之言『以務白其志義』，此文
正相對。深，晦也。又『於』字疑衍。諸說皆誤。」王天海「誘」訓
惑亂，乃竊自劉念親說。楊注誘訓誆，亦不誤，受其惑亂，即是被欺
誆，二義相因。「無深」當讀如字，上文「君子之言……以務白其志義」，
是深入其志義也；此文愚者之言則不深入其志義，二文對舉。

（19）故窮藉而無極，甚勞而無功，貪而無名

楊倞注：藉，踐履也。謂踐履於無極之地。貪而無名，謂貪於立名而實無
名也。

按：王懋竑曰：「『藉』字疑誤，注謂『踐履』，非。」〔註67〕物双松曰：「窮
藉，言窮探也。藉者，言藉其實以探也。」冢田虎曰：「藉，猶蘊藉之
藉，寬博之意。言其辭窮寬博而無準極也。」久保愛曰：「謂雖窮履而
不可極也。」豬飼彥博曰：「藉，布陳也。言窮陳其辭而無中正之理也。」
李滌生從豬飼說。劉師培曰：「『藉』當作『籍』，『窮籍』之藉，亦紛
煩之義。」劉念親曰：「『窮藉』與『甚勞』對文。窮，極也。極，至
也。藉，當爲『劇』之假（藉、劇同部）。《爾雅》：『三達謂之劇旁。』
孫注：『旁出岐多，故曰劇。』《釋名》於釋『劇旁』下曰：『此道旁
轉多，用功稍劇也。』正此『劇』字之義。窮劇而無極，言愚者之言
至旁出岐多而無所止也。」〔註68〕梁啓超曰：「楊訓藉爲踐履，有解
不通處。藉，恐是假藉之意。」〔註69〕鍾泰曰：「『極』當作中或本解，

〔註66〕劉念親《〈荀子・正名篇〉詁釋》，《華國月刊》第 2 卷第 5 期，1925 年版，第
4 頁。

〔註67〕王懋竑《荀子存校》，《讀書記疑》卷 11，收入《續修四庫全書》第 1146 冊，
第 356 頁。

〔註68〕劉念親《〈荀子・正名篇〉詁釋》，《華國月刊》第 2 卷第 5 期，1925 年版，第
4 頁。

〔註69〕梁啓超《讀書示例——〈荀子〉》（吳其昌記錄），《清華週刊》第 24 卷第 11

注似謂無窮極，非也。」梁啓雄曰：「藉，借也。謂不能正其名當其
辭，乃用盡他的假借的本事而無終止。」于省吾曰：「『窮』應讀作『躬』。
言躬自踐履而無紀極也。」楊柳橋曰：「窮，極也。藉，謂狼藉，亂
也。窮藉，謂極亂，與『甚勞』相對。」龍宇純曰：「藉訓爲借是也。
極謂終極、終止。謂每說一事，紛拏牽引，借助不窮。」〔註70〕王天
海曰：「窮者，盡日。藉，通『籍』，典冊也。言愚者窮盡其典冊而無
止盡也。」「窮藉」、「甚勞」二句義相承，非對文。「貪」上疑脫「甚」
字。藉，讀爲笮、迮〔註71〕。《說文》：「笮，迫也。」窮藉，猶言窮
蹙、窘迫。謂愚者之言，困迫別人而無終止，故甚勞而無功，甚貪而
無名也。

（20）故治亂在於心之所可，亡於情之所欲

楊倞注：明在心不在欲。

按：王引之曰：「亡讀存亡之亡，亡與在義正相反。亡者，不在也。《唐風・
葛生篇》：『予美亡此。』謂予美不在此也。《襄二十九年公羊傳》：『季
子使而亡焉。』謂季子出使而不在吳也。《說苑・至公篇》作『季子時
使行不在』。《荀子・正論篇》：『然則鬥與不鬥邪，亡於辱之與不辱也，
乃在於惡之與不惡也。』亡與在正相反，謂不在於辱與不辱也。《正名
篇》：『故治亂在於心之所可，亡於情之所欲。』《堯問篇》：『吾所以得
三士者，亡於十人與三十人中，乃在百人與千人之中。』《淮南・原道
篇》：『聖亡乎治人，而在於得道；樂亡於富貴，而在於得和。』是亡
與不在同義。」舉例甚多，不詳引徵〔註72〕。劉念親亦解作「不在」
〔註73〕，另參見楊樹達《詞詮》〔註74〕。物双松曰：「亡，不在也。」
久保愛曰：「亡音無。」梁啓雄曰：「亡借爲無。無於猶不在於。」王
天海曰：「亡，無也。於，在也。故『亡於』即『不在』。」王引之、

期，1925 年版，第 277 頁。
〔註70〕龍宇純《讀荀卿子三記》，收入《荀子論集》，學生書局 1987 年版，第 305 頁。
〔註71〕從昔從乍之字聲通，參見張儒、劉毓慶《漢字通用聲素研究》，山西古籍出版
社 2002 年版，第 372～373 頁。
〔註72〕王引之《經義述聞》卷 14，江蘇古籍出版社 1985 年版，第 323～324 頁。
〔註73〕劉念親《〈荀子・正名篇〉詁釋》，《華國月刊》第 2 卷第 5 期，1925 年版，第
9 頁。
〔註74〕楊樹達《詞詮》卷 8，中華書局 1954 年版，第 405 頁。

物双松說是，「亡」有不在義，顧炎武早發之〔註75〕。字亦作忘，《賈子·勸學》：「昔者南榮趎醜聖道之忘乎己。」俞樾曰：「『忘』當爲『亡』。古人謂不在爲亡。」以下引證，皆本王引之說〔註76〕。王天海不能考查前人成果，信口妄說耳。苟如其說，上句「在於」何義？

（21）衡不正，則重縣於仰而人以爲輕，輕縣於俛而人以爲重，此人所以惑於輕重也

　　　　楊倞注：衡，稱之衡也。不正，謂偏舉也。衡若均舉之，則輕重等而平矣。
　　　　　　　　若偏舉之，則重縣於俛而猶未平也。遂以此定輕重，是惑也。

　按：二「縣」字，《記纂淵海》卷3引作「垂」。

（22）輕煖平簟，而體不知其安

　按：平，遞修本形誤作「乎」。久保愛曰：「平簟，簟笫之平者。」俞樾曰：
　　　「『平』乃席名，故與『簟』並言。《說文》：『蒻，蒲子，可以爲平席。』
　　　《釋名》：『蒲平，以蒲作之，其體平也。』並可爲證。」〔註77〕王先謙、
　　　劉念親、梁啓雄、李滌生、熊公哲從俞說〔註78〕。章太炎曰：「『平』即
　　　《說文》所云『蒲子，可以爲平席』者也。」〔註79〕蓋即本其師說。龍
　　　宇純曰：「俞說是也。《周禮·車僕》鄭注云：『故書作平，猶蘋席之蘋
　　　或書作平也。』。」〔註80〕楊柳橋曰：「平，當讀爲枰。《釋名》：『枰，
　　　平也，以板作之，其體平正也。』《一切經音義》引《埤蒼》：『枰，榻
　　　也，謂獨坐版床也。』」俞、章說是也，而猶未盡。《說文》：「蒻，蒲
　　　子，可以爲平席。」桂馥曰：「《鹽鐵論·散不足篇》：『古者無茵席之
　　　加，旃蒻之美，其後大夫士復薦草緣蒲平單莞。』《書·顧命》：『敷重

〔註75〕顧炎武《日知錄》卷32，陳垣校注，安徽大學出版社2007年版，第1840～
　　　　1841頁。
〔註76〕俞樾《賈子平議》，收入《諸子平議》卷28，上海書店1988年版，第569頁。
〔註77〕今本《釋名》作「蒲，草也，以蒲作之，其體平也」，《御覽》卷709引「草」
　　　　作「平」，段玉裁校作「苹」，盧文弨、畢沅校作「平」，參見任繼昉《釋名匯
　　　　校》，齊魯書社2006年版，第316頁。
〔註78〕劉念親《〈荀子·正名篇〉詁釋》，《華國月刊》第2卷第7期，1925年版，第
　　　　8頁。
〔註79〕章太炎《膏蘭室札記》卷2，收入《章太炎全集（1）》，上海人民出版社1982
　　　　年版，第149頁。
〔註80〕龍宇純《讀荀卿子三記》，收入《荀子論集》，學生書局1987年版，第306頁。

簑席。』王肅注：『簑席，纖蒻萃席。』蓋蒲席也。馥案：《釋名》：『蒲萃，以蒲作之，其體平也。』《東觀漢記》：『殤帝詔省荏蒻平簟。』蒲平、平簟，並當爲『萃』。《廣韻》：『萃，蒲白。』又云：『芘蒻，小萃。』『小』當爲『水』，言在水中也。《文選·秋興賦》：『藉莞蒻。』李善引本書作『華席』。『萃』、『華』形近致誤。《禮記·閒傳》：『芐翦不納。』注云：『芐，今之蒲萃也。』」〔註81〕陳直曰：「《鹽鐵論·散不足篇》云：『蒲平單莞。』『平』爲席文。」《玉篇》：「芐，蒲萃草。」平簟，《類聚》卷 69、《御覽》卷 708、《記纂淵海》卷 7 引同〔註82〕，《皇王大紀》卷 80 引作「莞簟」。作「莞簟」者，蓋習於《詩》句而改。《詩·斯干》：「下莞上簟，乃安斯寢。」《禮記·禮器》：「莞簟之安而槀鞂之設。」

（23）故嚮萬物之美而盛憂，兼萬物之利而盛害

按：楊柳橋曰：「盛，猶成也。」其說本於王引之：「盛，讀爲成。言美反成憂，利反成害也。」〔註83〕劉念親從王說〔註84〕，是也。包遵信曰：「『盛』當讀去聲，多也。」非是。

（24）蔬食菜羹而可以養口

按：羹，各本同，王天海本誤作「根」。

（25）麤布之衣、麤紃之履而可以養體

　　楊倞注：麤紃之履，麤麻屨也。

按：張之純曰：「紃，緣履之圓條。」董治安曰：「《御覽》卷 311 引『麤布』作『大布』，引『麤紃』作『麄紃』。《御覽》卷 697 引無『麤紃之履』四字。」王天海曰：「麤紃之履，《初學記》引作『麄絲之履』。」「麤布之衣、麤紃之履」，《初學記》卷 26 引作「麄絲之履」，《御覽》卷

〔註81〕 桂馥《說文解字義證》，齊魯書社 1987 年版，第 61 頁。所引《東觀漢記》見《御覽》卷 708 引。

〔註82〕 四庫本《記纂淵海》在卷 55。

〔註83〕 王引之說轉引自王念孫《荀子雜志》，收入《讀書雜志》卷 10，中國書店 1985 年版，本卷第 69 頁。

〔註84〕 劉念親《荀子·正名篇〉詁釋》，《華國月刊》第 2 卷第 7 期，1925 年版，第 8 頁。

697 引作「大布之衣、麤紃之履」，《御覽》卷 311 未引此文。董氏誤
校。「麗」是「麤」形譌，「絲」是「紃」形譌。

**（26）故無萬物之美而可以養樂，無埶列之位而可以養名。如是而加天
下焉，其為天下多，其和樂少矣**

　　楊倞注：以是無貪利之心，加以天下之權，則為天下必多，為己之私和樂
　　　　少矣。

按：王念孫曰：「『和』當為『私』。言以是不貪之心治天下，則其為天下必
　　多，而為己之私樂必少也。『私樂』對『天下之樂』而言，若云和樂少，
　　則義不可通。」王先謙、孫詒讓、劉念親、楊柳橋、李滌生皆從俞說
　　〔註 85〕，王先謙因謂注中「和」字乃衍文。鍾泰曰：「此謂有以天下
　　相加者，則視以為為天下者多，而和樂反少。楊、王說皆非。」王天
　　海曰：「楊注中『私』字必衍。己，即私也，楊倞斷不必『己』下再言
　　『私』。正文『其』字當讀『豈』。『豈和樂少矣』，言心平愉者雖為天
　　下多，難道和樂會少嗎？惜楊注、諸說皆未得。」王念孫、王先謙說
　　是。王天海說「己即私，不必『己』下再言『私』」云云，是妄說。又
　　「其」是代詞，代指心平愉者。言心平愉者如加以天下，則他為天下
　　之樂必多，為己之私樂必少矣。

（27）無稽之言，不見之行，不聞之謀，君子慎之

　　楊倞注：《說菀》作「無類之說，不戒之行，不贊之辭，君子慎之」。

按：王天海曰：「注『說菀』之菀，原誤作『菀』，逕改。」遞修本、四庫
　　本皆作「菀」，王氏失校也。「菀」是古「苑」字，不必改作。《玉篇殘
　　卷》「弼」字條引《說菀》：「張弓弼雞。」《唐鈔文選集注彙存》卷 8
　　《蜀都賦》李善注引《說菀》：「魏文侯嗜晨鳧。」《慧琳音義》卷 66
　　引《說菀》：「高山有崖。」《御覽》卷 841 引《說菀》：「齊景公嘗賞賜
　　及後宮。」《希麟音義》卷 4 引《說菀》：「靈龜五色。」又卷 10 引《說
　　菀》：「靈龜五彩。」皆作古字，王氏少見多怪，勇於改字，失古本之
　　舊矣。楊注所引《說菀》語，今本未見，《韓詩外傳》卷 5「戒」作「形」，

〔註 85〕孫詒讓《荀子校勘記》，收入《籀廎遺著輯存》，中華書局 2010 年版，第 564
　　　　頁。劉念親《〈荀子・正名篇〉詁釋》，《華國月刊》第 2 卷第 5 期，1925 年版，
　　　　第 10 頁。

餘與楊注引同。形亦見也。疑楊氏誤記出處，又誤「形」作「戒」。冢田虎曰：「《書》曰『無稽之言勿聽，弗詢之謀勿用』是也。」《董子・深察名號》：「不法之言，無驗之說，君子之所外，何以為哉？」蘇輿指出其說本於《荀子》〔註86〕。

〔註86〕蘇輿《春秋繁露義證》，中華書局 1992 年版，第 303 頁。

卷第十七

《性惡篇》第二十三校補

（1）故枸木必將待櫽括烝矯然後直

> 楊倞注：枸，讀爲鉤，曲也。櫽括，正曲木之木也。烝，謂烝之使柔。矯，謂矯之使直也。

按：物双松曰：「『烝』、『蒸』通。」久保愛說同。張之純曰：「枸，舊注非也，當即『句萌』之句，曲也。烝矯，蓋焚木屑以薰之，曲而後曲之。」駱瑞鶴曰：「枸，當作『拘』，字之誤也。《後漢書・鄧訓傳》李賢注引作『拘木必待隱括蒸揉然後直也』，注：『拘，音鉤，謂曲者也。』烝，謂以火烘烤。」王天海曰：「枸，巾箱三本作『构』。烝，同『蒸』，煮水使蒸氣薰製竹木。」《增韻》卷 2「枸」字條引同摹宋本，《文選・郭有道碑文》李善注引作「拘木必將待隱括然後直」，《記纂淵海》卷 62 引作「枉木必得櫽括然後直」，宋・員興宗《辯言》引「烝矯」作「蒸矯」，《洪範口義》卷上引作「木之鉤者必將待櫽栝矯然後直」。「构」是「枸」俗字，「鉤」是「鉤」俗字，並讀爲句，曲也。木之曲曰枸，字或作樛；金之曲曰鉤，其義一也，字亦借「拘」爲之。「烝」當作「揉」，字之誤也。《記纂淵海》卷 1 引正作「揉矯」。李賢注引作「蒸揉」者，「蒸」即「揉」形誤而衍者，又挩「矯」字。《廣雅》：「矯、揉，直也。」此言以櫽括矯揉曲木而後直也。《家語・弟子行》：「外寬而內正，自極

於隱括之中。」王肅注：「隱括所以自極。」明嘉靖覆宋本、寬永本並作「極」，美國國會圖書館藏《家語》正文「極」作「拯」，《繹史》卷95引亦作「拯」，《大戴禮記・衛將軍文子》、《韓詩外傳》卷2作「設」，《治要》卷36引《尸子・勸學》作「娛」，《史記・仲尼弟子傳》《索隱》引《大戴》作「娛」，《集解》本仍作「設」。「極（拯）」亦是「揉」之誤。設，置也。作「娛」未詳。

（2）而違禮義者為小人

按：王天海曰：「違，題注本、遞修本作『慢』。」《西山讀書記》卷30引亦作「慢」。

（3）今人之性，目可以見，耳可以聽。夫可以見之明不離目，可以聽之聰不離耳

楊倞注：可見之明常不離於目，可聽之聰常不離於耳也。

按：宋・徐積《荀子辨》引無「夫」字，下二「可以」誤作「何以」。

（4）今人之性，飢而欲飽，寒而欲煖，勞而欲休，此人之情性也

按：李中生曰：「《王霸篇》：『勞於索之，而休於使之。』高亨說：『休，猶佚也，逸也。』此『休』也訓爲逸。鄧漢卿解爲『休息』，不確。」鄧說是，李說誤。本書《榮辱篇》、《非相篇》並云：「飢而欲食，寒而欲煖，勞而欲息，好利而惡害。」是其確證。《王霸篇》之「休」是「佚」形譌，另詳。

（5）故陶人埏埴而為器，然則器生於工人之偽，非故生於人之性也

楊倞注：言陶器自是生於工人，學而爲之，非本生於人性自能爲之也。或曰：「工人」當爲「陶人」。故，猶本也。

按：王懋竑、王念孫取楊注後說〔註1〕。王天海曰：「工人，即『陶人』，文義自明，楊注『或曰』非。」楊注後說是，《皇王大紀》卷80、《喻林》卷112引正作「陶人」；宋・徐積《荀子辨》引作「故陶人合土而生瓦，然則瓦生於陶人之偽，非故生於人之性」，亦作「陶人」，與上

〔註1〕 王懋竑《荀子存校》，《讀書記疑》卷11，收入《續修四庫全書》第1146冊，上海古籍出版社2002年版，第357頁。

文相應。下文「故工人斲木而成器，然則器生於工人之僞，非故生於人之性也」，二「工人」亦相應。又下文「夫陶人埏埴而生瓦，然則瓦埴豈陶人之性也哉」，亦二「陶人」相應。王天海故爲異說，非是。

（6）故工人斲木而成器

按：斲，《記纂淵海》卷 1 引作「斷」。

（7）故聖人之所以同於眾，其不異於眾者，性也；所以異而過眾者，僞也

楊倞注：聖人過眾，在能起僞。

按：俞樾曰：「同於眾，即其不異於眾也，於文爲複。據下文云『所以異而過眾者，僞也』，疑此文亦當作『所以同於眾而不過眾者，性也』。」王先謙、梁啓雄、熊公哲從俞說。古屋鬲曰：「『其不異於眾』五字恐衍。」王天海曰：「其，猶而也。『而不異於眾者』，重申之全同不異也。俞氏非也。」此確實於文爲複，然當從古屋鬲說刪去五字。《皇王大紀》卷 80 引正無「其不異於眾」五字。王天海好爲異說，強辭耳。

（8）假之人有弟兄資財而分者，且順情性好利而欲得，若是則兄弟相怫奪矣；且化禮義之文理，若是則讓乎國人矣

楊倞注：怫，違戾也。或曰：「拂」字從木旁弗，擊也。《方言》云：「自關而西謂之柫。」今之農器連枷也。且，發辭也。

按：怫，各本作「拂」，楊注「或曰」亦作「拂」，《皇王大紀》卷 80 引同。注「拂字從木旁弗」，即指當作「柫」字，董治安、王天海以「弗擊也」三字句，大誤，久保愛本不誤。錢佃曰：「監本正文『拂』作『怫』。」盧文弨曰：「拂奪，宋本作『怫奪』。」董治安曰：「台州本、浙北本『拂』作『怫』。」劉淇曰：「『且』字是將辭，乃語之助，不爲義者也。」劉師培曰：「『且』與『或』同，劉氏以爲將詞，未足盡其義也。」〔註2〕俞樾曰：「違戾之訓既得之矣，讀拂爲柫，義轉迂曲。《說文》：『拂，過擊也。』拂自可訓擊，何必改爲柫乎？柫者，農器也，施之於此，非所安矣。又按《說文》：『艴，慍怒色也。』此拂字疑艴之叚音，言

兄弟必艴然爭奪也。」王先謙從俞說。久保愛曰：「注『或曰』以下非。」
《漢語大字典》：「拂，通『怫』，忿怒。」〔註3〕王天海曰：「拂者，
掠也。拂奪，掠奪也。楊注二說皆非。且，猶若也，假設之辭。」王
天海謂「且猶若」，是也，然其說竊自裴學海〔註4〕。拂訓掠者，是掠
過、拂過義，而非掠奪義，王說誤。楊倞訓違戾是也，與上句「順」
對舉成義。拂讀爲悖，字亦作怫。上文「此二行者，皆反於性而悖於
情也……故順情性則不辭讓矣，辭讓則悖於情性矣。」楊注：「悖，違。」
正作本字「悖」，而與「順」對舉成義。

（9）苟無之中者，必求於外……苟有之中者，必不及於外

楊倞注：既有富貴於中，故不及財勢於外也。

按：久保愛曰：「『及』當作『求』，音之誤也。」梁啓雄、李滌生從久說。
王天海曰：「及，顧及之也。」諸說皆誤。及，讀爲扱。《方言》卷13：
「扱，攫也。」攫謂手取之。《廣雅》：「扱，取也。」

（10）若是，則夫彊者害弱而奪之，眾者暴寡而譁之

楊倞注：眾者陵暴於寡而誼譁之，不使得發言也。

按：俞樾曰：「譁，當讀爲華，中裂。」梁啓雄、李滌生從俞說。久保愛
曰：「『譁』字恐有誤。或云：『誣』誤。」劉師培曰：「譁，當作『跨』
〔註5〕。《說文》：『跨，踞也。』言眾者據寡者之上而使之出已（己）
下也。楊、俞說非。」楊柳橋從劉說。鍾泰曰：「眾之所以奪寡者，
正恃在喧譁。『譁』字殆不可易。」楊樹達從鍾說〔註6〕。熊公哲曰：
「俞樾云云，是『譁』義與『劃』同。」駱瑞鶴曰：「譁，猶嚇也。
眾者誼譁之，是嚇之也。」王天海曰：「譁，讙囂也。楊注、鍾說是。」
《記纂淵海》卷46引作「譁」〔註7〕，其字不誤。譁，讀爲誇。

（11）故善言古者必有節於今，善言天者必有徵於人

楊倞注：節，準。徵，驗。

〔註3〕《漢語大字典》（第二版），崇文書局、四川辭書出版社2010年版，第1967頁。
〔註4〕裴學海《古書虛字集釋》，中華書局1954年版，第670頁。
〔註5〕王天海引「跨」誤作「誇」。
〔註6〕楊樹達《鍾泰〈荀注訂補〉》，《清華學報》第11卷第1期，1937年版，第231頁。
〔註7〕四庫本《記纂淵海》在卷43。

按：此蓋古語。《素問・舉痛論》：「黃帝問曰：『余聞善言天者必有驗於人，善言古者必有合於今，善言人者必有厭於己。』」又《氣交變大論》：「帝曰：『余聞之，善言天者必應於人，善言古者必驗於今。』」《新語・術事》：「善言古者合之於今，能述遠者考之於近。」《鹽鐵論・詔聖》：「夫善言天者合之人，善言古者考之今。」《漢書・董仲舒傳》：「蓋聞善言天者必有徵於人，善言古者必有驗於今。」顏師古注：「徵，證也。」又《李尋傳》：「善言天者必有效於人。」《後漢書・郎顗傳》：「蓋善言古者合於今，善言天者合於人。」《後漢紀》卷 18：「善言古者必有驗於今，善言天者必有驗於人。」郝懿行曰：「節者，信也。」王引之曰：「諸書無訓節爲準者。節亦驗也。《禮器》注云：『節，猶驗也。』《哀六年公羊傳》注：『節，信也。』《齊策》注：『驗，信也。』《漢書・董仲舒傳》作『善言古者必有驗於今』，是節即驗也。」梁啓雄、楊柳橋從王說。二氏說皆是，王天海謂「王說是」，是未達郝說也。

（12）故性善則去聖王、息禮義矣，性惡則與聖王、貴禮義矣

按：錢佃曰：「與聖王，諸本皆作『興聖王』。」王念孫曰：「呂、錢本『興』皆作『與』。與聖王，從聖王也。『與』與『去』正相反，則作『與』者是，盧從元刻作『興』非。」孫詒讓說同王氏〔註8〕，王先謙、楊柳橋、李滌生從王說。王天海曰：「與，通『舉』，推舉也。王說非也。諸本作『興』者，形誤也。」二氏說皆誤。宋・徐積《荀子辨》、《皇王大紀》卷 80 引作「性惡則興聖王、貴禮義」，《項氏家說》卷 7 引作「性惡則貴聖王、興禮義」。疑項氏所引是，各本「興」、「貴」互倒。「興」、「息」對舉，「貴」、「去」對舉。上文「是以爲之起禮義、制法度以矯飾人之情性而正之。」又「以生禮義而起法度」，又「僞起而生禮義」，又「禮義生而制法度」，「興禮義」即「起禮義」、「生禮義」也。下文云「貴堯、禹」，即「貴聖王」之說也。

（13）天非私齊魯之民而外秦人也，然而於父子之義、夫婦之別，不如齊魯之孝具敬父者，何也

楊倞注：孝具，能具孝道。「敬父」當爲「敬文」，傳寫誤耳。敬而有文，

〔註8〕孫詒讓《荀子校勘記》，收入《籀廎遺著輯存》，中華書局 2010 年版，第 528 頁。

謂夫婦有別也。

按：王念孫曰：「『敬文』見《勸學》《禮論》二篇。『於父子之義、夫婦之別』上，當有『秦人』二字，而今本脫之。『孝具』二字不詞，且與『敬文』不對，『具』當爲『共』，字之誤也。『孝共』即『孝恭』，正與『敬文』對。楊云『孝具，能具孝道』，此望文生義而非其本旨。」孫詒讓、楊柳橋、李滌生從王說〔註9〕。久保愛曰：「『具』當作『且』，字之誤也。」豬飼彥博曰：「當作『孝敬具文』。」劉師培曰：「『具』即『愼』字之脫文。『愼』即『順』字。」于省吾曰：「王增『秦人』二字非是，上文言『天非私齊、魯之民而外秦人也』，下接以『然而於父子之義、夫婦之別……』，是『然而』以下，正承『秦人』爲言，無須如王說增『秦人』二字明矣。」王天海曰：「具，通『俱』。俱者，全也。此承上文『全其孝』而申之。諸說非也。又『秦人』二字不爲脫，上已言『秦人』，此承上而省也，王說亦非。」「敬文」亦見《大略篇》。王念孫校「孝具」爲「孝共（恭）」是。「孝恭」對應「父子之義」，「敬文」對應「夫婦之別」。王天海讀爲「孝俱」，不合句法。王念孫補「秦人」二字是，否則其主語承上文爲「天」，于省吾未得其句法，王天海不引于省吾說，竊作己說而不知其誤也。

（14）凡禹之所以為禹者，以其為仁義法正也，然則仁義法正有可知可能之理

按：王天海曰：「可能，可行也。」王氏純是臆說。下文「然而塗之人也，皆有可以知仁義法正之質，皆有可以能仁義法正之具」，亦「可知」、「可能」對舉。《正名篇》：「所以知之在人者謂之知，知有所合謂之智；智（此字衍）所以能之在人者謂之能，能有所合謂之能。」此荀子自解「知」、「能」之義。上「謂之能」即此文之「能」。正，讀爲政。

（15）可以而不可使也

楊倞注：可以爲而不可使爲，以其性惡。

〔註9〕孫詒讓《荀子校勘記》，收入《籀廎遺著輯存》，中華書局 2010 年版，第 528 頁。

按：王懋竑曰：「可以爲而不可使爲。」〔註10〕陶鴻慶曰：「『可以』下當有『爲』字。」熊公哲曰：「可以，謂可以爲。不可使，謂不可使之必爲。」李中生曰：「『爲』字蒙下而省。」王天海曰：「以，猶爲也。可以，即可爲，或可以爲。使，通『事』。事者，治也，爲也。」王懋竑、熊公哲、李中生說是，「可以」、「可使」下省「爲」字。王天海妄說耳，如其說，下文「故小人可以爲君子而不肯爲君子，君子可以爲小人而不肯爲小人」，其「可以爲」又作何解？

（16）舜對曰：「妻子具而孝衰於親，嗜欲得而信衰於友，爵祿盈而忠衰於君。人之情乎！人之情乎！甚不美！又何問焉？唯賢者爲不然。」

按：劉師培曰：「《意林》『孝』作『愛』。」王天海竊作己說。王叔岷引柳鍾城曰：「《記纂淵海》卷41引『孝』亦作『愛』。」〔註11〕《管子·樞言》：「其事親也，妻子具則孝衰矣；其事君也，有好業，家室富足則行衰矣，爵祿滿則忠衰矣。唯賢者不然。」李滌生引日人鹽谷溫已指出此《荀子》所本。「唯賢者爲不然」亦舜之對答語，王天海誤標於引號之外。《鄧子·轉辭》、《韓詩外傳》卷8、《說苑·敬愼篇》、《文子·符言》並有「孝衰於妻子」語。《意林》卷6引袁準《正書》：「交接廣而信衰于友，爵祿厚而忠衰于君。」〔註12〕

（17）若佚之以繩

楊倞注：佚，猶引也。佚以繩，言其直也。

按：馬一浮從楊注〔註13〕。郝懿行曰：「佚者，隱也。言若闇合於繩墨，不邪曲也。楊注非是。」孫詒讓從郝說〔註14〕。冢田虎曰：「『佚』與『佾』同，行列也。今讀爲陳列歟？」俞樾曰：「『佚』無引義，恐不可從。佚，

〔註10〕王懋竑《荀子存校》，《讀書記疑》卷11，收入《續修四庫全書》第1146冊，第357頁。

〔註11〕宋本《記纂淵海》在卷115。

〔註12〕《長短經·是非》引語曰同。

〔註13〕馬鏡泉編《馬一浮學術文化隨筆》，中國青年出版社1999年版，第30頁。又《馬一浮全集》第1冊（上），浙江古籍出版社2013年版，第20頁。

〔註14〕孫詒讓《荀子校勘記》，收入《籀廎遺著輯存》，中華書局2010年版，第528頁。

當讀為秩。秩之言次也，序也〔註15〕。字亦通作程，《尚書‧堯典》『平秩東作』、『平秩南訛』、『平秩西成』，《史記‧五帝本紀》『秩』皆作『程』。是『程』與『秩』聲義俱相近。秩之以繩，猶程之以繩也。《致仕篇》曰：『程者，物之准也。』是其義也。」楊柳橋、熊公哲、李滌生、殷寄明從俞說〔註16〕。孫詒讓曰：「楊釋佚為引，義甚迂曲。疑『佚』當為『扶』。《管子‧宙合篇》：『千里之路，不可扶以繩。』（《鹽鐵論‧遵道篇》亦云：『文學可令扶繩循刻，非所與論道術之外也。』）『扶』、『佚』形近而誤。扶者，輔之借字。詳前《管子》。」梁啓雄、方向東、方一新從孫說〔註17〕。劉師培曰：「俞說近是。案此『佚』字，實『便』字之誤。『便』與『平』同。猶言平之以繩也。『平』與『準』同。」龍宇純曰：「佚、秩音近，與程音亦近。俞說無誤。惟佚讀為秩，取其義為次序。轉為程，則取其義為程準。兩說不同。準之以繩，其義甚協。次之以繩，則義無所取。然佚、引二字雙聲對轉，說為通借，非不可通。」〔註18〕駱瑞鶴曰：「『佚』當作『扶』，疑孫說為是。孫謂『扶』又借為『輔』，則嫌迂曲。扶，猶持也，輔助也，義自可通。」王天海曰：「佚，通『抑』。抑之以繩，即以繩抑制之。楊注訓佚為引，於古無徵也。」蔡偉曰：「『引』、『佚』音近相通。《孫子‧計》：『卑而驕之，佚而勞之。』銀雀山漢簡《孫臏兵法‧威王問》作『辟而驕之，引而勞之』，即其明證。《史記‧田敬仲完世家》：『伏式結軼』，『軼』字，《戰國策》作『靭』。這是音近而致異文的例子。《管子‧法法》也有『引之以繩墨』之語，足見楊注是可以信從的。馬王堆帛書《經法‧道法》：『法者，引得失以繩，而明曲直者殹。』整理者注：《荀子‧正名》：『以正道而辨姦，猶引繩以持曲直。』唐蘭《馬王堆出土〈老子〉乙本卷前古佚書的研究》引用《春秋繁露‧深察名號》『欲審曲直，莫如引繩。欲審是非，莫如引名。名之審於是非也，猶繩之審於曲直也』作解釋。這些例子都是說『引繩』，可以與《荀子》的『佚之以繩』互相參照。」〔註19〕龍宇純、

〔註15〕 王天海引點作「秩之言，次也，序也」，非是。

〔註16〕 殷寄明《漢語同源字詞叢考》，東方出版中心 2007 年版，第 66 頁。

〔註17〕 方向東《孫詒讓訓詁研究》，中華書局 2007 年版，第 18、47 頁。方一新《訓詁學概論》，江蘇教育出版社 2008 年版，第 34 頁。

〔註18〕 龍宇純《讀荀卿子三記》，收入《荀子論集》，學生書局 1987 年版，第 313 頁。

〔註19〕 蔡偉《誤字、衍文與用字習慣——出土簡帛古書與傳世古書校勘的幾個專題

蔡偉以音轉說之，是也。孫詒讓以形說之，亦備一通。《管子·宙合篇》：「夫繩扶撥以爲正。」又「千里之路，不可扶以繩。」孫詒讓曰：「《淮南子·本經訓》亦云：『扶撥以爲正。』高注云：『扶，治也。』扶之訓治，古書未見。以聲類校之，疑當與『輔』通。《大戴禮記·四代篇》云：『巧匠輔繩而斷（斲）。』」〔註20〕扶、輔一聲之轉，駱氏未達通借，又未參考孫氏《管子》校說。

（18）其言也謟，其行也悖，其舉事多悔，是小人之知也

楊倞注：言謟行悖，謂言行相違也。

按：盧文弨曰：「宋本『謟』作『諂』，『悔』作『侮』，今從元刻。」俞樾曰：「多悔，猶云『多過』、『多咎』耳。其本字當作『痗』。」梁啓雄曰：「謟，誕也。」楊柳橋曰：「謟，當讀作滔，或『滔』字之誤。《說文》：『滔，水漫漫大貌。』鄭玄《尚書》注：『悔之言晦也。』悔，惡也。」熊公哲曰：「《論語》：『言寡尤，行寡悔。』尤者，言之過。悔者，行之過。」王天海曰：「謟，宋浙本作『諂』。而『悔』字宋本未見作『侮』者，不知盧說爲何本。謟者，超越本分也。梁訓謟爲誕，高正說當作『諂』，皆非。悔者，更改也。俞說非也。悔，明世本、四庫本作『侮』。」四庫本「謟」作「諂」，元刻同摹宋本。王天海未引盧文弨說，則所駁失據，其著書粗疏如此。作「悔」字是，《晏子春秋·內篇雜上》：「愚者多悔。」〔註21〕即此小人舉事多悔之誼。高正謂當作「諂」，是也，諂諛之義，《莊子·漁父篇》：「希意道言謂之諂。」《賈子·先醒篇》：「君好諂諛而惡至言。」即此小人之言諂之誼。《漢語大字典》解爲「謟，可疑」〔註22〕，亦是據誤字誤釋。

（19）齊給便敏而無類

楊倞注：齊，疾也。給，謂應之速，如供給者也。便，謂輕巧。敏，速也

研究》，復旦大學 2015 年博士學位論文，第 137～138 頁。

〔註20〕 孫詒讓《管子札迻》，收入《札迻》卷 4，中華書局 1989 年版，第 107 頁。《大戴》原文「斷」作「斲」。

〔註21〕 劉師培曰：「《御覽》卷 741 引『悔』作『侮』，義較長。」景宋本、四庫本《御覽》仍作「悔」，劉氏所據爲誤本。劉師培《晏子春秋校補》卷下，收入《劉申叔遺書》，江蘇古籍出版社 1997 年版，第 846 頁。

〔註22〕 《漢語大字典》（第二版），崇文書局、四川辭書出版社 2010 年版，第 4270 頁。

〔註23〕。無類,首尾乖戾。

按:「齊」、「疾」、「捷」音相轉。給,足也,謂言辭贍足,引申則指言辭敏捷,其義相因也。《韓詩外傳》卷 7:「人之利口贍辭者人畏之。」《御覽》卷 464 引「贍辭」作「巧辯」。是辭贍者則利口,足證其義。朱駿聲謂給訓捷速、敏捷,本字作倢(捷)〔註24〕,未允。楊注「如供給者也」,非是。便,言辭敏捷,朱駿聲謂叚借爲辯〔註25〕。

(20) 雜能旁魄而毋用

楊倞注:雜能,多異術也。旁魄,廣博也。無用,不應於用。魄,音薄。

按:郝懿行曰:「旁魄,即『旁薄』,皆謂大也。」王先謙、梁啓雄、李滌生取郝說。久保愛亦謂「旁魄」即「旁薄」。王天海曰:「旁魄,楊注義長。」郝說即是申述楊注,其義一也。字亦作「旁礴」、「磅礴」、「滂薄」、「旁礴」,音轉亦作「蓬勃」、「滂渤」、「盤薄」、「盤礴」、「彭魄」等形〔註26〕。本字當作「旁溥」,同義連文。《說文》:「旁,溥也。」王天海不達厥誼,妄言「楊注義長」。駱瑞鶴曰:「雜能,猶言雜沓。能,讀爲態。紛雜、駁雜之義。」非是。

(21) 上不循於亂世之君,下不俗於亂世之民

楊倞注:循,順從也。俗,謂從其俗也。

按:循,遞修本形誤作「脩」。物雙松曰:「『俗』當作『沿』,注非。」久保愛從其說。冢田虎曰:「物氏強解也。前篇亦有『以不俗爲俗』之文,乃如正文而是也。」俞樾曰:「『俗』乃『鉛』字之誤。《榮辱篇》、《禮論篇》注並曰:『鉛與沿同,循也。』是鉛、循同誼。」王先謙曰:「王念孫云:『不俗,不習也。』說見《榮辱篇》。王不改字,義較長。俞說亦通。」梁啓雄、楊柳橋從王念孫說。劉師培曰:「《御覽》卷 437 引此文『不循』、『不俗』並作『不脩』。『脩』乃『循』訛。似『俗』舊本亦或作『循』,與楊本異。《平議》說是也。」吳恂曰:「俗,乃含

〔註23〕 久保愛、王天海誤點作「便,謂輕巧敏速也」。
〔註24〕 朱駿聲《說文通訓定聲》,武漢市古籍書店 1983 年版,第 109 頁。
〔註25〕 朱駿聲《說文通訓定聲》,武漢市古籍書店 1983 年版,第 839 頁。
〔註26〕 參見蕭旭《「蓬勃」考》,收入《群書校補(續)》,花木蘭文化出版社 2014 年版,第 2471～2476 頁。

習貫因仍之義。」〔註27〕章詩同曰：「俗，習染。」李滌生說同章氏。熊公哲說同章氏。龍宇純曰：「《非十二子篇》：『上則取聽於上，下則取從於俗。』可以互參。『俗』即彼文『俗』字，特此用爲動詞耳。仍當以楊注爲是。」〔註28〕龍宇純謂楊注不誤，「俗」用爲動詞，是也；吳恂、章詩同說亦是。王天海引龍宇純曰：「俗，蓋讀爲屬，連也，逮也。引申有合同之義。」其所據乃《大陸雜誌》1955 年第 11 卷第 13 期所載《荀子集解補正》，而龍氏 1987 年收入《荀子論集》時已自行刪去此條，王氏不察。

（22）仁之所在無貧窮，仁之所亡無富貴

楊倞注：唯仁所在爲富貴。《禮記》曰：「不祈多積多文以爲富也。」

按：盧文弨曰：「此言仁之所在，雖貧窮甘之；仁之所亡，雖富貴去之。」王念孫指出盧說本於汪中。久保愛曰：「亡音無。」王天海曰：「無，無視，視若無也。此言凡仁之所在視若無貧窮，凡仁之所失視若無富貴。」汪說是也，「無」即「有無」之「無」。「亡」、「在」對舉，亡猶不在也，已詳《正名篇》校補。

（23）輕身而重貨，恬禍而廣解，苟免，不恤是非，然不然之情，以期勝人為意

楊倞注：恬，安也，謂安於禍難也，而廣自解說。言以辭勝人也。

按：王念孫曰：「『廣解』未詳，楊說非。盧云：『「苟免」上當脫三字，以上二句例之自明。』念孫案：此亦汪說也。汪又云：『「苟免」或是注文混入。』」孫詒讓從汪說〔註29〕，楊柳橋據汪說刪「苟免」二字。物双松曰：「『廣解』當連『苟免』爲句。」鍾泰說同，梁啓雄、章詩同、熊公哲、李滌生皆以「苟免」屬上句，當本於物、鍾說。久保愛曰：「廣，讀爲曠。」劉師培曰：「廣解者，多方解脫之謂。言其既蹈禍而復畏禍也。楊說未晰。」鍾泰曰：「廣解，謂廣自解脫。廣解、苟免，正一義。」高正曰：「乙、丙、丁本無『免』字。按：楊倞從『解』

〔註27〕吳恂《漢書注商》，上海古籍出版社 1983 年版，第 333 頁。
〔註28〕龍宇純《讀荀卿子三記》，收入《荀子論集》，學生書局 1987 年版，第 314 頁。
〔註29〕孫詒讓《荀子校勘記》，收入《籀廎遺著輯存》，中華書局 2010 年版，第 529 頁。

字下斷句，似有誤。」〔註30〕王天海曰：「廣，寬也。廣解者，自我
慰解也。楊注非，諸說亦不是。」依句法，此文自當從楊氏於「解」
下斷句。劉師培所說，與「恬禍」不相應，其說非是。解，解脫。廣，
緩也。恬禍而廣解，言安於禍難而緩其解脫。

（24）繁弱、鉅黍，古之良弓也

　　　楊倞注：繁弱，封父之弓。《左傳》曰：「封父之繁弱。」「鉅」與「拒」
　　　　　　同。「黍」當爲「來」。《史記》蘇秦說韓王曰：「谿子、少府、
　　　　　　時力、距來。」〔註31〕司馬貞云：「言弓弩執勁，足以拒於來敵
　　　　　　也。」

　按：①《呂氏春秋・具備》高誘注：「繁弱，良弓所出地也，因以爲弓名。」
　　　字亦作「蕃弱」，《漢書・司馬相如傳》《上林賦》：「彎蕃弱，滿白羽。」
　　　《文選》同，《史記》作「繁弱」。顏師古注引文穎曰：「蕃弱，夏后氏
　　　之良弓名。」②王念孫曰：「作『鉅黍』者是，說見《史記・蘇秦傳》。」
　　　《史記・蘇秦傳》：「谿子、少府、時力、距來。」王念孫曰：「小司馬
　　　緣文生義，非也。『距來』當爲『距黍』。《韓策》作『距來』，亦後人依
　　　《史記》改之。《藝文類聚・軍器部》、《初學記・武部》、《太平御覽・
　　　兵部》並引《廣雅》曰：『繁弱、鉅黍，弓也。』《荀子》曰：『繁弱、
　　　鉅黍，古之良弓也。』（楊倞注：『黍當爲來。』即惑於小司馬之說。）
　　　時力、距黍，皆疊韻字，故《荀子》、《廣雅》並作『鉅黍』。《文選・閒
　　　居賦》：『谿子巨黍，異窠同機。』李善注引《史記》作『巨黍』〔註32〕。
　　　距、鉅、巨，古並通用。」〔註33〕王天海不引王念孫校《史記》說，竊
　　　作己語，云：「楊注非。《文選・閒居賦》注引《孫卿子》又作『巨黍』，
　　　古『鉅』、『巨』通。」尙節之曰：「疑『鉅黍』即『屈盧』，音近通用。」
　　　〔註34〕王念孫說是也，《治要》卷38、《書鈔》卷125、《御覽》卷347、
　　　《玉海》卷150、151、《示兒編》卷13、15、《永樂大典》卷12017引

〔註30〕高正《〈荀子〉版本源流考》，中國社會科學出版社1992年版，第146頁。
〔註31〕王天海本「距來」誤作「拒來」。
〔註32〕引者按：李善注引《史記》、《孫卿子》皆作「巨黍」。
〔註33〕王念孫《史記雜志》，收入《讀書雜志》卷2，中國書店1985年版，本卷第
　　　87頁。其說又見《廣雅疏證》，收入徐復主編《廣雅詁林》，江蘇古籍出版社
　　　1992年版，第691頁。
〔註34〕尙節之《荀子古訓考》，北京《雅言》1941年第7期，第18頁。

《荀子》作「鉅黍」，《事文類聚》續集卷 27 引作「拒黍」。阮沅亦定作「黍」字是，其說云：「曲阜人掘地，得銅器……銘『愕作，距末，用釐，商國』。『距末』不知何器？沈君心醇據《戰國策》蘇秦說韓王曰『谿子、少府、時力、距來，皆射六百步之外』，疑此爲弩飾。孔檢討撝約亦以爲飾弓簫者。此二說皆近之，特此『末』字甚明，斷不得疑爲『來』字之訛。按《荀子·性惡篇》云云，又潘安仁《閒居賦》云云，據此則《國策》之『來』，《荀子》、《文選》又作『黍』矣。楊倞注欲改『黍』從『來』，誤矣。此『末』、『來』二字皆誤，當是『黍』字也。何以明之？古人爲銘，必用韻文，逾少而韻逾密。此銘『乍』、『黍』相韻，『釐』、『國』相韻。」〔註 35〕

（25）然而不加砥厲則不能利

按：遞修本有注：「砥，石也。劍必磨礪而後勁利。」董治安曰：「巾箱本、劉本、遞修本『厲』作『礪』。《御覽》卷 404 引作『礪』。」王天海曰：「砥厲，諸本又作『砥礪』，《初學記》所引亦作『砥礪』。」《治要》卷 38 引亦作「砥礪」。《白氏六帖事類集》卷 4 引《法言》亦作「砥礪」〔註 36〕，當即此文，而誤記出處。

（26）夫人雖有性質美而心辨知

按：久保愛曰：「知，音智。」王天海曰：「《初學記》引『辨知』作『辯智』。」《御覽》卷 404 引亦作「辯智」，《治要》卷 38 引作「辨智」。

《君子篇》第二十四校補

（1）天子無妻，告人無匹也。四海之內無客禮，告無適也

楊倞注：告，言也。妻者，齊也。天子尊無與二，故無匹也。適，讀爲敵。《禮記》曰：「天子無客禮，莫敢〔爲〕主焉。君適其臣，升自阼階，不敢有其室也。」

按：①物双松曰：「言天子不以女妻人。若倞注，則萬乘之主迺曠夫也。

〔註 35〕 阮元《揅經室三集》卷 3《商銅距末跋》，收入《續修四庫全書》第 1479 冊，上海古籍出版社 2002 年版，第 224～225 頁。
〔註 36〕 《白帖》在卷 13。

可笑。」冢田虎曰：「正文『人』字衍。」龍宇純說同〔註37〕。豬飼彥博乙作「天子無妻人，告無匹也」。劉師培曰：「天子無妻者，謂后之與王不得禮同一體，斯即至尊無敵之說也。」梁啓雄、楊柳橋、李滌生從劉說。駱瑞鶴曰：「無妻，蓋言無常人所爲妻禮。」王天海曰：「妻，讀爲儕。言天子無儕，即無人能與天子相等同也。楊注不得，諸說亦非。」「人」字不衍，宋‧范祖禹《論立后上太皇太后疏》引有「人」字，下句「告無適」脫「人」字耳。「妻者，齊也」是聲訓，見《獨斷》卷上、《釋名‧釋親屬》、《白虎通‧嫁娶》，《禮記‧曲禮下》、《內則》鄭玄注亦同。庶人之婦曰妻，言其位與夫齊等也，天子之婦則不得稱妻，故曰無妻。劉師培說是，駱瑞鶴申其說。物双松不達厥誼也。王天海云云，乃妄說通借。②劉師培曰：「適，即訓往。天子以天下爲一家，所經之境，所往之國，均不得謂之適，故曰告無適也。又《禮記‧郊特牲》云：『天子無客禮，莫敢爲主也。君適其臣，升自阼階，不敢有其室也。』所謂不敢有其室者，即表明天子無適之義。」梁啓雄、楊柳橋、李滌生從劉說。駱瑞鶴曰：「匹、敵對舉而義同。」王天海曰：「楊注、駱說是，劉說非。」諸說皆誤。適，主也，即《禮記》之「主」義。《禮記‧坊記》亦云：「故天子四海之內無客禮，莫敢爲主焉。」

（2）足能行，待相者然後進；口能言，待官人然後詔

楊倞注：官人，掌喉舌之官也。

按：劉師培曰：「《御覽》卷 76 引《愼子》佚文云：『足能行而相者導進，口能言而行人稱辭。』《春秋繁露‧離合根篇》云：『足不自動而相者導進，口不自言而擯者贊辭。』〔註38〕《淮南‧主術訓》曰：『口能言之而行人稱辭，足能行之而相者先導。』並與此文相符。則『官人』當亦擯者及行人之屬。楊注非。」〔註39〕劉說是。《後漢紀》卷16：「昔王侯身能衣而宰設服，足能行而相者導進，口能言而行人稱辭。」《類聚》卷 12 引魏文帝《周成漢昭論》：「口能言則行人稱辭，足能

〔註37〕龍宇純《荀卿子記餘》，《中國文史研究集刊》第 15 期，1999 年版，第 256 頁。
〔註38〕王天海引「言」誤作「語」。
〔註39〕「諫」一本作「謀」。

履則相者導儀。」〔註40〕

（3）天子也者，埶至重，形至佚，心至愈

　　楊倞注：愈，讀爲愉。

按：本書《正論篇》正作「愉」。

（4）則士大夫無流淫之行

按：王先謙曰：「《治要》『流』作『沈』，二字通用。」王天海曰：「流淫，
　　《荀》書多見之，王說非。」《荀》書固多作「流淫」，然王先謙謂「流」、
　　「沈」通用者，通其異文也，何得謂其說非？「流淫」音轉作「沈淫」，
　　猶如「流湎」音轉作「沈湎」、「流魚」音轉作「沈魚」〔註41〕。

（5）是故刑罪綦省而威行如流

按：王天海曰：「刑罪，遞修本、明世本、四庫本並作『刑罰』，《治要》亦
　　作『刑罰』，考下文例，作『刑罰』是，可據改。綦，極也，《治要》
　　作『甚』。」本書《議兵篇》：「是故刑罰省而威流。」又《強國篇》：「罰
　　不用而威行。」《淮南子・泰族篇》：「故刑罰不用而威行如流。」《文
　　子・自然》：「故刑罰不用威行如神。」《史記・禮書》：「是故刑罰省而
　　威行如流。」《韓詩外傳》卷4：「是以刑罰競消而威行如流。」又卷6：
　　「罰不加而威行。」皆作「刑罰」之證。《外傳》作「競消」者，許維
　　遹曰：「『消』當作『消』，字之誤也。《說文》：『消，少減也。』書傳
　　通作『省』。《荀子・議兵篇》、《史記・禮書》並作『省』，今據正。」
　　〔註42〕裴學海曰：「競，猶綦也，極也，皆一聲之轉也。按『競』與『竟』
　　古字通用，故『竟』爲終極之義，『競』亦爲極至之義。」〔註43〕屈守
　　元曰：「『競消』二字，即『省』之義也。」〔註44〕許、裴說是，屈氏
　　未得。

（6）治世曉然皆知夫爲姦，則雖隱竄逃亡之，由不足以免也

〔註40〕《長短經・君德》、《御覽》卷89引同。
〔註41〕參見蕭旭《金樓子校補》，花木蘭文化出版社2014年版，第1295～1296頁。
〔註42〕許維遹《韓詩外傳集釋》卷4，中華書局1980年版，第139頁。
〔註43〕裴學海《古書虛字集釋》，中華書局1954年版，第428頁。
〔註44〕屈守元《韓詩外傳箋疏》卷4，巴蜀書社1996年版，第379頁。

按：王念孫據諸本刪「治」字。王懋竑曰：「『之』字衍。『由』與『猶』
通。」〔註45〕安積信亦謂「之」字衍。三氏說是也。久保愛以「之」
屬下句，云：「『之』與『而』同。」趙海金、劉文起說同久氏〔註46〕。
王天海以「則」屬上句，云：「則，猶者也。」張新武謂各說非是，「之」
字「用在複句的分句之間，取消其複句資格，使之成為一個分句，再
與其他分句構成更上一層的複句關係」〔註47〕。諸說非是。「則」是
承接之辭，屬下為句。《管子‧法禁》：「故有國之君，苟不能同人心，
一國威，齊士義，通上之治，以為下法，則雖有廣地眾民，猶不能以
為安也。」又《形勢解》：「不能為之，則雖為天子，人猶奪之也。」
《韓子‧說疑》：「為人主者，誠明於臣之所言，則雖畢弋馳騁、撞鐘
舞女，國猶且存也。」文例並同。「之」涉「亡」形近而誤衍。

（7）莫不服罪而請

楊倞注：自請刑戮。

按：俞樾曰：「請，當讀為情。情，實也。」王先謙、梁啓雄、李滌生從俞
說。于省吾曰：「俞說是也。而，猶如也。此言莫不服罪如情也。」俞、
于二氏說非是。請，請罪。

（8）分然各以其誠通

楊倞注：善惡分然，其忠誠皆得通達，無屈滯。

按：張之純曰：「分然，猶言犁然。」章詩同曰：「分然，善惡分明的樣子。」
王天海曰：「分然，猶判然。誠者，實也。此謂刑賞皆不過，各以其實
判然而通行。楊注大謬，而諸家亦無說。」王氏觀書未徧，又好為大言
耳。王先謙曰：「分然，說見《儒效篇》。」已經指出線索，而王天海視
而不見，妄言「諸家無說」。本書《儒效篇》：「分分兮其有終始也。」
王念孫曰：「『分分』當為『介介』，字之誤也。《脩身篇》：『善在身，介
然必以自好也。』楊彼注云：『介然，堅固貌。』又《君子篇》云云，『分』

〔註45〕王懋竑《荀子存校》，《讀書記疑》卷 11，收入《續修四庫全書》第 1146 冊，
　　　　第 357 頁。
〔註46〕趙海金《〈荀子集解〉補正》，《成功大學學報》1972 年第 7 期，第 155 頁。劉
　　　　文起《荀子正補》，臺灣師範大學國文研究所 1980 年博士學位論文，第 337 頁。
〔註47〕張新武《〈荀子〉校釋辨正》，中國訓詁學會 2014 年年會論文，第 414 頁。

亦當爲『介』。介然，堅固貌。言誠心介然上下相通也。若作『分然』，則義不可通。楊彼注云『善惡分然』，亦失之。」〔註48〕王念孫說是也，章書簡、李滌生從其說〔註49〕。

（9）刑罰綦省而威行如流，政令致明而化易如神

按：《淮南子・泰族篇》：「故刑罰不用而威行如流，政令約省而化燿如神。」即自本書化出。《淮南子・主術》：「法省而不煩，故其化如神。」《文子・精誠》：「法省不煩，教化如神。」意亦同。久保愛曰：「致，讀爲至。」裴學海曰：「綦，極也，至也。致，至也。」〔註50〕二氏說皆是。俞樾曰：「易，讀爲施。化易如神者，化施如神也，正與上句『威行如流』一律。」王先謙、梁啓雄、李滌生從俞說。符定一曰：「教行曰化，更改曰易。或曰：化亦易也。」〔註51〕陳直曰：「俞說云云。《史記・萬石張叔列傳》：『劍人之所施易。』此『施易』二字聯文，即人之所易易，如淳注讀施爲移，又一解也。」楊柳橋曰：「易，治也。化易，猶治化也。」龍宇純曰：「俞說誤。易，謂移易蔓延之速，與『易』字化變義本無不同。」李中生曰：「訓易爲治，文義更優。《荀子》一書，常化、治並言。」王天海曰：「化，教化。易，治也。」諸家並未得「易」字之誼。俞氏讀爲施，不知他怎麼解釋，如讀爲《淮南子・脩務》「聲施千里」之施，則得之（高誘注：「施，行也。」）易，讀爲馳。「化易」、「威行」對舉爲文。《淮南子・原道篇》：「當此之時，口不設言，手不指麾，執玄德於心，而化馳若神。」高誘注：「馳，行也。」《文子・道原》：「眞人者，通於靈府，與造化者爲人，執玄德於心，而化馳如神。」《史記・淮南衡山傳》：「令雖未出，化馳如神。」《淮南》作「化燿」者，許愼無注。馬王堆帛書《德聖》：「其事化翟。」「翟」亦讀爲易。裘錫圭注：「原注：『翟，讀爲燿。《淮南子》云云。』今按：《淮南子・原道》：『化育玄燿。』高誘注：『玄，天也。燿，明也。』『化燿』猶『化育玄燿』。」〔註52〕本書《臣道篇》：「曉然以至

〔註48〕 王念孫《荀子雜志》，收入《讀書雜志》卷10，中國書店1985年版，本卷第101頁。

〔註49〕 章書簡《荀子札記》，安慶《學風》第7卷第2期，1937年版，第7頁。

〔註50〕 裴學海《古書虛字集釋》，中華書局1954年版，第426頁。

〔註51〕 符定一《聯緜字典》子集，中華書局1954年版，第532頁。

〔註52〕 裘錫圭主編《長沙馬王堆漢墓簡帛集成》第4冊，中華書局2014年版，第121

道而無不調和也，而能化易。」此「化易」是變化義，不同。

（10）貴賤有等，則令行而不流

　　楊倞注：流，邪移也。各知其分，故無違令。

按：遞修本注作「貴賤有等差，則俞令行而無違滯。」王念孫曰：「流，讀
　　爲留。貴賤各安其分，則上令而下從，故令行而不留也。《君道篇》曰
　　『兼聽齊明，而百事不留』是也，《治要》正作『令行而不留』。楊以流
　　爲邪移，失之。」王先謙、孫詒讓、梁啓雄、李滌生從王說〔註53〕，是
　　也。《管子‧兵法》亦有「令行而不留」語。

（11）長幼有序，則事業捷成而有所休

　　楊倞注：捷，速也。長幼各任其力，故事業速成而亦有所休息之時也。

按：鍾泰、梁啓雄、李滌生從楊注。郝懿行曰：「『捷』與『接』同，言相接
　　續而成，故人得休息也。」王先謙、孫詒讓、王天海從郝說〔註54〕。二
　　說皆誤。《小爾雅》：「捷，成也。」《左傳‧宣公十二年》：「事之不捷。」
　　杜預注：「捷，成也。」

（12）忠者惇慎此者也

　　楊倞注：慎，讀如順。人臣能厚順此五者，則爲忠也。

按：郝懿行曰：「慎者，誠也。言能惇厚誠信於此五者謂之忠也。」王念
　　孫、李滌生從郝說。俞樾曰：「『厚』與『順』誼不倫，楊說非是。惇慎，
　　當作『敦慕』。王引之云：『敦、慕皆勉也。』『慔』其本字，『慕』其叚
　　字。此用本字作『慔』，因譌爲『慎』矣。」龍宇純曰：「此借惇爲敦，
　　勉也。『慎』字則不誤。《賈子‧道術》云：『僶勉就善謂之慎。』是『慎』
　　字亦有勉義之證。『慎』非誤字也。《治要》所錄與此同。《漢書‧敍傳》：
　　『博山惇慎，受莽之疚。』亦言『惇慎』，文即本此。」〔註55〕豬飼彥
　　博曰：「『慎』如字亦通。」董治安曰：「巾箱本、劉本、遞修本『惇』
　　作『敦』。案：古可通。」陳直曰：「敦厚謹慎，文本聯繫，俞樾改作

　　頁。
〔註53〕孫詒讓《荀子校勘記》，收入《籀廎遺著輯存》，中華書局2010年版，第530頁。
〔註54〕孫詒讓《荀子校勘記》，收入《籀廎遺著輯存》，中華書局2010年版，第530頁。
〔註55〕龍宇純《荀子集解補正》，收入《荀子論集》，學生書局1987年版，第169頁。

『敦慕』，字形不類。」王天海曰：「惇者，篤實。慎者，謹也。楊說不是，郝、俞二說亦非。」楊說固非，俞氏改字尤誤。龍宇純謂「慎」不誤，是也，而順從俞氏的解釋，仍誤。四庫本亦作「敦慎」。惇、敦，正、借字。《後漢書・蔡倫傳》：「倫有才學，盡心敦慎，數犯嚴顏，匡弼得失。」《三國志・武帝紀》裴松之注引司馬彪《續漢書》：「（曹）嵩字巨高，質性敦慎，所在忠孝。」《南齊書・何昌寓傳》：「言忠孝，行惇慎。」《冊府元龜》卷 875 作「行敦慎」。可知「慎」必非誤字。郝氏說是。《國語・周語下》：「忠，文之實也。」《論衡・問孔》、《白虎通義・崩薨》並云：「忠者，厚也。」《史記・高祖本紀》《集解》引鄭玄曰：「忠，質厚也。」故惇厚誠實謂之忠也。「惇」亦有誠信義，與「惇厚」義相因。《方言》卷 7：「惇，信也，燕曰惇。」郭璞注：「惇，亦誠信貌。」《爾雅》：「慎，誠也。」

卷第十八

《成相篇》第二十五校補

　　此篇乃韻文，久保愛注音、釋義多襲自《楚詞後語》卷1朱子《集注》，王天海引朱熹說，不引其音義，而反引久氏注語，是王氏所引朱子說，乃轉展鈔得，未檢朱子原書也。如「災，叶音滋」，「過，叶音規」等，皆朱子音。於此舉例說明，下不一一舉證也。又此篇注語，遞修本多異，亦不一一指出。

（1）請成相，世之殃，愚闇愚闇墮賢良

　　　　楊倞注：世之殃由於愚。此「愚闇」以重，墮賢良也。

　按：王天海曰：「正文『良』字，原誤作『艮』，徑改。」遞修本、四庫本、久保愛本正文皆作「賢良」，《楚詞後語》卷1同，摹宋本偶誤，王氏失校。注「重墮」，遞修本作「墮廢」，四庫本作「垂墮」。「垂」是「垂」俗字，「垂」是「重」形誤。

（2）比周還主黨與施

　　　　楊倞注：還，繞。

　按：王念孫曰：「還，讀爲營。比周營主，謂朋黨比周以營惑其主也。施，張也。楊訓還爲繞，失之。說見《君道篇》『不還秩』下。」王先謙、孫詒讓、李滌生從王說〔註1〕。久保愛曰：「還，音旋。」張之純曰：「『還』

〔註1〕孫詒讓《荀子校勘記下》，收入《籀廎遺著輯存》，中華書局2010年版，第531

同『環』。」梁啓雄曰:「還借爲繯,繞也。施借爲敿,敷也。敷古讀如布,故敷、布通用。」楊柳橋曰:「還主,謂包圍主上也。」王天海曰:「還主,環繞於主之周圍也。」梁氏讀還爲繯說本朱駿聲,朱氏曰:「還,叚借爲繯。《成相篇》楊注云云。按:猶籠絡也。」〔註2〕指出本字爲「繯」。諸說惟王念孫說得之。《君道篇》王念孫校曰:「還,讀爲營。《成相篇》云云。還主,謂營惑其主也。字或作環,《臣道篇》『朋黨比周以環主圖私爲務』是也。」《臣道篇》王念孫校曰:「環,讀爲營。營,惑也。謂營惑其主也。字或作還,《成相篇》云云,是也。」〔註3〕馬王堆帛書《經法》:「五曰左右比周以雍(壅)塞。」《六韜・文韜・上賢》:「臣有結朋黨,蔽賢智,障主明者,傷王之權。」《管子・立政九敗解》:「則群臣朋黨,蔽美揚惡。」又《形勢解》:「左右多黨比周以壅其主。」《韓子・備內》:「大臣比周,蔽上爲一。」又《孤憤》:「朋黨比周以弊(蔽)主。」又《人主》:「左右近習朋黨比周以制疏遠。」又《飾邪》:「群臣朋黨比周以隱正道。」又《說疑》:「朋黨比周以事其君,隱正道而行私曲。」又《外儲說右上》:「出則爲勢重而收利於民,入則比周而蔽惡於君。」又《揚權》:「毋使民比周,同欺其上。」《戰國策・韓策三》:「群臣比周以蔽其上。」《淮南子・主術篇》:「朋黨周比,以弄其上。」《說苑・臣術》:「朋黨比周,以蔽主明。」〔註4〕皆言群臣朋黨比周以欺蔽壅塞其主,正謂營惑其主也。《說苑・政理》:「內比周公以惑其君〔註5〕,外鄣距諸侯賓客以蔽其明。」《家語・辨政》:「內比周以愚其君,外距諸侯之賓以蔽其明。」正作「愚惑」,尤爲確證。

(3) 賢能遁逃國乃麊

楊倞注:麊,顛覆也。

按:麊,遞修本誤作「麎」。

頁。

〔註2〕 朱駿聲《說文通訓定聲》,武漢市古籍書店1983年版,第759頁。

〔註3〕 王念孫《荀子雜志》,收入《讀書雜志》卷11,中國書店1985年版,本卷第37～38頁。

〔註4〕 《董子・五行相勝》同。

〔註5〕 「公」字衍。《孔子集語》卷下引作《尚書大傳》,無「公」字。

（4）武王怒，師牧野，紂卒易鄉啟乃下

　　　楊倞注：易鄉，回也。謂前徒倒戈攻於後。啓，微子名。下，降也。鄉，
　　　　　讀爲向。

　按：王天海曰：「楊注『回也』，盧本作『回面也』。」遞修本注作：「紂卒後
　　　易鄉，前徒倒戈政干回面也。」錯誤不可讀。盧氏改作「回面」，蓋據
　　　元刻本。朱熹注：「鄉，讀作向。易鄉，向也。謂前徒倒戈攻於後。」

（5）由之者治，不由者亂

　按：由，從也。本書《禮論篇》：「天下從之者治，不從者亂；從之者安，不
　　　從者危；從之者存，不從者亡。」〔註6〕

（6）凡成相，辨法方，至治之極復後王

　　　楊倞注：後王，當時之王。言欲爲至治，在歸復後王。謂隨時設教，不必
　　　　　拘於古法。

　按：錢大昕曰：「孔子曰：『吾學周禮，今用之，吾從周。』孟、荀生於衰
　　　周之季，閔戰國之暴，欲以王道救之。孟言『先王』，與荀所言『後王』，
　　　皆謂周王，與孔子『從周』之義不異也。」〔註7〕物双松曰：「後王，
　　　即周文、武也。」鍾泰曰：「後王，即承上文文、武而言。」〔註8〕梁
　　　啓超曰：「孟子動言法『先王』，荀子動言法『後王』，蓋荀子反對復
　　　古者也。故其所謂後王，指當時及將來之人君而言。」〔註9〕金德建
　　　曰：「荀卿所謂後王，原是指當時的一些帝王。」〔註10〕章書簡曰：
　　　「復，返也。後王謂文武，非當時之王。若爲當時之王，則不可以言
　　　『復』，楊注非也。上文云『文武之道同伏戲』……則後王爲文武明
　　　矣。」〔註11〕廖名春曰：「『後王』不應是周文王、周武王，而應是周

〔註6〕《史記‧禮書》前二句同。
〔註7〕錢大昕《十駕齋養新錄》卷18「法後王」條，收入《嘉定錢大昕全集（七）》，
　　　　江蘇古籍出版社1997年版，第494頁。
〔註8〕引者按：上文云：「文武之道同伏戲。」
〔註9〕梁啓超《讀書示例──〈荀子〉》（吳其昌記錄），《清華週刊》第24卷第11
　　　　期，1925年版，第276頁。
〔註10〕金德建《荀子零箋再續》，收入《先秦諸子雜考》，中州書畫社1982年版，第
　　　　209頁。
〔註11〕章書簡《荀子札記》，安慶《學風》第7卷第2期，1937年版，第8頁。

文王、周武王之後，當今之王之前的周代的賢王……劉說『荀子所言後王，均指守成之主言』，極是。周文王、周武王爲開創之君，故稱『先王』。成王等西周盛世之賢王，後於周文王、周武王，故稱『後王』。」〔註12〕王天海曰：「復，通『覆』。復後王，猶言庇覆後王也。後王，後世之王，不必當時之王。楊注及他說皆未切也。」「復」字楊注是，猶言恢復。「後王」物、鍾、章說是。復後王，回復文、武之法也。《不苟篇》：「百王之道，後王是也。」又《非相篇》：「故曰欲觀聖王之跡，則於其粲然者矣，後王是也。彼後王者，天下之君也。舍後王而道上古，譬之是猶舍己之君而事人之君也。」劉台拱、王念孫謂「後王」指文、武，王先謙從其說〔註13〕。《大略篇》：「先王之道，則堯舜已。」「先王」指堯舜，則「後王」指文、武。

（7）君子誠之好以待，處之敦固，有深藏之能遠思

楊倞注：敦，厚也。有，讀爲又。既處之厚固，又能深藏遠慮。

按：梁啓雄曰：「本書《彊國》注：『精審躬親之謂敦。』《儒效》：『萬物莫足以傾之之謂固。』」王天海曰：「敦，猶純也。敦固，即純固。」楊說是，「敦固」承「誠」字爲義，猶言敦厚誠信。敦，讀爲惇。《爾雅》、《說文》並云：「惇，厚也。」《玄應音義》卷1引《蒼頡解詁》：「惇，古文敦，同。」《御覽》卷201引《東觀漢記》建武元年詔曰：「故密令卓茂束身自修，執節惇固，斷斷無他，其心休休焉。」正作本字。

（8）辨治上下，貴賤有等明君臣

按：梁啓雄曰：「辨，徧也。」王天海曰：「辨，通『徧』。各本『辨』作『辯』。」二氏說非是，辨（辯）亦治也。另詳《君道篇》校補引王念孫說。

（9）雖有賢聖，適不遇世孰知之

按：王天海曰：「《方言》：『適，牾也。』郭璞注：『相觸迕也。』言觸忤不遇世也。」王說非是。適，猶若也，假設之辭〔註14〕。《禮記·儒行》：

〔註12〕廖名春《荀子「法後王」考辨》，收入《荀子新探》，文津出版社1994年版，第463～464頁。所引劉說指劉師培說。

〔註13〕王先謙《荀子集解》，中華書局1988年版，第80頁。

〔註14〕參見王引之《經傳釋詞》，嶽麓書社1984年版，第208頁。

－502－

「適弗逢世，上弗援，下弗推。」亦此義〔註15〕。

（10）外不避仇，內不阿親，賢者予

楊倞注：予，讀爲與。

按：郝懿行曰：「予者，相推予也。予、與，古今字。」梁啓雄從郝說。王天海曰：「予，古『與』字。與，通『舉』。賢者予，猶賢者被推舉。」楊、郝說是。

（11）禹溥土，平天下，躬親為民行勞苦

楊倞注：溥，讀爲敷。「行」讀如字，謂所行之事也。

按：溥，遞修本作「傅」，《困學紀聞》卷10、《玉海》卷134引亦作「傅」〔註16〕。朱熹註：「溥，一作傅，皆讀爲敷。」《廣雅》：「傅，敷也。」注「敷」，遞修本作「敷」。敷、敷，正、俗字。王天海曰：「行，形也。」楊注是，王氏妄說。

（12）不覺悟，不知苦，迷惑失指易上下

按：董治安曰：「巾箱本、劉本、遞修本『易』上有『不』字，案『不』字衍，此乃七字句。」王天海竊作己說。朱熹注早已指出：「『指』下有一『不』字，非是。」

（13）門戶塞，大迷惑，悖亂昏莫不終極

楊倞注：莫，冥莫，言闇也。不終極，無巳（已）時也。

按：梁啓雄曰：「不終極，謂無窮無盡。」王天海曰：「不終極，猶言無準極。終、準，一聲之轉。極者，中正之準則。」楊、梁說是，終極，猶言窮盡、最後、盡頭，極亦終也。《國語・越語下》：「遂乘輕舟以浮於五湖，莫知其所終極。」《楚辭・遠遊》：「音樂博衍無終極兮，焉乃逝以徘徊。」皆此義。王氏妄說通借，無所準則。

（14）邪枉辟回夫（失）道途

楊倞注：辟，讀爲僻。

〔註15〕 參見吳昌瑩《經詞衍釋》，中華書局1956年版，第180頁。又參見裴學海《古書虛字集釋》，中華書局1954年版，第798頁。

〔註16〕 《困學紀聞》據元刊本，《玉海》據合璧本，二書四庫本引並作「敷」。

按：梁啓雄曰：「辟借爲僻，邪也。回，邪辟也。」李滌生說同。章詩同曰：「辟回，邪僻乖違。回，違。」王天海曰：「辟回，通『僻違』，乖邪而違常理。」梁說是。回，讀爲㥇，《說文》：「㥇，裒也。」

（15）進諫不聽，到而獨鹿棄之江

楊倞注：「獨鹿」與「屬鏤」同，本亦或作「屬鏤」吳王夫差賜子胥之劍名。《國語》里革曰：「鳥獸成，水蟲孕，於是乎禁罝罜㠑。」此當是自到之後，盛以罜㠑，棄之江也。賈逵云：「罜㠑，小罛也。」

按：盧文弨曰：「楊云『本或作屬鏤』，則訓劍不可易。『《國語》』以下，必後人採他說附益之。罝，韋昭云『當爲罜』，此衍『罝』字，而又訛『罜』作『罜』。宋本亦同。」王念孫曰：「後人讀『獨鹿』爲『罜㠑』者，蓋未解『而』字之義故也。其意謂『獨鹿』果爲劍名，則不當言『到而獨鹿』，故讀爲『罜㠑』，謂是『既到之後，盛以罜㠑而棄之江也』。今案：而，猶以也，謂到以獨鹿也。」王先謙、邵瑞彭、梁啓雄、楊柳橋從王說〔註17〕。王叔岷曰：「王說是也。元本、百子本『而』並作『以』，《楚辭後語》亦云：『而，一作以。』」郝懿行曰：「黃縣、蓬萊間人皆以獨鹿爲酒器名，此言獨鹿，蓋爲革囊盛尸，所謂鴟夷者也。『獨鹿』與《魯語》之『罜㠑』音義相近，而與『屬鏤』義遠，若作『到而屬鏤』，語復不詞。」錢大昕曰：「『獨鹿』即『屬鏤』也。」〔註18〕尙節之曰：「注當以後說爲勝。『㠑罜』與『獨鹿』音同，故通用。或又云，《吳語》：『市無赤米，而囷鹿空虛。』是『鹿』又通『簏』。獨鹿者，竹簏也。盛以竹簏投之江也。然前二說皆與吳王意不合，且大背之。《吳語》云：『吳王取子胥尸，盛以鴟夷，投之江。』鴟夷者革囊。」〔註19〕徐復曰：「屬字古音，段氏在三部，鏤字變音則爲『屬鹿』。屬讀舌頭音，則爲『獨鹿』。屬鹿、獨鹿皆變音疊韻字。」〔註20〕蔣禮鴻謂「獨鹿」是「落度」、「落拓」〔註21〕。高

〔註17〕邵瑞彭《荀子小箋》，《唯是》第3期，1920年版，第28頁。
〔註18〕錢大昕《聲類》卷2《釋器》，收入《嘉定錢大昕全集（壹）》，江蘇古籍出版社1997年版，第63頁。
〔註19〕尙節之《荀子古訓考》，北京《雅言》1941年第7期，第19頁。
〔註20〕徐復《變音疊韻詞纂例》，收入《徐復語言文字學叢稿》，江蘇古籍出版社1990年版，第124頁。
〔註21〕蔣禮鴻《義府續貂》，收入《蔣禮鴻集》卷2，浙江教育出版社2001年版，第

正曰：「而，乙、丙、丁本作『以』。」盧、王、錢、徐說是，「而」作介詞「以」用〔註 22〕，而非連詞，無庸疑也。「獨鹿」、「屬鏤」音相轉，又作「屬盧」、「屬婁」、「屬鹿」、「鹿盧」、「轆轤」等形，《廣雅》：「屬鹿，劍也。」王念孫曰：「《哀十一年左傳》：『使賜之屬鏤以死。』服虔注云：『屬鏤，劍名。』《荀子·成相篇》云云。『屬鏤』、『獨鹿』並與『屬鹿』同。」〔註 23〕《左傳·哀公十一年》：「使賜之屬鏤以死。」洪亮吉曰：「服虔云：『屬鏤，劍名。賜使自刎。』」（同上）。按《荀子·成相篇》云云，按『屬鏤』、『獨鹿』音同。」〔註 24〕沈欽韓曰：「《淮南·氾論訓》：『大夫種身伏屬鏤而死。』高誘注：『利劍也。一日長劍，摽施鹿盧，鋒（字誤）曳地屬錄而行也。』（《續輿服志》：『佩刀以鍒鮫為鐔口之飾。』《通俗文》曰：『刀鋒曰鐷。』『摽』與『鐷』同。）愚按：『屬鏤』蓋劍脊上連屬為璿文也（《荀子·成相》注：『獨鹿與屬鏤同。』與高後說通也）。」〔註 25〕高注、沈說皆誤。劍名「鹿盧」者，以其方環上有轆轤形飾，取「圓轉」之義而名之耳。「罣麗」亦「獨鹿」音轉，而所指不同〔註 26〕。霍生玉謂「獨鹿」與「土塯」、「罣麗」、「豆筥」、「柘落」、「兜絡」是同源詞，都指圓弧形盛器，「獨鹿」指腹圓如壺的革囊〔註 27〕。「土塯」、「豆筥」、「柘落」、「兜絡」皆非連綿詞，其謂指圓弧形，是也，而所釋則誤。

（16）修之者榮，離之者辱孰它師

按：它師，李賡芸、郝懿行、江有誥、杜國庠皆乙作「師它」以合韻〔註 28〕，

20～21 頁。

〔註 22〕 參見王引之《經傳釋詞》，嶽麓書社 1984 年版，第 143～144 頁。

〔註 23〕 王念孫《廣雅疏證》，收入徐復主編《廣雅詁林》，江蘇古籍出版社 1992 年版，第 666 頁。

〔註 24〕 洪亮吉《春秋左傳詁》卷 20，中華書局 1987 年版，第 868 頁。

〔註 25〕 沈欽韓《春秋左氏傳補註》卷 12，收入《叢書集成新編》第 109 冊，新文豐出版公司 1985 年版，第 404 頁。

〔註 26〕 參見蕭旭《淮南子校補》，花木蘭文化出版社 2014 年版，第 402～403 頁。又參見蕭旭《「鹿車」名義考》，收入《群書校補（續）》，花木蘭文化出版社 2014 年版，第 2130～2132 頁。

〔註 27〕 霍生玉《〈荀子·成相篇〉「獨鹿」新解》，《古漢語研究》2014 年第 4 期，第 91～94 頁。

〔註 28〕 李賡芸《炳燭編》卷 4，收入《叢書集成新編》第 13 冊，新文豐出版公司 1985 年版，第 609 頁。江有誥《先秦韻讀·荀子》，《江氏音學十書》，收入《續修

王先謙、楊柳橋從郝說，朱師轍從江說〔註29〕，皆非是，「師」字亦與「儀、爲、移」合韻，周大璞已辨之〔註30〕，張新武說同〔註31〕。龍宇純、劉如瑛並謂「修」當作「循」〔註32〕。王天海曰：「修，遵循也。《商君書・定分》：『遇民不修法，則問法官。』不必改『修』作『循』。」龍、劉說是，杜國庠亦校作「循」〔註33〕。王氏引《商子》解爲「遵循」，是鈔的《漢語大字典》的誤說〔註34〕，而不思「修」無訓「遵循」的理據。《商子》「修」亦「循」形譌，孫詒讓已作校正，蔣禮鴻、高亨皆從孫說〔註35〕，王天海全未參考。下文「臣謹修，君制變」，王念孫校「修」作「循」，亦是也，王天海謂「王說非也」，所謂以不狂爲狂也。

（17）刑稱陳，守其銀，下不得用輕私門

楊倞注：稱，謂當罪。當罪之法施陳，則各守其分限。「銀」與「垠」同。

按：傅山曰：「《大戴禮》：『上友下交，銀手如斷。』注：『廉鍔也。』」〔註36〕王念孫曰：「陳者，道也。」王先謙、孫詒讓從王說〔註37〕。于省吾曰：「『陳』之通詁訓『列』。『稱陳』二字平列，謂刑之所稱與其所列也。」杜國庠曰：「『陳』即上引的『布陳』，也即《王霸篇》所謂『陳一法』的『陳』。刑法既已布陳，即守其垠限以施刑罰謂之

四庫全書》第 248 冊，上海古籍出版社 2002 年影印，第 209 頁。杜國庠《論荀子的〈成相篇〉》，收入《杜國庠文集》，人民出版社 1962 年版，第 179 頁。

〔註29〕 朱師轍《〈荀子・成相篇〉韻讀補釋》，《中山大學學報》1957 年第 3 期，第 46 頁。

〔註30〕 周大璞《荀子札記》，《清議》第 1 卷第 9 期，1948 年版，第 28 頁。

〔註31〕 張新武《〈荀子〉校勘訓釋補正》，《語言與翻譯》2011 年第 4 期，第 15 頁。

〔註32〕 龍宇純《荀子集解補正》，收入《荀子論集》，學生書局 1987 年版，第 169 頁。

〔註33〕 杜國庠《論荀子的〈成相篇〉》，第 173 頁。

〔註34〕 《漢語大字典》（縮印本），湖北辭書出版社、四川辭書出版社 1992 年版，第 67 頁。

〔註35〕 孫詒讓《札迻》卷 5，齊魯書社 1989 年版，第 151 頁。蔣禮鴻《商君書錐指》，中華書局 1986 年版，第 144 頁。高亨《商君書注譯》，中華書局 1974 年版，第 189 頁。

〔註36〕 《大戴・衛將軍文子》盧辯注：「銀，廉鍔也。」王天海誤點作「廉，鍔也」，不思正文無「廉」字。

〔註37〕 孫詒讓《荀子校勘記下》，收入《籀廎遺著輯存》，中華書局 2010 年版，第 533～534 頁。

『稱』。」〔註38〕龍宇純曰:「刑稱陳,謂刑如稱而陳,稱言其平也。」
王天海曰:「陳,通『程』,程式、準則也。刑稱陳者,即刑中程也。」
楊注是,言刑稱其罪而陳列之,則其下各守其分也。杜氏解「陳」亦
是,但未得句法。「稱陳」二字非平列之詞。王天海妄說通借耳。

《賦篇》第二十六校補

(1) 非絲非帛,文理成章

按:劉師培曰:「《御覽》引『理』作『采』。」《御覽》卷 818 引作「采」,
蓋臆改,《匡謬正俗》卷 5、《類聚》卷 38、《初學記》卷 13、《御覽》
卷 523 引皆作「理」。

(2) 非日非月,為天下明

按:劉師培曰:「《初學記》卷 13 引『明』作『光』。」《初學記》蓋臆改,
然亦合韻。各書引皆作「明」。

(3) 簡然易知而致有理者與

按:王天海曰:「《類聚》引『然』作『而』。」《初學記》卷 13、《韻補》卷
3「不」字條、《群書考索》卷 20 引仍作「然」〔註39〕。

(4) 君子所敬而小人所不者與

按:《韻補》卷 3「不」字條引同。「不」字下,《類聚》卷 38 引有「敬」
字,《初學記》卷 13 引有「乱」字。《群書考索》卷 20 引「不」作「違」。
方以智曰:「《論語》:『予所否者。』《論衡》引作『鄙』。《荀子·賦篇》
云云,謂小人所鄙也。」〔註40〕包遵信說同方氏〔註41〕。久保愛曰:
「不,不敬也。」熊公哲曰:「不,猶否也。」包遵信曰:「不,同『否』。
否,鄙也。」王天海曰:「久說是。《類聚》引正作『不敬』,此或承上

〔註38〕 杜國庠《論荀子的〈成相篇〉》,收入《杜國庠文集》,人民出版社 1962 年版,
第 173 頁。
〔註39〕 《初學記》據宋刻配抄補本,古香齋本、四庫本作「簡而」。
〔註40〕 方以智《通雅》卷 1,收入《方以智全書》第 1 冊,上海古籍出版社 1988 年
版,第 106 頁。
〔註41〕 包遵信《讀〈荀子〉札記(下)》,《文史》第 6 輯,1979 年出版,第 232 頁。

而省？或脫之耶？包氏不察，所說亦非。」久、熊說是，「否」即「敬」之否定語，故指不敬。王氏未達其誼。

（5）性不得則若禽獸，性得之則甚雅似者與

楊倞注：雅，正也。似，謂似續古人。《詩》曰：「維其有之，是以似之。」

按：「雅似」諸說紛紜，待考。甚雅似者，《群書考索》卷 20 引同，《初學記》卷 13 引作「其足」〔註42〕。「其足」、「甚雅」形近而譌。「雅」或體作「疋」，與「足」的或體「疋」同形異字。

（6）皇天隆物，以示下民

楊倞注：隆，猶備也。物，萬物也。

按：王念孫曰：「『隆』與『降』同。『示』本作『施』，俗音之誤也。《廣雅》曰：『施，予也。』『物』字即指智而言，言皇天降智，以予下民。《藝文類聚·人部五》引此正作『皇天隆物，以施下民』，楊說皆失之。」孫詒讓、梁啓雄、楊柳橋、李滌生從王說〔註43〕。久保愛曰：「物，謂智也。」豬飼彥博曰：「隆，當作『降』。」高亨曰：「示，賜也。《老子》：『國之利器，不可以示人。』」駱瑞鶴曰：「楊說固不可通，顧王說亦非也。隆之為降，當係誤字。然此文自當作『隆』。書中『隆』字，並隆尚或推崇之義，此文『隆』字亦然。言皇天推崇一物。示，與『施』通，亦非誤字。」《老子》第 36 章：「國之利器，不可以示人。」《說苑·君道》引作「不可以借人」。《越絕書·越絕外傳計倪》：「利器不可示人。」《淮南子·主術篇》：「有愚質者不可與利器。」高誘注引《老子》：「國之利器，不可以假人。」《六韜·守土》：「無借人利器。」「示」當訓假借、給與，不煩改字。「隆」本作「隆」，從降得聲，故隆可讀為降，駱瑞鶴說全誤。

（7）惛惛淑淑，皇皇穆穆

楊倞注：惛惛，思慮昏亂也。淑淑，未詳。或曰：美也。皇皇穆穆，言緒之美也。言或愚或智也。

〔註42〕 《初學記》據宋刻配抄補本，古香齋本、四庫本「其」作「具」。
〔註43〕 孫詒讓《荀子校勘記下》，收入《籀廎遺著輯存》，中華書局 2010 年版，第 534 頁。

按：惛惛，各本作「湣湣」，《韻補》卷 5「穆」字條、《群書考索》卷 20、《文選補遺》卷 31 引作「湣湣」。遞修本注「美也」誤作「義也」，「言或愚或智也」誤作「或言愚惑也」。俞樾曰：「『淑淑』訓美，則與『湣湣』不倫矣。淑，當讀爲踧，迫蹙貌。」王先謙、孫詒讓、熊公哲從俞說〔註 44〕。物双松曰：「湣湣淑淑，即泯然寂然之意，謂知之藏也。皇皇，美貌。《爾雅》：『穆穆，敬也。』謂知之著也。」冢田虎曰：「湣湣淑淑，謂桀紂之智。皇皇穆穆，謂湯武之智。然則『淑淑』亦當昏闇之意。按：『淑』、『寂』通。皇皇，明也。穆穆，敬也。」久保愛曰：「淑，《說文》訓清湛。然則湣湣淑淑，如濁如清貌。」豬飼彥博曰：「湣湣淑淑，言其微妙也。皇皇穆穆，言其盛大也。注『言緒』當作『言語』。」徐仁甫曰：「《大略篇》曰：『言語之美，穆穆皇皇。』注『緒』疑當爲『語』字之誤。」〔註 45〕鍾泰曰：「『湣』正字爲『湣』。『湣』與『泯』同。泯泯淑淑一義（杜詩：『春流泯泯清。』），皆清也。八字皆所以贊智，即皆美辭，與上桀紂湯武無涉。」梁啓雄曰：「湣借爲惛。惛惛，濁也。淑淑，清也。皇皇，大也。穆借爲廖。廖廖，細也。」楊柳橋曰：「湣，通『惛』，不憭也。淑，當讀作怒，憂也，悵也。皇皇，猶煌煌也。穆穆，靜也。」李滌生曰：「湣湣，疑即『混混』，用以比喻智之活動，如同流水之不絕。淑淑，清湛，用以比喻智之靜止，如同止水之澄澈。」王天海曰：「惛惛，同『惽惽』，靜默專一之貌。淑淑，清澈之貌。皇皇，通達貌。穆穆，端莊盛美貌。」注「言緒」當作「言語」，豬飼及徐仁甫說是。「惛惛淑淑」惟鍾泰得之。《爾雅》：「旺旺、皇皇、藐藐、穆穆，美也。」郭璞注：「皆美盛之貌。」邢昺疏：「《少儀》云：『祭祀之美，濟濟皇皇。』鄭玄云：『皇皇，讀如歸往之往。』彼言『皇皇』，則此『旺旺』也。《少儀》又云：『言語之美，穆穆皇皇。』《曲禮》云：『天子穆穆，諸侯皇皇。』鄭注皆云：『行容止之貌。』然則皇皇穆穆者，皆語言容止之美盛也。」此文「皇皇穆穆」形容智之美盛。「淑淑」當訓清湛貌，取水爲喻。《大戴禮記・四代》：「淵淵然，淑淑然，齊齊然，節節然，穆穆然，皇皇

〔註 44〕 孫詒讓《荀子校勘記下》，收入《籀廎遺著輯存》，中華書局 2010 年版，第 535 頁。

〔註 45〕 徐仁甫《荀子舉正》，成都《志學月刊》第 4 期，1942 年版，第 16 頁。

然。」《說苑·雜言》：「夫智者何以樂水也？曰：……淑淑淵淵，深不可測，其似聖者。」潛潛，讀爲泯泯，清靜貌，亦取水爲喻。《雲笈七籤》卷 11 引《上清黃庭內景經》：「雷鳴電激神泯泯。」舊注：「泯泯，取平聲讀。調神理氣，魂魄恬愉，雖遇震雷而不驚懾。」

（8）君子以脩，跖以穿室

楊倞注：君子用智以脩身，跖用智以穿室。

按：穿，各本作「空」。王叔岷曰：「空、穿同義。」王天海曰：「穿室者，穿牆入室之竊賊也。空室者，搶略一空之大盜也。跖爲大盜，不當爲穿牆入室之毛賊，竊以爲作『空室』義長。」王叔岷說是也。《群書考索》卷 20 引作「空室」，《文選補遺》卷 31 引作「穿室」。「穿室」代指爲盜而言。

（9）脩潔之爲親而雜汙之爲狄者邪

楊倞注：智脩潔則可相親，若雜亂穢汙，則與夷狄無異，言險詐難近也。

按：王念孫曰：「親，近也。狄，讀爲逖，逖，遠也。此言智之爲德，近於脩潔而遠於雜汙也。楊說皆失之，陳說同。」王先謙、孫詒讓、楊柳橋從王說〔註46〕，久保愛、黃侃、范文瀾、梁啓雄、章詩同、李滌生、熊公哲並讀爲逖，訓遠〔註47〕，當本於王氏。章書簡曰：「王念孫解『親狄』之訓，誠爲精確。然釋二句之義，則甚非矣。『親狄』二字，與上句『安危』，文義一例。言智常欲近脩潔而遠雜汙也。『智常欲』三字，本於上句楊注。」〔註48〕王天海曰：「狄，或當通『敵』。親、敵對文。此言智脩潔者人親之，智雜汙者人仇之。楊注不切，王說未必也。下文曰『甚深藏而外勝敵者邪』之『敵』，與此『狄』變化用字耳。」章說是，王天海好爲異說，非也。「脩潔」、「雜汙」是形容詞，而非名詞；且下句「敵」當訓匹（梁啓雄說），不訓仇，王天海妄說耳。

〔註46〕孫詒讓《荀子校勘記下》，收入《籀廎遺著輯存》，中華書局 2010 年版，第 535 頁。
〔註47〕黃侃《文心雕龍札記》，上海古籍出版社 2000 年版，第 65 頁。范文瀾《文心雕龍講疏》，收入《范文瀾文集》卷 2，河北教育出版社 2002 年版，第 87 頁。
〔註48〕章書簡《荀子札記》，安慶《學風》第 7 卷第 2 期，1937 年版，第 8 頁。

（10）血氣之精也，志意之榮也

按：精，《類聚》卷 21、《群書考索》卷 20 引同，《御覽》卷 432 引誤作
「釋」，非其誼，亦失韻（「榮」讀永平切）。

（11）行為動靜，待之而後適者邪

按：李滌生曰：「適，當也。」王天海曰：「適者，往也。」李說是也，「適」
即適宜之適。「動靜」何得言「往」？王氏不思之甚也。

（12）明達純粹而無疵也

按：王天海曰：「達，《類聚》作『遠』。」駱瑞鶴指出「遠乃達字之誤」，
是也。「明達」是《荀子》成語，亦見於《富國篇》、《君道篇》二篇。
此言君子之智，故作「明達」乃得，《韓詩外傳》卷 4：「君子……知
（智）則明達而類，愚則端慤而法。」是其切證。《類聚》卷 12 引《東
觀漢記》：「仁智明達，多權略。」《御覽》卷 90 引亦形誤作「遠」。是
其比。

（13）居則周靜致下，動則綦高以鉅

楊倞注：居謂雲物發在地時。周，密也。鉅，大也。

按：蔣禮鴻曰：「鉅當讀為遽，速也。『鉅』與『周靜』對，『綦高』與『致
下』對。」王天海曰：「《類聚》引作『居則同靜，致下則動，其高以
鉅』。據此，此文例當作『居則同靜，動則致下，其高以鉅』。然則錯
亂已久，未知其詳也。」《類聚》卷 1 引如此，「同」明顯是「周」形
誤，又倒「動則」為「則動」，王氏未知其誤，又失其讀，亂改一通。
《群書考索》卷 20、《文選補遺》卷 31、《古賦辯體》卷 2、《喻林》
卷 19 引同宋本，不誤；《緯略》卷 11 引作「居則同靜致下，動則綦高
以鉅」，雖亦誤「周」為「同」，而「動則」二字不誤。

（14）大參天地，德厚堯禹

楊倞注：參，謂天地相似。雲所以致雨，生成萬物，其德厚於堯禹者矣。

按：盧文弨曰：「《類聚》『大參』作『大齊』。注『天地相似』上似脫一『與』
字。」張惠言曰：「參，《類聚》作『齊』。」〔註49〕皆未作判斷。楊柳

〔註49〕 張惠言《七十家賦鈔》卷 2，收入《續修四庫全書》第 1611 冊，上海古籍出

橋據改「參」作「齊」，傎也。「齊」是「參」形譌，上文「大參於天」，
亦作「參」，「天」下脫「地」字。「參於天地」亦見《不苟》、《儒效》、
《性惡》，《臣道》有「功參天地」語。參之言叄，脫「地」字則「參」
字無着落。梁啓雄上文注云：「《莊子・大宗師》李注：『參寥，高邈寥
曠不可名。』」非是。

（15）精微乎毫毛，而盈大乎寓宙

楊倞注：「寓」與「宇」同。言細微之時則如毫毛，其廣大則盈大於宇宙
之內。

按：下句，《類聚》卷 1 引作「充盈于天宇」〔註50〕，王念孫據別本校作「充
盈乎大寓」，近是。《緯略》卷 11 引作「充盈于天宇」，《群書考索》卷
20 引作「而充盈乎大寓」。「而」字亦當存，遞修本作「而充盈乎大寓」
是也。

（16）忽兮其極之遠也，攭兮其相逐而反也

楊倞注：「攭」與「劙」同。攭兮，分判貌。言雲或慌忽之極而遠舉，或
分散相逐而還於山。攭，音戾。

按：忽，《群書考索》卷 20 引誤作「意」。元・祝堯曰：「『攭』、『蠡』
同。」〔註51〕明・陳第曰：「攭，音倮。」〔註52〕胡文英曰：「攭，音裸。《荀
子》云云。案：攭，以手前提衣也，今吳諺謂提衣曰攭。」〔註53〕王
念孫曰：「忽，遠貌。攭者，雲氣旋轉之貌（《考工記・鳧氏》：『鍾縣
謂之旋。』程氏易疇《通藝錄》曰：『旋，所以縣鍾者，設於甬上。《孟
子》謂之「追蠡」，言追出於甬上者乃蠡也。「蠡」與「螺」通，《文
子》所謂「聖人法蠡蚌而閉戶」是也。螺小者謂之蜁蝸，郭璞《江賦》
所謂「鸚螺蜁蝸」是也。曰旋、曰蠡，其義不殊，蓋爲金柄於甬上，
以貫於縣之者之鑿中，形如螺然，如此則宛轉流動，不爲聲病矣。』

版社 2002 年版，第 36 頁。
〔註50〕王念孫引「于」誤作「乎」。
〔註51〕祝堯《古賦辯體》卷 2，收入景印文淵閣《四庫全書》第 1366 冊，臺灣商務
印書館 1986 年初版，第 744 頁。
〔註52〕陳第《毛詩古音考》卷 1，中華書局 2008 年版，第 45 頁。
〔註53〕胡文英《吳下方言考》卷 7，收入《續修四庫全書》第 195 冊，上海古籍出版
社 2002 年版，第 62 頁。

〔註 54〕《水經·睢水注》云：『睢陽城內有高臺，謂之蠡臺〔註 55〕。《續述征記》曰：「迴道如蠡，故謂之蠡臺。」』是凡言『蠡』者，皆取旋轉之義。）反，亦旋也。故曰『攭兮其相逐而反也』。楊說皆失之。」楊柳橋曰：「《方言》：『蠡，分也。』又『劙，解也。』言雲氣分散相逐，去而後回也。」楊柳橋說本于戴震〔註 56〕。王天海曰：「忽兮，恍惚不分明之貌。王說似迂。王說『攭』通『螺』，取旋轉爲義，似近之。」王先謙、孫詒讓、符定一、鍾泰、梁啓雄、章詩同、李滌生、熊公哲從王念孫說〔註 57〕，是也。「忽兮」狀遠，自爲遠離之貌。「攭兮」狀反，自爲旋轉之貌。王天海不明句法，遽譏「王說似迂」，亦陋甚矣。王念孫豈有不知「忽兮」有恍惚義之理，而故爲迂曲之說哉？忽亦作迆、伆。《廣雅》：『邈、迆、離，遠也。』王念孫曰：「《方言》：『伆、邈，離也。楚謂之越，或謂之遠；吳越曰伆。』郭璞注云：『離謂乖離也。』『迆』與『伆』同。《玉篇》迆音勿，又音忽。《楚辭·九歌》云：『平原忽兮路超遠。』《荀子·賦篇》云：『忽兮其極之遠也。』迆、忽古亦通用。」〔註 58〕

（17）卬卬兮天下之咸蹇也

　　楊倞注：卬卬，高貌。雲高而不雨，則天下皆蹇難也。

按：卬卬，遞修本作「玒玒」，《韻補》卷 3「反」字條、《群書考索》卷 20、《慈湖詩傳》卷 4、《文選補遺》卷 31、《古賦辯體》卷 2、《喻林》卷 19 引亦作「玒玒」，形之誤也。俞樾曰：「蹇，當讀爲攐，取也。雲行雨施，澤被天下，天下皆有取也。故曰『卬卬兮天下之咸攐也』。下文『德厚而不捐』，即承此而言。若如楊注，則與下意不貫矣。」

〔註 54〕此上乃王氏引程瑤田說，見《通藝錄·考工創物小記》，收入《程瑤田全集》第 2 冊，黃山書社 2008 年版，第 170 頁。又第 255 頁說略同。王天海僅節引「蠡與螺通，螺小者謂之蜦蝸」十一字，而誤作王念孫語，鈔書粗心如此，亦足一歎。

〔註 55〕此乃酈道元引司馬彪《郡國志》語。

〔註 56〕戴震《方言疏證》卷 6，收入《戴震全集（5）》，清華大學出版社 1997 年版，第 2381 頁。

〔註 57〕孫詒讓《荀子校勘記下》，收入《籀廎遺著輯存》，中華書局 2010 年版，第 535 頁。符定一《聯緜字典》卯集，中華書局 1954 年版，本集第 370 頁。

〔註 58〕王念孫《廣雅疏證》，收入徐復主編《廣雅詁林》，江蘇古籍出版社 1992 年版，第 23 頁。

梁啓雄、章詩同、李滌生、熊公哲、趙逵夫從俞說〔註59〕。物双松曰：「印印，即『昂昂』。」劉如瑛曰：「蹇，假借爲騫，飛貌。意爲雲行高地飛揚於天下。」楊柳橋曰：「蹇，當作『蹇』，走貌。言雲高可以徧走天下也。」馬積高曰：「『咸蹇』二字實指《易》之二卦……荀子用這兩卦來形容雲駐高山的壯觀。」王天海曰：「印印，氣概軒昂貌。讀如昂昂。明世本作『卬卬』，字之譌也。《詩・卷阿》：『顒顒卬卬，如圭如璋。』毛傳：『卬卬，盛貌。』鄭箋：『志氣則卬卬然高朗如玉之圭璋也。』蹇，猶嗟，嘆詞。《楚辭・九辯》：『蹇淹留而無成。』王逸注：『蹇，詞也。』徐仁甫曰：『蹇，表感歎。』蹇、嗟雙聲。楊注、諸說皆未得。馬說雖奇，然迂而未當也。」「蹇」作感歎詞，皆用於句首，王氏所引《楚辭》，《文選》呂延濟注、朱熹集註皆曰：「蹇，語詞也。」王逸無注。王氏謂「蹇、嗟雙聲」通借，亦是妄說。楊注不誤，「印印」爲高貌，亦爲盛貌，二義相因。「咸」是副詞。《方言》卷6：「蹇，妯，擾也。人不靜曰妯，秦、晉曰蹇，齊、宋曰妯。」郭璞注：「謂躁擾也。妯音迪。」考《說文》：「擾，煩也。」《廣雅》：「蹇、妯、騷、躁、煩，擾也。」此言雲高而不雨，則天下皆煩擾躁動也。

（18）德厚而不捐，五采備而成文

楊倞注：捐，棄也。萬物或美或惡，覆被之，皆無捐棄也。

按：物双松曰：「捐，《廣文選》作『損』。」王叔岷曰：「元本『捐』作『損』，《山堂考索》、《喻林》引此亦並作『損』。惟注訓棄，似當作『捐』爲是。」王說是也，《文選補遺》卷31、《古賦辯體》卷2引亦形誤作「損」。

（19）往來惽憊，通于大神

楊倞注：惽憊，猶晦暝也。憊，困也。人困目亦昏暗，故惽憊爲晦暝也。

按：惽，《群書考索》卷20、《文選補遺》卷31、《古賦辯體》卷2引作「惛」。物双松曰：「『惛』、『昏』通。『憊』、『昧』通。」王天海曰：「惽憊，猶晦昧難測。」惽憊，猶言昏病。

（20）行遠疾速而不可託訊者與

〔註59〕趙逵夫《歷代賦評注》卷1《先秦卷》，巴蜀書社2010年版，第267頁。

楊倞注：訊，書問也。行遠疾速，宜於託訊。今云者虛無，故不可。本或
作「託訓」。

按：訊，《增韻》卷 4「訊」字條、《群書考索》卷 20、《文選補遺》
卷 31、《喻林》卷 19 引同〔註60〕，《古賦辯體》卷 2 引作「訊」。
《集韻》：「訊，問也，或作訊。」楊慎曰：「《楚辭·九章》：『願
寄言於浮雲兮，遇豐隆而不將。』亦此意也。荀卿、屈原相去不
遠，命辭蓋同。」〔註61〕王懋竑曰：「訊，同『訊』，叶音息。」
〔註62〕姚姬傳曰：「此是『諄』誤爲『訊』耳。『諄』字於古韻諧。」
吳汝綸從姚說。劉師培曰：「『訊』當作『跡』。」龍宇純曰：「『訊』
下疑奪『息』字，『息』與『塞』、『偪』、『置』同之部入聲。」張
覺曰：「『訊』當爲『訒』字之形誤。訒，厚，重。」王天海曰：「託
者，憑藉也。訊，同『訊』，通『迅』。迅者，速也，疾也。此言
雲氣雖行遠疾速，然其疾速卻不可憑藉也。惜楊注不了，諸說皆未得
之。」「訊」當是「訊」形誤。敦煌寫卷 S.0516《歷代法寶記》：「起居
問訊訖，坐定。」「訊」亦是「訊」俗譌，唐《李輔光墓誌》亦作此形
〔註63〕。俗亦譌作從九的「訊」，《干祿字書》：「訊、訊：上俗，下正。」
《鉅宋廣韻》：「訊，問也，告也。訊，上同。」〔註64〕澤存堂本《廣
韻》「訊」作「訊」〔註65〕。楊倞解爲書問，陶鴻慶、楊柳橋從
其說，得之，楊慎說亦是。託訊，猶言寄書信。作「訓」者乃音
譌。

（21）往來憛憳而不可為固塞者與

楊倞注：雖往來晦暝，掩蔽萬物，若使牢固蔽塞則不可也。

按：陶鴻慶曰：「『固塞』當作險固要塞解。」楊柳橋曰：「固塞，謂城防要

〔註60〕《群書考索》據元延祐七年圓沙書院刻本，四庫本作「訊」。
〔註61〕楊慎《丹鉛總錄》卷 12，收入景印文淵閣《四庫全書》第 855 冊，臺灣商務
印書館 1986 年初版，第 471 頁。
〔註62〕王懋竑《荀子存校》，《讀書記疑》卷 11，收入《續修四庫全書》第 1146 冊，
第 357 頁。
〔註63〕參見臧克和《漢魏六朝隋唐五代字形表》，南方日報出版社 2011 年版，第 1557
頁。
〔註64〕黑水城《廣韻》殘卷、巾箱本同。
〔註65〕覆宋重修本、符山堂本、覆元泰定本、龍谷大學藏至正南山書院刊本同。

塞也。」熊公哲曰：「固，是牢固。塞，是蔽塞。」王天海曰：「固，止也。塞，阻也。此言雖雲氣往來晦暝，然不可以固止阻塞之也。」「固塞」作「為」的賓語，是名詞，陶鴻慶、楊柳橋說是。《說文》：「固，四塞也。」若如王說，正文「為」字無著落。

（22）暴至殺傷而不億忌者與

楊倞注：億，謂以意度之。或曰：與「抑」同。謂雷霆震怒，殺傷萬物，曾不億度疑忌而果決不測也。

按：注「果決」上「而」，遞修本作「言」。億，王念孫讀為意，訓「疑」，是也。豬飼彥博曰：「暴至殺傷，此句可疑。」李滌生解「暴至」為「猝然暴至」，非是。銀雀山漢簡（二）《五名五共》：「三曰剛至。」整理者注：「至，疑當讀為『恎』。剛恎，剛愎。」〔註66〕至，讀為螽。《說文》：「螽，忿戾也。《周書》曰：『有夏氏之民叨螽。』」字或作恎、駤、痓、窒、室、跮〔註67〕。

（23）功被天下而不私置者與

楊倞注：天下同被其功，曾無所私置，又言無偏頗。

按：王念孫曰：「置，讀為德。言功被天下而無私德也。《繫辭傳》：『有功而不德。』德，鄭、陸、蜀才並作『置』。鄭云：『置，當為德。』《逸周書·官人篇》：『有施而弗德。』《大戴禮·文王官人篇》作『有施而不置』。《荀子·哀公篇》：『言忠信而心不德。』《大戴禮·哀公問五義篇》作『躬行忠信而心不置』。是『置』為『德』之借字也。」王先謙、孫詒讓、梁啓雄、蔣禮鴻、章詩同、李滌生、熊公哲從王說〔註68〕。王樹枏曰：「『置』為『悳』字之誤，形近致譌，悳，古文『德』。」〔註69〕陳直曰：「置讀為直，言功被天下而無偏黨之私心。」楊柳橋曰：「置，立也，樹也。不私置，不私自有所建樹也。」王念孫說是，所舉「有功

〔註66〕《銀雀山漢墓竹簡〔貳〕》，文物出版社 2010 年出版，第 153 頁。

〔註67〕參見蕭旭《淮南子校補》，花木蘭文化出版社 2014 年版，第 643～645 頁。

〔註68〕孫詒讓《荀子校勘記下》，收入《籀廎遺著輯存》，中華書局 2010 年版，第 535 頁。蔣禮鴻《義府續貂》，收入《蔣禮鴻集》卷 2，浙江教育出版社 2001 年版，第 42 頁。

〔註69〕王樹枏《校正孔氏〈大戴禮記補注〉》，收入《續修四庫全書》第 108 冊，上海古籍出版社 2002 年版，第 5 頁。

而不德」正可移釋此文。

（24）有物於此，儵儵兮其狀，屢化如神

> 楊倞注：儵，讀如「其蟲倮」之倮。儵儵，無毛羽之貌。變化，即謂三俯三起，蛾蛹之類也。

按：注「蛾蛹」上，遞修本、四庫本有「成」字，當據補。王念孫曰：「蠃、裸、赢、倮、躶，並字異而義同。蠃之言露也。《荀子・蠶賦》楊倞注云云。義並與蠃同。」〔註70〕胡文英曰：「儵儵：音裸。《荀子・蠶賦》云云。案：儵儵，光滑不碍貌。吳諺謂物之光者曰光滑儵儵。」〔註71〕陳直曰：「《楚辭・惜賢》：『覽芷圃之蠡蠡。』注：『猶歷歷行列皃也。』本文謂蠶在箔中歷歷分行之象。」楊注、王念孫說是，家說非也。《增韻》卷3：「儵，無毛羽貌，與裸同。」引此作「儵儵兮其狀，屢化如神」。《群書考索》卷20、《文選補遺》卷31、《古賦辯體》卷2引同摹宋本，《玉海》卷77引作「儵儵其狀，屢化如神」。冢田虎謂正文「屢」當作「變」，豬飼彥博謂注文「變」當作「屢」，梁啓雄從豬飼說。豬飼說是也。下文「屢化而不壽者與」，亦作「屢化」。《齊民要術・種桑柘》引《春秋考異郵》：「故蠶三變而後消，死於七。三七二十一，故二十一日而繭。」此即「屢化而不壽」之誼。

（25）名號不美，與暴為鄰

> 楊倞注：侵暴者亦取名於蠶食，故曰「與暴為鄰」也。

按：王引之曰：「《方言》：『憯，殺也。』《說文》：『憯，毒也。』字或作懆，《莊子・庚桑楚篇》曰：『兵莫憯於志，鏌鋣為下。』憯、蠶聲相近，故曰『與暴為鄰』。」王先謙、孫詒讓、楊柳橋、熊公哲從王說〔註72〕。胡紹煐曰：「蠶室，猶暴室。蠶之言憯也。憯與暴同義。《荀子・蠶賦》云『名號不美，與暴為鄰』是也。《說文》：『憯，毒也。』字或作懆，《莊子》云云。蠶、憯音同。然則『蠶室』取憯毒之義。憯毒謂之蠶

〔註70〕王念孫《廣雅疏證》，收入徐復主編《廣雅詁林》，江蘇古籍出版社1992年版，第300頁。
〔註71〕胡文英《吳下方言考》卷7，收入《續修四庫全書》第195冊，第63頁。
〔註72〕孫詒讓《荀子校勘記下》，收入《籀廎遺著輯存》，中華書局2010年版，第535頁。孫氏、熊氏誤作王念孫說。

室，猶暴殘謂之暴室。」〔註73〕其說即本於王氏。姜書閣說同王氏〔註74〕，當取王說。王先謙、楊柳橋、熊公哲從王說〔註75〕。物双松曰：「蠶、讒音通，故言。」豬飼彥博曰：「『蠶』與『殘』音近，故云。」孫詒讓曰：「此言『蠶』音與『殘』相轉最近也。」陳直、章詩同、殷孟倫、李滌生說同〔註76〕，當取孫說。梁啓雄從孫說。然其說張惠言早發之，張氏曰：「蠶音近殘，故曰名號不美。」〔註77〕「蠶」、「憯」同聲系音近，「憯（慘）」、「殘」亦一音之轉。《方言》卷1：「慘、琳，殺也。晉魏河內之北謂琳曰殘，楚謂之貪。」琳之言惏（棽）也。《廣雅》：「慘，貪也。」《說文》：「嫪，棽也。」王引之說與張惠言、孫詒讓說相合。董治安曰：「言暴者，因其蛻皮之謂也。由蛻皮聯想到剝皮，故曰其『與暴為鄰』。」非是。

（26）請占之五帝

按：《困學紀聞》卷10：「《賦篇》：『請占之五泰。』〔監本〕作『五帝』，監本未必是，建本未必非。今監本乃唐與政台州所栞熙寧舊本，亦未為善。當竢詳攷。『五泰』注云：『五泰，五帝也。』監本改為『五帝』而刪注文。」盧文弨曰：「此與下文『五泰』，宋本皆作『五帝』，無『五泰，五帝也』五字注。今從元刻，與《困學紀聞》所引合。古者『帝』字不與『敗』、『世』、『害』韻，《五支》《六脂》之別也。」王念孫曰：「『敗』、『世』、『害』、『泰』古音並屬祭部，非唯不與《五支》之去聲通，並不與《六脂》之去聲通。此盧用段說而誤也。說見戴先生《聲韻攷》。」久保愛曰：「『五』疑衍。」王天海曰：「五帝，疑當作『上帝』，天帝也。錢佃《考異》稱『五帝』作『五泰』，巾箱三本與之同，然不可從之也。」王念孫說是，王天海妄改，不思「帝」字不合韻也。《山谷外集詩》卷2史容注、《玉海》卷77、199、《群書考索》卷20、《韻府群玉》卷14、《古賦辯體》卷2引並作「五泰」〔註78〕。「五泰」

〔註73〕胡紹煐《文選箋證》卷28，黃山書社2007年版，第753頁。
〔註74〕姜書閣《漢賦通義》，齊魯書社1989年版，第32頁。
〔註75〕熊氏誤作王念孫說。
〔註76〕殷孟倫、殷煥先、周遲明、姜可瑜《古漢語簡論》，山東人民出版社1979年版，第353頁。
〔註77〕張惠言《七十家賦鈔》卷2，收入《續修四庫全書》第1611冊，第37頁。
〔註78〕《玉海》據合璧本，四庫本《玉海》卷77引作「五帝」。

名義待考。張之純曰：「泰，泰古也。」劉師培曰：「五泰蓋神巫之名，與『巫咸』、『巫陽』同。」鍾泰曰：「《漢書・郊祀志》曰：『天神貴者泰一，泰一佐曰五帝。』五泰，即泰一、五帝之謂。」梁啓雄曰：「《泰》本是《易》卦名。泰者，通也。荀子衝著它能通，給它人格化了，稱它做『五泰』，請他占驗謎語。」沈瓞民曰：「五泰，陰陽術數之名。《漢書・藝文志》『《泰壹雜子星》二十八卷，《五殘雜變星》二十一卷，《泰一雜子雲雨》三十四卷，《泰階六符》一卷』之類，以五殘泰壹爲占者謂之五泰，如治羨門式（羨音夷，羨門都奇門）。《史記・封禪書》、《泰（秦）本紀》之羨門子高，羨門非姓，乃術也。子高以羨門之術鳴，即以術稱其人，如鄒衍號談天衍是也。」〔註79〕顧頡剛曰：「『五泰』即祝、宗、史、卜、士。劉師培、梁啓雄云云，此亦皆望文生義之說。《曲禮下》：『天子建天官，先六大，曰：大宰、大宗、大史、大祝、大士、大卜，典司六典。』『大』音泰，即『泰』。此六大中，除大宰外皆與鬼神有關，故可就而占之也。」于批：「《曲禮》有『六大』，不能減一即成五泰也。」〔註80〕楊柳橋曰：「泰，通『大』。大，老也。五泰，疑即三老、五更（叟）之比。」錄以備考。

（27）此夫身女好而頭馬首者與

楊倞注：女好，柔婉也。

按：俞樾、章詩同、楊柳橋、熊公哲從楊注〔註81〕。梁啓雄曰：「《方言》：『凡美色或謂之好。』女好，即女媄。」朱起鳳曰：「『女好』即柔好之義，『女』蓋『柔』字之省。後世稱蠶神爲馬頭娘，載《蜀圖經》，實本《荀子》『身女好頭馬首』之說，而附會之以神其事。」〔註82〕王天海曰：「身女好，即身柔美之義。《辭通》云：『女蓋柔字之省。』」陳搢曰：「古漢語方言謂『身』爲『好』。謂『身』爲『好』，猶謂『深』爲『好』。（《商君書・開塞》：『去奸之本，莫深於嚴刑。』按；深，這裏作『好』講。）」〔註83〕梁說是，「女」讀如字，指婦人。後世稱蠶

〔註79〕 沈瓞民《讀荀臆斷》，《制言》第 58 期，1939 年版，本文第 19 頁。
〔註80〕 顧頡剛《湯山小記（八）》，收入《顧頡剛讀書筆記》卷 8，中華書局 2011 年版，第 254～255 頁。
〔註81〕 俞樾《荀子平議》，收入《諸子平議》卷 14，中華書局 1954 年版，第 275 頁。
〔註82〕 朱起鳳《辭通》卷 14，上海古籍出版社 1982 年版，第 1445 頁。
〔註83〕 陳搢《歷史比較法與古籍校釋》，湖南教育出版社 1987 年版，第 11 頁。

神爲馬頭娘，其源甚早，《山海經》即有此說。惠士奇曰：「《海外北經》：『有歐絲之野，在大踵東，一女子跪據樹歐絲。』即《荀子》所謂『身女好而頭馬首者』。是爲蠶神，與馬同形，故與馬同氣，實爲龍精。」〔註84〕《山海經・海外北經》郭璞注：「言噉桑而吐絲，蓋蠶類也。」《博物志》卷 8：「嘔絲之野，女子乃跪據樹嘔絲，三桑西也。」又卷 10：「嘔絲之埜，其女子方跪據樹嘔絲，北海外也。」身女好，謂身如婦人之好。《御覽》卷 825 引《東方朔別傳》：「蠶何若？曰：『啄呻呻類馬，色班班類虎。』」又引閔鴻《蠶賦》：「體龍頸而驥喙，邁皦素於羔羊。」此亦「蠶頭馬首」之說。

（28）夏生而惡暑，喜溼而惡雨

楊倞注：溼，謂浴其種。既生之後，則惡雨也。

按：錢佃《考異》：「喜溼，並注，諸本皆作『溫』，非。」王念孫曰：「蠶性惡溼，不得言喜溼。《太平御覽・資產部五》引作『疾濕而惡雨』，是也。『惡雨』與『疾溼』同意。楊云『溼，謂浴其種』，乃曲爲之說耳。」孫詒讓從王說〔註85〕。俞樾曰：「楊說甚得。王氏反據《御覽》以訂正《荀子》，誤矣。」于鬯曰：「蠶性喜溼，古時必有其說。所謂惡溼者，實惡露也。惡露，猶荀子謂惡雨也。」王叔岷曰：「元本『溼』作『溫』，注同。『喜溫』與『惡雨』義正相同。《山堂考索》、《喻林》引此『溼』作『溫』。」王天海曰：「于說是。溼，巾箱三本並作『溫』。」王叔岷說是也。《御覽》卷 825 引作「疾溫而惡雨」〔註86〕，《合璧事類備要》前集卷 52、《文選補遺》卷 31、《古賦辯體》卷 2 引作「喜溫而惡雨」，《緯略》卷 6 引作「喜濕而惡雨」，《記纂淵海》卷 84 引作「喜晴而悲雨」。「溼」同「濕」，是「溫」形誤。「疾」是「喜」誤。《齊民要術・種桑柘》引《春秋考異郵》：「蠶陽物，大惡水，故蠶食而不飲。」蠶惡水，即惡溼惡雨也，然則「溼」字誤。

（29）蛹以爲母，蛾以爲父

按：蛾，《群書考索》卷 20 引作「蟻」，字同；《記纂淵海》卷 84 引作「蛾」，

〔註84〕 惠士奇《禮說》卷 10，收入《叢書集成三編》第 24 冊，新文豐出版公司 1997 年版，第 401 頁。

〔註85〕 孫詒讓《荀子校勘記下》，收入《籀廎遺著輯存》，中華書局 2010 年版，第 536 頁。

〔註86〕 《御覽》據景宋本，四庫本、美國國會圖書館藏本「溫」作「濕」。

形之謁也。

（30）無知無巧，善治衣裳

按：巧，《類聚》卷65引形誤作「功」。

（31）不盜不竊，穿窬而行

按：久保愛曰：「孔安國曰：『穿，穿壁。窬，窬牆也。』」梁啓雄曰：「窬借爲踰。」楊柳橋曰：「《論語·陽貨篇》：『其猶穿窬之盜也與？』皇侃疏：『窬，竇也。』」王天海曰：「《說文》：『窬，空中也。』穿窬，猶言穿孔、穿洞也。」「穿窬」有二說。①久氏所引孔說，即《論語·陽貨篇》《集解》所引。《六書故》：「踰，超越也。盜者或穿阫，或踰垣牆，故謂穿踰（別作窬），又作逾。」劉寶楠疏孔說云：「云『窬，窬牆』者，謂窬即踰之叚借。」〔註87〕馮登府曰：「孔注：『窬，窬牆也。』《費誓》『無敢寇攘踰垣牆』同此義。當作『踰』，『窬』假借字也。」〔註88〕朱駿聲曰：「窬，叚借爲踰。《論語》：『其猶穿窬之盜也與？』《漢書·胡建傳》：『穿窬不繇路。』按：皆當讀如『無踰我墻』之踰。」〔註89〕《孟子·盡心下》：「人能充無穿踰之心，而義不可勝用也。」趙岐注：「穿墻踰屋，姦利之心也。」焦循曰：「閩、監、毛三本此作『穿窬』，下『穿踰之類』作『穿踰』，宋本、孔本、韓本皆作『踰』。《說文·穴部》云：『窬，穿木戶也。』《辵部》云：『逾，迒進也。』逾即踰。窬、踰二字本異。《禮記·儒行》：『蓽門圭窬。』注云：『圭窬，門旁窬也，穿牆爲之如圭矣。』『圭窬』即《左傳》之『圭竇』，故徐氏音豆，即讀窬爲竇也。其實竇、窬義皆爲空，而字不同；窬自音俞耳。趙氏云『穿牆踰屋』，則自爲『踰越』之踰。《論語·陽貨篇》云：『其猶穿窬之盜也與？』《集解》引孔氏云：『穿，穿壁也。窬，窬牆也。』《釋文》云：『踰，本又作窬。』然則《釋文》《論語》本作『穿踰』。是《論語》之『穿窬』與《孟子》之『穿踰』一也。或借窬爲踰，故有作『穿窬』者，其實皆『穿踰』也。」〔註90〕②《玄應音義》卷9：「穿窬，欲朱反。《三

〔註87〕 劉寶楠《論語正義》卷20，中華書局1990年版，第693頁。

〔註88〕 馮登府《論語異文考證》卷9，收入《續修四庫全書》第155冊，上海古籍出版社2002年版，第404頁。

〔註89〕 朱駿聲《說文通訓定聲》，武漢市古籍書店1983年版，第358頁。

〔註90〕 焦循《孟子正義》卷29，中華書局1987年版，第1007～1008頁。

蒼》云：『竇，門邊小竇也。』《說文》：『門旁穿木戶也。』又音徒搆反。
《禮記》：『蓽門圭竇。』鄭玄曰：『竇，門旁竇也，穿牆爲之，其形如
圭。』是也。論文作踰，越也，度也，『踰』非字體。」《慧琳音義》卷
83：「穿竇：下庚朱反。《考聲》云：『穿木戶也。』宋忠注《太玄經》：
『竇亦穿也。』鄭注《禮記》：『門旁竇也，亦穿牆爲之圭矣。』」劉寶
楠引其先伯父《經義說略》謂「竇」與「竇」通〔註91〕。黃侃曰：「竇，
穿竇，借爲竇。」〔註92〕黃式三未作判斷，二說並存，其說云：「皇疏：
『竇，竇也。』古音竇、竇同也。《釋文》『竇』別作『踰』，依孔注、
朱子注，當作『踰』。」〔註93〕余謂作「穿竇」者一事，竇亦穿也，敦
煌寫卷 P.2011 王仁昫《刊謬補缺切韻》：「竇，穿。」《廣韻》：「竇，穿
竇也。」《集韻》：「竇，鑿垣爲戶。」作「穿踰」者二事，《淮南子・齊
俗篇》：「結駟連騎，則必有穿竇柎揲抽箕踰備之姦。」許愼注：「備，
後垣也。」其言「穿竇踰備」，是「穿踰」爲二事甚明。《漢書・胡建傳》：
「穿竇不繇路。」《漢紀》卷 14 作「穿踰不由路」，此漢代人解漢代語，
亦已相混。《周禮・司刑》鄭玄注引《尚書大傳》：「決關梁踰城郭而略
盜者，其刑臏。」《御覽》卷 648 引《白虎通》引《尚書》作「故穿踰
盜竊者，其刑臏也」。是「穿踰」即指「決關梁踰城郭」而言。孔安國
謂「竇，竇牆」者，非謂踰越牆屋，劉寶楠、馮登府等說非是。《淮南
子・氾論篇》：「乃爲竇木方版以爲舟航。」高誘注：「竇，空也。方，
並也。」又《泰族篇》：「埏埴而爲器，竇木而爲舟。」「竇牆」與「竇
木」文例相同，謂穴牆也。

（32）日夜合離，以成文章

　　楊倞注：合離，謂使離者相合。文章亦待其連綴而成也。

按：高正曰：「離，乙、丙、丁本誤作『雜』。」董治安說同。王天海曰：「日
　　夜合離者，謂以箴刺繡，日合而夜離之也。『離』字，巾箱三本作『雜』，
　　形誤也。」郭郛曰：「離，離別，分別。」〔註94〕《類聚》卷 65、《御

〔註91〕劉寶楠《論語正義》卷 20，中華書局 1990 年版，第 693 頁。
〔註92〕黃侃《說文段注小箋》，收入《說文箋識四種》，上海古籍出版社 1983 年版，
　　　　第 174 頁。
〔註93〕黃式三《論語後案》卷 17，收入《續修四庫全書》第 155 冊，第 607 頁。
〔註94〕郭郛《爾雅注證》，商務印書館 2013 年版，第 114 頁。

覽》卷 830 引並作「合離」，《群書考索》卷 20、《文選補遺》卷 31、《古賦辯體》卷 2 引作「合雜」。夜離之如何成繡？王說殊不可解。作「合雜」是，讀爲「匌帀」，俗字亦作「匼匝」、「匼匝」、「匼帀」、「合匝」、「韐匝」，環繞也，圍繞也〔註95〕。《說文》：「匌，帀也。」又「帀，周也。」《玉篇》：「匼，匼帀。」《廣韻》：「匌，周帀也。」敦煌寫卷北圖新 866 號《李陵變文》：「合合雜雜。」貫休《富貴曲》：「紈綺雜雜，鐘鼓合合。」《孫子·勢篇》：「渾渾沌沌，形圓而不可敗也。」李筌注：「渾沌，合雜也。」是唐人猶用「合雜」爲「匌帀」。《淮南子·詮言篇》：「以數雜之壽，憂天下之亂。」許慎注：「雜，匝也。人生子，從子至亥爲一匝。」《呂氏春秋·圜道》：「圜周復雜。」高誘注：「雜，猶匝。」《淮南子·原道篇》：「鈞旋轂轉，周而復匝。」正作「匝」字。《墨子·雜守》：「槧再雜。」孫詒讓曰：「再雜，猶言再帀。」〔註96〕《說苑·修文》：「如矩之三雜，規之三雜。」盧文弨引《淮南》高（許）注訓匝〔註97〕。惠士奇曰：「浹辰者，子亥之辰一匝；浹日者，甲癸之日一周……浹謂之雜，雜謂之匝，三王之道，如矩之三雜，規之三雜，終而復始，循環無端。《呂氏春秋》曰：『圜周復雜。』《淮南子》曰：『數雜之壽。』雜猶浹也。」〔註98〕《易·繫辭下》：「《恒》，雜而不厭。」王引之曰：「雜當讀爲帀。」〔註99〕此皆「雜」、「帀（匝）」音轉之證。《淮南·詮言》之「雜」，《類聚》卷 97 引作「離」，《御覽》卷 469 引作「匝」，《白氏六帖事類集》卷 2、《困學紀聞》卷 6 引《文子》作「集」〔註100〕，集亦讀爲帀，《包山楚簡》簡 226「集歲」猶言期年〔註101〕，即其例。《類聚》引作「離」，亦「雜」形譌，正其比

〔註95〕 參見蕭旭《敦煌變文校補（一）》，收入《群書校補》，廣陵書社 2011 年版，第 1160～1161 頁。

〔註96〕 孫詒讓《墨子閒詁》，中華書局 2001 年版，第 623 頁。

〔註97〕 盧文弨《群書拾補》，收入《續修四庫全書》第 1149 冊，上海古籍出版社 2002 年版，第 427 頁。

〔註98〕 惠士奇《禮說》卷 1，收入阮元《清經解》第 2 冊，鳳凰出版社 2005 年版，第 1588～1589 頁。王利器說略同，當即本惠說。王利器《文子疏義》，中華書局 2000 年版，第 203 頁。

〔註99〕 王引之《經義述聞》卷 2，江蘇古籍出版社 1985 年版，第 60 頁。

〔註100〕《白帖》在卷 6。

〔註101〕 參見譚步雲《古楚語詞彙研究》，花木蘭文化出版社 2015 年版，第 547 頁。

也。

（33）長其尾而銳其剽者邪

　　　　楊倞注：長其尾，謂線也。剽，末也，謂箴之鋒也。《莊子》曰：「有實而
　　　　　　　　無乎處者宇也，有長而無本剽者宙也。」剽者，眇末之意，匹小
　　　　　　　　反。

　按：物双松曰：「『剽』、『標』通。」豬飼彥博說同。王天海曰：「《集韻》：
　　　　『剽，末也。』楊注是，物說非。」物說揭其本字，其說是也。《說文》：
　　　　「標，木杪末也。」引申泛指物之末梢。字亦作摽，《漢書・王莽傳》：
　　　　「及至青戎，摽末之功。」顏師古注引服虔曰：「摽，音刀末之摽。」
　　　　字亦作藨，音轉則作秒。《說文》：「藨，一曰末也。」又「秒，禾芒也。」
　　　　《淮南子・天文篇》：「秋分藨定，藨定而禾熟。律之數十二，故十二
　　　　藨而當一粟，十二粟而當一寸。」高誘注：「藨，禾穗粟孚甲之芒也。
　　　　古文作秒也。」藨為禾末，標為木末，剽為箴末，其義一也。王氏疏
　　　　於訓詁，未達厥誼。

（34）頭銛達而尾趙繚者邪

　　　　楊倞注：重說長其尾而銳其剽。趙，讀為掉。掉繚，長貌。言箴掉尾而繚
　　　　　　　　也。

　按：高正曰：「尾，乙、丙、丁本作『剽』。」郝懿行曰：「趙之為言超也。
　　　　《穆天子傳》：『天子北征趙行。』郭注『趙猶超騰』，是也。『趙繚』、
　　　　『搖掉』疊韻之字，今時俗語猶以『搖掉』為『趙繚』也。」王先謙、
　　　　孫詒讓從郝說〔註102〕。桂馥曰：「《廣韻》：『㣙趫，長皃。』（又云：『趯
　　　　趒，長皃。』）案：《荀子・賦篇》注云云。」〔註103〕物双松曰：「趙
　　　　繚，繞繚也，謂線也。趙、繞音近。」王天海從物說，云：「趙、繞一
　　　　聲之轉。」久保愛曰：「《周頌》：『其鎛斯趙。』毛萇曰：『趙，刺也。』」
　　　　豬飼彥博曰：「頭即剽也，此『剽』字宋本作『尾』為是。『趙』與『捌』
　　　　通，『繚』或作『繆』。疑『趙繚』與『綢繆』同，言纏綿布帛也。」
　　　　邵瑞彭曰：「《方言》卷2：『鈔、嫽，好也。』『〔趙〕繚』即『鈔嫽』。」

〔註102〕孫詒讓《荀子校勘記下》，收入《籀廎遺著輯存》，中華書局 2010 年版，第
　　　　536 頁。
〔註103〕桂馥《札樸》卷5，中華書局1992年版，第183頁。

〔註104〕陳直曰：「趙讀如繞。」梁啓雄曰：「銛，借爲狘，今字作尖。趙，借爲掉。《說文》：『繚，纏也。』」王叔岷曰：「『頭銛達』承上文『銳其剽』言之，『尾趙繚』承上文『長其尾』言之，則『尾』不當作『剽』，蓋涉上文『剽』字而誤。」楊柳橋曰：「《廣雅》：『銛，利也。』《方言》：『達，芒也。』趙繚，應作『綽繚』，與『繚繞』略同。綽，緩也。繚，繞也。」龍宇純曰：「『銛』當取古活切之音，其字本作『鋯』。『銛達』疊韻連語，疑此狀箴頭光滑貌。『趙繚』楊訓長貌，蓋是。」〔註105〕張覺曰：「達，挑達，暢通無阻，來去自由的樣子。」《詩·良耜》：「其鎛斯趙，以薅荼蓼。」毛傳：「趙，刺也。」陳奐曰：「《荀子·賦箴》楊倞注云云，『趙繚』之趙與此『趙』字同。傳云『刺』讀『刺草之臣』之刺。《士相見禮》注：『刺，猶剗除也。』《考工記》注及《集韻》引『其鎛斯捔』，本三家《詩》。」〔註106〕顧廣譽、馬其昶從陳說〔註107〕。①豬飼彥博、王叔岷說是也，據上文「長其尾而銳其剽」，「剽」與「尾」對舉，指頭，即箴之鋒。當從一本作「尾趙繚」，指線趙繚，即「長其尾」。「掉」是搖動義，非其誼也。「趙繚」當取物說訓繞繚，但不是「趙、繞音近」，陳直、王天海不知其誤，妄說音轉。豬飼謂「趙繚」是「綢繆」音轉，甚精，楊放之說同〔註108〕。《說文》：「綢，繆也。」又「繆，一曰綢繆。」《廣雅》：「繚、繞、綢、繆，纏也。」又「綢繆，纏縣也。」繚、繆一音之轉（「繆」古音當讀來母），《集韻》：「繚，《說文》：『纏也。』或作繆。」字亦作「蜩蟉」，《漢書·司馬相如傳》《大人賦》：「蜩蟉偃蹇怵奐以梁倚。」《史記》作「綢繆」。字亦作「糾繚」，《說文》：「丩，相糾繚也。」字亦作「糾蓼」，《集韻》：「蓼，糾蓼，相引皃。」《史記·司馬相如列傳》《大人賦》：「糾蓼叴昪，蹻以艐路兮。」又考《廣韻》：「蛁，蛁蟟，茆中小蟲。」《集韻》：「蛁、虭：一曰蛁勞，小蟬，

〔註104〕邵瑞彭《荀子小箋》，《唯是》第3期，1920年版，第28頁。邵氏引《方言》誤作「字，鈶也。嫽，好也」。下句又脱「趙」字，逕補。
〔註105〕龍宇純《讀荀卿子三記》，收入《荀子論集》，學生書局1987年版，第318頁。
〔註106〕陳奐《詩毛氏傳疏》卷28，中國書店1984年據漱芳齋1851年版影印，無頁碼。
〔註107〕顧廣譽《學詩正詁》卷5，馬其昶《詩毛氏學》卷28，分別收入《續修四庫全書》第72、74冊，第390、634頁。
〔註108〕楊放之《由「招」字別義論及連綿詞「綢繆」之流變》，《萍鄉教育學院學報》1993年第1期，第55～57頁。

或省。」《方言》卷 11 作「蚑螃」。「蛁蟟」、「蛁勞」、「蚑螃」亦「綢繆」音轉，謂小蟬鳴聲纏綿也。倒言亦作「蓼糾」，《淮南子・本經篇》：「傴僂蓼糾，曲成文章。」「傴僂蓼糾」即《大人賦》之「蝒蟉傴僂」。倒言又作「繚糾」，《文選・洞簫賦》：「鄰菌繚糾，羅鱗捷獵。」李善注：「鄰菌繚糾，相著貌。」倒言又作「蟉虬（虯）」，《楚辭・遠遊》：「形蟉虬而透迤。」王逸注：「形體蜿蟺相銜受也。」洪興祖補注：「蟉虬，盤曲貌。」「虬」同「虯」。《集韻》：「蟉，蟉虯，曲皃。」②楊柳橋解「銛達」近之，而猶未盡。《說文》：「利，銛也。」《慧琳音義》卷 72：「銛利：《漢書音義》云：『銛亦利也。』《蒼頡篇》云：『銛，鐵也。』《文字典說》云：『銳利也。』」《漢書・賈誼傳》顏師古注引晉灼曰：「世俗謂利為銛徹。」「銛達」即「銛徹」，徹、達皆穿通之義。《方言》卷 13：「達，芒也。」郭璞注：「謂草杪芒射出。」芒謂之達，亦取穿射為義。梁啓雄謂銛借為銛，說本朱駿聲〔註 109〕，黃侃亦云：「銛，銛利，借為銛。」〔註 110〕《方言》卷 2：「策、纖、葰、杪，小也。凡草生而初達謂之葰，木細枝謂之杪。」郭璞注：「葰，音銳，鋒萌始出。杪，言杪梢也。」錢繹曰：「凡言束者，皆銳小之義也。草木初生而銛銳，其狀如鍼，皆能刺人，即有小義。杪為禾芒，束為木芒，茉為草芒，葰為鋒萌，瘵為石芒，皆是也。《說文》：『屮，草木初生也。象丨出形，有枝莖也。古文以為草字，讀若徹。』《漢書・賈誼傳》晉灼注：『世俗謂利銛為銛徹。』〔註 111〕徹與屮通，義亦與策相近。」〔註 112〕葰之言銳也，屮之言徹也，「草生初達」之「達」，亦取穿射而出為義。

（35）無羽無翼，反覆甚極

　　楊倞注：極讀為亟。亟，急也。

　按：甚，《群書考索》卷 20 引形誤作「其」。

（36）尾生而事起，尾遺而事已

〔註 109〕朱駿聲《說文通訓定聲》，武漢市古籍書店 1983 年版，第 137 頁。
〔註 110〕黃侃《說文段注小箋》，收入《說文箋識四種》，上海古籍出版社 1983 年版，第 205 頁。
〔註 111〕「利銛」之「銛」，係錢氏所補。
〔註 112〕錢繹《方言箋疏》卷 2，上海古籍出版社 1984 年版，第 130 頁。

楊倞注：尾邅迴盤結，則箴功畢也。

按：梁啓雄、楊柳橋、熊公哲從楊說。元・祝堯《古賦辯體》卷 2：「邅，轉。」陳直曰：「邅即趲字之假借。《廣雅》：『趲，轉也。』」于省吾曰：「邅，應讀作蟺。蟺、蟬古字通。蟬，謂蟬脫。故箴尾線脫亦曰蟺。」〔註 113〕蔣禮鴻曰：「邅當讀爲單，盡也。注非是。」〔註 114〕蔣禮鴻又曰：「尾邅事已，謂線盡而箴功畢也。」〔註 115〕劉如瑛曰：「邅，通『亶』。孫詒讓云：『亶、殫聲近字通，盡也。』邅，非邅迴義。」王天海曰：「邅，通『纏』。尾邅，即尾纏結也。」「尾」指線。楊倞、祝堯、陳直說是，《楚辭・離騷》王逸注：「邅，轉也。楚人名轉曰邅。」荀子此文用楚語，「邅」是「轉」的楚言音變，單言曰「邅」，複言則曰「邅迴」。上文言「尾趙繚」，即尾纏結，其事功未畢，則邅不得讀爲纏，王說非是。

（37）天下不治，請陳佹詩

楊倞注：荀卿請陳佹異激切之詩，言天下不治之意也。

按：佹，《類聚》卷 24 引作「危」〔註 116〕。朱熹曰：「『佹』與『詭』同。佹詩，佹異激切之詩。」《六書故》卷 8：「謂詭辭以風也。楊氏云云。」方以智曰：「佹詩，蓋譎諫之意也。『佹』即『詭』，詭譎其詞以爲諷也。」〔註 117〕久保愛曰：「佹，讀爲危。詩中皆陳危殆之事。」楊樹達曰：「佹，借爲恑，變也。變詩，猶變風、變雅。楊說非。」梁啓雄從楊樹達說。楊柳橋曰：「佹，通『詭』，責也。佹詩，責世之詩也。」王天海曰：「佹，或通『規』。規詩者，規諫之詩也。」諸說皆未得其誼。下文云「願聞反辭」，「佹詩」即指「反辭」（佹亦反也），指違背別人意願的言辭，即不中聽的言辭，實指諫辭。諸家解「反辭」亦皆誤，不具引徵。《詩・皇矣》：「四方以無拂。」鄭玄箋：「拂，猶佹也。

〔註 113〕王天海引末「蟺」字誤作「蟺」。
〔註 114〕蔣禮鴻《讀荀子集解》，收入《蔣禮鴻集》卷 3，浙江教育出版社 2001 年版，第 289 頁。
〔註 115〕蔣禮鴻《史記校詁》，收入《蔣禮鴻集》卷 6，浙江教育出版社 2001 年版，第 57 頁。
〔註 116〕《類聚》據宋紹興刻本，嘉靖中天水胡纘宗刊本同，四庫本仍作「佹」。
〔註 117〕方以智《通雅》卷 3，收入《方以智全書》第 1 冊，上海古籍出版社 1988 年版，第 166 頁。

言無復侂戾文王者。」《釋文》:「拂,鄭『侂也』,王『違也』。侂,戾也。」《禮記‧大學》:「是謂拂人之性。」鄭玄注:「拂,猶侂也。」又《中庸》:「君子之道,費而隱。」鄭玄注:「費,猶侂也。」《釋文》:「費,本又作拂,同,猶侂也。」「拂」、「費」並讀爲咈,《說文》:「咈,違也。」可證「侂」亦違背、拂戾之義。字亦作詭,《韓子‧詭使》:「是故下之所欲,常與上之所以爲治相詭也。」又「夫上之所貴,與其所以爲治相反也。」《淮南子‧齊俗篇》:「禮樂相詭,服制相反。」二文「詭」、「反」異字同義,此其確證。《淮南子‧主術篇》:「豈能拂道理之數,詭自然之性?」高誘注:「拂,戾。詭,違也。」「詭」、「拂」對舉同義。《文選‧陶徵士誄》:「依世尚同,詭時則異。」李善注:「言爲人之道,依俗而行必譏之以尚同;詭違於時,必譏之以好異。」字亦作恑,《廣雅》:「恑,反也。」王念孫曰:「班固《幽通賦》『變化故而相詭兮。』曹大家注云:『詭,反也。』《韓子‧詭使篇》云:『下之所欲,常與上之所以爲治相詭。』《大戴禮‧保傳篇》『左右之習反其師。』《賈子‧傳職篇》『反』作『詭』。《史記‧李斯傳》云:『今高有邪佚之志,危反之行。』『詭』、『危』並與『恑』通。《說文》:『恑,變也。』變亦反也。」〔註118〕《莊子‧齊物論》:「恢恑憰怪。」《釋文》:「恑,李云:『戾也。』」字或省作危,《禮記‧緇衣》:「則民言不危行而行不危言矣。」王引之曰:「危,讀爲詭。詭者,違也,反也。《呂氏春秋‧淫辭篇》:『所言非所行也,所行非所言也,言行相詭,不祥莫大焉。』謂言行相違也。《淮南‧主術篇》云云。《漢書‧董仲舒傳》:『有所詭於天之理。』高誘、顏籀注並曰:『詭,違也。』古字『詭』與『危』通。《漢書‧天文志》:『司詭星出正西。』《史記‧天官書》『詭』作『危』。曹大家注《幽通賦》曰:『詭,反也。』《史記‧李斯傳》曰:『今高有邪佚之志,危反之行。』危反,即詭反。《賈子‧傳職篇》:『天子燕業反其學(建本、潭本『反』訛作『及』。今從《續漢書‧百官志》所引本),左右之習詭其師。』《淮南‧齊俗篇》云云。詭亦反也。《淮南‧說林篇》:『尺寸雖齊,必有詭。』高注曰:『詭,不同也。』《文子‧上德篇》『詭』作『危』。」

〔註118〕 王念孫《廣雅疏證》,收入徐復主編《廣雅詁林》,江蘇古籍出版社 1992 年版,第 368 頁。

〔註 119〕張家山漢簡《引書》：「復車者，并兩臂，左右危揮，下正揮之。」「危揮」與「正揮」對言，猶言反揮。又考《說文》：「觟，羊角不齊也。」《玉篇》：「鉇，以捥鋸齒也。」又「觟，角不齊也，或作鞃。」《廣韻》：「鉇，戾鋸齒也。」「觟（鞃）」、「鉇」是違戾義的分別專用字。音轉又作「乖」。

（38）列星隕墜，旦暮晦盲

楊倞注：旦暮晦盲，言無蹔明時也。或曰：當時星辰隕墜，旦暮昏霧也。

按：梁啓雄曰：「《呂氏春秋‧明理》注：『盲，冥也。』」徐復曰：「『盲』爲『霿』之借字。《說文》：『霿，天氣下，地不應爲霿。霿，晦也。』《釋名‧釋天》作『蒙』，云：『日光不明濛濛然也。』與『晦盲』之聲義正合。注曰或謂『昏霧』，亦通。」楊柳橋曰：「高誘《呂氏春秋》注：『盲，冥也。』《釋名》：『盲，茫也，茫茫無所見也。』」王天海曰：「盲，《類聚》引作『冥』。」作「晦盲」是故書，《韻補》卷 2「盲」字條、《群書考索》卷 20 引並同，下文「闇乎天下之晦盲也」，亦作「晦盲」。梁氏及楊柳橋說是。《呂氏春秋‧音初》：「天大風晦盲。」《山海經‧中山經》郭璞注引作「晦冥」，《論衡‧書虛篇》、《指瑞篇》、《宋書‧樂志一》亦作「晦冥」，《劉子‧命相》作「晦暝」。高誘注：「盲，暝也。」「暝」同「冥」。《淮南子‧覽冥篇》：「疾風晦冥。」《御覽》卷 84 引作「晦暝」。盲、冥一聲之轉，《晏子春秋‧內篇褓上》「冥臣不習。」《新序‧雜事一》同，《御覽》卷 574 引作「暝臣」，《事類賦注》卷 11 引作「暝臣」，《文選‧雜詩》、《演連珠》李善注二引並作「盲臣」，《韓詩外傳》卷 8 亦作「盲臣」。孫星衍曰：「『冥』、『盲』音義俱相近。」〔註 120〕

（39）志愛公利，重樓疏堂

楊倞注：欲在上位行至公以利百姓。

按：朱熹曰：「愛，猶貪也。竊取公家之利以爲己有，而反得華屋以居也。」久保愛曰：「『公』字未詳。」鍾泰曰：「志愛公利，謂好利之人。重

〔註 119〕王引之《經義述聞》卷 16，江蘇古籍出版社 1985 年版，第 388 頁。
〔註 120〕孫星衍《晏子春秋音義》，收入《諸子百家叢書》，上海古籍出版社 1989 年影印浙江書局本，第 92 頁。

樓疏堂，謂其居處之富也。」于省吾曰：「鍾說是也，然『公利』二字不詞。公，應讀作功。」駱瑞鶴曰：「志愛，當讀爲『至愛』。言極愛民而利於公，非私意也。」《類聚》卷 24 引「利」形誤作「私」。朱熹、鍾說是也，「志」、「公」皆讀如字。志愛公利，謂其人之志貪愛公家之利也。《晏子春秋·外篇》：「大夫不收公利。」《鹽鐵論·輕重》：「諸侯莫能以德，而爭於公利，故以權相傾。」「公利」並同，不得謂之不詞。

（40）無私罪人，憨革二兵

　　楊倞注：「憨」與「儆」同，備也。二，副也。謂無私罪人，言果於去惡也。言去邪嫉惡，乃以儆備增益兵革之道。言強盛也。

　按：朱熹曰：「憨，戒也。革，甲也。二，副也。言無私心而治有罪之人，乃反恐爲所讎害，而常爲兵革以備之也。」王念孫曰：「『貳兵』二字文義不明。『貳』當爲『戒』，字之誤也。『戒兵』與『憨革』同義。楊云『貳，副也』，未安。」王先謙、孫詒讓、楊樹達、楊柳橋、熊公哲從王說〔註121〕。物双松曰：「憨革者，戒嚴也。貳兵者，佩劍又荷戈意歟？」梁啓雄曰：「貳，益也。」周大璞曰：「『無』與『舞』古字通。罪，詿也，見《廣雅》。無私罪人，謂舞弄其私以罪詿人也。貳，當從王氏念孫校。」〔註122〕陳直曰：「原文『貳』疑作『二』，『二』爲『次』之壞字。次，止也。」章詩同曰：「貳，益，增加。」于省吾曰：「『貳』本作『二』，乃古文『上』字之譌也。上、尙古字通。尙謂崇尙。『尙兵』與『儆革』爲對文。」霍生玉說全同于氏〔註123〕，蓋即竊自于說。蔣禮鴻曰：「此二句義爲，無私者人視之爲罪人，儆戒之士則人以爲攜貳之兵，皆謂亂世是非淆亂爾。」〔註124〕王天海曰：「革者，戒也。《倉頡篇》曰：『革，戒也。』憨革，即警戒也。

〔註121〕孫詒讓《荀子校勘記下》，收入《籀廎遺著輯存》，中華書局 2010 年版，第536 頁。楊樹達《郐䣄尹鉦跋》，收入《積微居金文餘說》卷 1，中華書局 1997年版，第 210 頁。

〔註122〕周大璞《荀子札記》，《清議》第 1 卷第 9 期，1948 年版，第 28 頁。

〔註123〕霍生玉《〈荀子〉楊注析疑》，《湖南師範大學社會科學學報》第 30 卷，2001年版，第 239 頁。其說又見霍生玉《楊倞注〈荀子〉勘誤》，《現代語文》2008年第 2 期，第 119 頁。竊前人成說，一之已甚，豈可再乎？

〔註124〕蔣禮鴻《義府續貂》，中華書局 1987 年版，第 175 頁。

二兵，疑作『上兵』。兵者，刑也。上刑，重刑也，極刑也。楊注未得，諸說亦不通也。『二』諸本作『貳』，于省吾已言其誤。」《楚詞後語》卷 1 作「二兵」，《群書考索》卷 20、《文選補遺》卷 31、《古今韻會舉要》卷 15「憿」字條引作「貳兵」。王天海妄說耳，古「兵」無「刑」義，亦無稱「重刑」爲「上兵」者。「貳」字不誤。《爾雅》：「貳，疑也。」王念孫、于省吾說各備一通，余謂「憿革」取蔣禮鴻說，解爲憿戒、戒備。革、戒一聲之轉，《易·小過》：「往厲必戒。」馬王堆帛書本「戒」作「革」。《賈子·傅職》：「以革勸其心。」《國語·楚語上》作「戒勸」。《淮南子·精神篇》：「且人有戒形而無損於心。」高誘注：「戒，備也。戒，或作革。」字亦作諽、愅、悈、誡。《說文》：「諽，飭也。從言革聲。讀若戒。」段玉裁曰：「飭，作『飾』誤。諽與悈音義同。」〔註 125〕《玉篇》：「愅，飭也，或作諽。」二句謂其果於去惡，戒備疑兵。

（41）道德純備，讒口將將

楊注：將，去也。言以讒言相退送，或曰：「將將」讀爲「蹡蹡」，進貌。

按：朱熹曰：「將將，聲也。《詩》曰：『佩玉將將。』」郝懿行曰：「將者，大也。逸《詩》云：『如霜雪之將將。』」王念孫曰：「楊後說讀『將將』爲『鏘鏘』，是也；而云『進貌』，則古無此訓。余謂『將將』，集聚之貌也。《周頌·執競篇》：『磬筦將將。』毛傳曰：『將將，集也。』然則讒口將將，亦謂讒言之交集也。」孫詒讓、梁啓雄、楊柳橋、李滌生從王說〔註 126〕。冢田虎曰：「《詩》曰『佩玉將將』，又曰『磬筦將將』，皆聲之喧也。」久保愛曰：「將將，謹貌。」朱熹等說皆是也。王天海曰：「郝、王二說非也。楊注『蹡蹡』，他本皆作『鏘鏘』，或可據改。」王天海不知「鏘鏘」之訓喧嘩，義即取於大、聚集，而遽非郝、王二說。楊注或說訓「進貌」，則字自當從足作「蹡蹡」，《廣雅》：「蹡蹡，走也。」王天海氏亦未了。

（42）仁人絀約，敖暴擅強

〔註 125〕段玉裁《說文解字注》，上海古籍出版社 1981 年版，第 101 頁。
〔註 126〕孫詒讓《荀子校勘記下》，收入《籀廎遺著輯存》，中華書局 2010 年版，第 536 頁。

楊倞注：絀，退。窮，約。

按：注「窮，約」當乙作「約，窮」。久保愛曰：「絀，讀爲屈。」王天海曰：「絀，通『屈』。約，要也。絀約，即屈要，猶折腰。」《類聚》卷24引作「詘約」。下文「仁人詘約，暴人衍矣」，各本作「絀約」，《楚詞後語》卷1、《群書考索》卷20引作「詘約」。本書《堯問》：「仁者詘約，天下冥冥。」正作本字〔註127〕。詘、絀，正、借字，「屈」亦借字（「屈」字本訓短尾）。久氏未得正字，王氏盲從其說。詘者不伸，約者纏束，引申皆爲困窮義。《道德指歸論·道生一章》：「屈約而言卑，將死而辭善。」又《生也柔弱章》：「屈約而畏下，乘人之利而申其志。」「屈約」亦同。楊注「絀，退」，則是讀爲黜，非也。王氏解爲「折腰」，妄說耳。

（43）天下幽險，恐失世英

楊倞注：天下幽暗凶險如此，必恐時賢不見用也。

按：劉師培曰：「《類聚》卷24引『恐』作『怨』（『英』誤『殃』）。」王天海曰：「恐失世英，《類聚》引作『怨失世殃』是也。失，墜也。英，通『殃』。楊注非。」《韻補》卷2「英」字條、《楚詞後語》卷1、《群書考索》卷20、《文選補遺》卷31引並作「恐失世英」，《慈湖詩傳》卷6引「世英」二字，《類聚》引誤。楊注是，「怨」是「恐」形誤，「殃」是「英」音誤。英，指賢才、英傑。

（44）螭龍為螻蟻，鴟梟為鳳皇

楊倞注：《說文》云：「螭，如龍而黃，北方謂之蛇螻。」螻蟻，守宮。

按：注「蛇」，遞修本、四庫本作「虵」，當據今本《說文》作「地」，《漢書·揚雄傳》宋祁注引《字林》亦作「地螻」。劉師培曰：「《文選·解嘲》注引『螭』作『龜』。據彼篇『執螻蟻而嘲龜龍』，即據本書。此舊本不作『螭龍』之徵。」徐復曰：「劉師培說非是。彼文『龜龍』當爲『黿龍』之誤，『黿』即『虯』之俗字，爲龍子有角者。」《類聚》卷24引亦作「龜龍」，《楚詞後語》卷1、《記纂淵海》卷93、《群書考索》卷20、《文選補遺》卷31引作「螭龍」〔註128〕。南宋韓淲《宋

〔註127〕此據宋台州本，遞修本、四庫本作「絀約」。
〔註128〕四庫本《記纂淵海》在卷53。

倅告老得請而歸》：「黃鍾鳴瓦釜，螭龍爲蝘蜓。」

（45）聖人共手，時幾將矣

楊倞注：共，讀爲拱。聖人拱手，言不得用也。幾，辭也。將，送也，去也。言戰國之時，世事已去，不可復治也。

按：豬飼彥博曰：「幾將，將然也。」俞樾曰：「言聖人於此，亦拱手而待之耳，所謂『千歲必反』者，此時殆將然矣。」孫詒讓引俞樾曰：「謂亂極必反，非謂世事已去，不可復治。《廣雅》：『將，美也。』言聖人端拱而治，則時世休美也。」〔註129〕久保愛曰：「將，行也。言聖人雖拱手，天時變則幾行也，當待之耳。」周大璞曰：「將，順也，美也。」〔註130〕徐仁甫曰：「幾猶其也。將猶臧也。臧，善也。將，美也。」又引朱師轍曰：「將，未至詞也。此言時幾至矣。訓爲美亦通，訓爲順亦可。」〔註131〕楊柳橋曰：「將，猶致也。」李中生曰：「幾，借爲『機』。時機將到。」王天海不引李說，竊作己說，云：「時幾，猶時機。將，猶得也。此言聖人拱手而治，時機得矣。」「將」訓美順。幾，猶言將也，副詞。時幾將矣，猶言時運將順。

（46）念彼遠方，何其塞矣。仁人詘約，暴人衍矣。忠臣危殆，讒人服矣

楊倞注：衍，饒也。服，用也。本或作『讒人般矣』，般，樂也，音盤。

按：服，《楚詞後語》卷1、《群書考索》卷20引作「般」。朱熹曰：「『塞』字音義皆未詳，或恐是『蹇』字也。般，音盤，一作『服』。《九歌》首章『服』亦作『般』，蓋通用也。衍，饒裕也。般，樂也。」傅山曰：「三句當叶，『塞』、『服』中夾一『衍』字，不知讀作何聲？」王懋竑曰：「塞，依《後語》作『蹇』。」〔註132〕盧文弨曰：「衍，不與『塞』、『服』爲韻，『服』字本有作『般』者，則『塞』或『蹇』字之誤。」

〔註129〕孫詒讓《荀子校勘記下》，收入《籀廎遺著輯存》，中華書局 2010 年版，第 536 頁。今本《平議》無此語，蓋俞氏自刪其說。
〔註130〕周大璞《荀子札記》，《清議》第 1 卷第 9 期，1948 年版，第 28 頁。
〔註131〕徐仁甫《荀子舉正》，成都《志學月刊》第 4 期，1942 年版，第 16 頁。
〔註132〕王懋竑《荀子存校》，《讀書記疑》卷 11，收入《續修四庫全書》第 1146 冊，第 357 頁。

王先謙、李滌生從盧說。龍宇純曰：「『服』字義不可通，盧說是也。『蹇』、『衍』、『般』古韻同元部。」〔註133〕江有誥曰：「衍，當作『得』。」〔註134〕張覺竊江說〔註135〕。久保愛曰：「塞，道壅塞也。」豬飼彥博曰：「『塞』當作『蹇』。《正名篇》云：『永思蹇兮。』『蹇』與『衍』、『般』叶韻。」梁啓雄曰：「塞，隔也。」王叔岷曰：「作『般』者是。疑『塞』乃『搴』之誤。『搴』與『衍』、『般』爲韻。此以『搴』爲『蹇』。」楊柳橋曰：「作『蹇』是也。蹇，難也。」李中生曰：「盧改『塞』爲『蹇』，文意難通。『塞』乃『寒』字之誤。『寒』與『般』、『衍』押韻，其義爲對人冷淡、薄情。」《欽定叶韻彙輯》卷54：「衍，於力切。服，鼻墨切。」其「衍」音於力切，未知何據？此文「塞」、「服」屬職部，下文「佩」、「異」、「媒」、「喜」屬之部，可合韻，則「塞」、「服」二字非誤文。鄭良樹謂「隔句押韻，首六句以『矣』字爲韻，次八句『也』爲韻」〔註136〕，非是。「衍」字不韻，必誤，江有誥說可備一通，「得」亦職部。「塞」字久、梁說是也。「服」楊注是也。《楚辭·天問》：「何惡輔弼，讒諂是服？」王逸注：「服，事也。言紂惡輔弼，不用忠直之言，而事用諂讒之人也。」「服」字義亦同。言信用諂讒之人也。本書《成相》「上壅蔽，失輔埶，任用讒夫不能制」，「任用」二字正「服」字確詁。《成相》云「讒人達」，又「讒人歸」，又「讒夫多進」，又「任用讒夫」，皆此意。

（47）琁玉瑤珠，不知佩也

楊倞注：《說文》云：「琁，赤玉。瑤，美玉也。」孔安國曰：「瑤，美石。」《說文》「琁」音瓊。

按：盧文弨曰：「瑤，《說文》本訓美石，楊所據乃誤本也。」郝懿行曰：「『琁』

〔註133〕龍宇純《先秦散文中的韻文》，收入《絲竹軒小學論集》，中華書局2009年版，第256頁。

〔註134〕江有誥《先秦韻讀·荀子》，《江氏音學十書》，收入《續修四庫全書》第248冊，上海古籍出版社2002年影印，第211頁。

〔註135〕張覺《荀子校注》，嶽麓書社2006年版，第345頁。

〔註136〕鄭良樹《論荀賦》，收入《百年漢學論集》，北京理工大學出版社2007年版，第419頁。《韓詩外傳》卷4無四「也」字，以「佩」、「異」、「媒」、「喜」合韻，可證鄭說之誤。

即『瓊』字，見《說文》。《外傳》卷4作『璇』，非。」王先謙、梁啓雄從郝說。劉師培曰：「《山海經·中山經》注引『琁』作『璇』。《類聚》引『珠』作『琳』。《說文繫傳》卷1引『琁』作『璇』，『佩』作『珮』。」《說文》：「瑤，玉之美者。」與楊注合，《詩·木瓜》《釋文》引《說文》作「瑤，美石」，與孔說合。郝氏所見《外傳》卷4作「璇」，薛氏刊本、唐本、寶曆本同，元刊本、沈本作「琁」。據《說文》：「瓊，赤玉也。琁，瓊或從旋省。」是「璇」同「琁」，皆爲「瓊」異體字；「璇」、「琁」又爲「璿」的異體字，郝氏未暇分辨。《禮書》卷 19、20、36 引此文亦作「璇」。「琳」是「珠」譌，《山海經·中山經》郭璞注、《文選·江賦》李善注、《禮書》卷 19、20、36、《楚詞後語》卷1、《群書考索》卷20引皆作「珠」字，《韓詩外傳》卷 4 同。

（此篇主要内容以《〈荀子·賦篇〉解詁》爲題發表於《文津學誌》第 9 輯，2016 年 8 月出版）

卷第十九

《大略篇》第二十七校補

（1）君人者，隆禮尊賢而王

按：劉師培曰：「《御覽》卷 76 引『隆』作『降』，古通。」本書《彊國》、
《天論》亦作「隆」，《韓詩外傳》卷 1 作「降」。《御覽》卷 76 引「君
人」作「人君」，《彊國》同。

（2）人主仁心設焉，知其役也，禮其盡也。故王者先仁而後禮，天施
然也

楊倞注：人之（主）根本施設在人（仁），其役用則在知，盡善則在禮。天
施，天道之所施設也。

按：鍾泰曰：「兩『其』字皆指『仁』言。謂仁心既設，而後知爲之役，禮
爲之盡也。」梁啓雄、李滌生從鍾說。王天海曰：「盡者，極也，準則
也。施，施予。天施然也，如上天賜予一樣。」鍾說得其誼，然「其」
不是代詞，而是副詞。其，猶將也。謂仁心既設，則知（智）將爲之
役，禮將爲之盡也。王氏全是妄說。「盡」訓極是極盡義，無準則義；
施亦設也。

（3）《聘禮志》曰：「幣厚則傷德，財侈則殄禮。」

楊倞注：志，記也。《禮記》曰：「不以美沒之也。」

按：注「沒之」，遞修本、四庫本作「設之」，當據盧校本、《集解》本作「沒禮」。閻若璩曰：「按《聘禮記》：『多貨則傷於德，幣美則沒禮。』《荀子》所引自本此，於《聘義》無涉。」〔註1〕盧文弨亦引《聘禮記》以證此文。冢田虎曰：「《禮‧坊記》：『君子不以菲廢禮，不以美沒禮。』」古屋鬲曰：「殁，當作『歾』，與『歿』、『沒』通。」久保愛從古屋說。劉師培曰：「《潛夫論‧浮侈篇》引孔子曰：『多貨財傷於德，弊（當作『幣』，下挩『美』字）則沒禮。』今《儀禮‧聘禮記》亦有『多貨則傷於德，幣美則沒禮』二語者，亦採自孔子聘詞（《困學紀聞》卷5引此釋之云『此即《聘義》所謂輕財重禮也』，說未的。）。『殁』疑『歿』訛，即『沒』字。」楊柳橋曰：「《爾雅》：『殁，絕也。』」李滌生曰：「殁，傷也。」王天海曰：「殁，《說文》：『盡也。』《爾雅》：『殁，絕也。』殁禮，即滅禮之意。」閻、盧、冢三氏引《儀禮‧聘禮》、《禮記‧坊記》是也，《聘禮》鄭玄注：「是以享用幣，所以副忠信，美之則是主於幣而禮之本意不見也。」《坊記》鄭玄注：「不可以其美過禮而去禮。」「殁」是滅絕、殲滅義，「殁禮」不辭。「殁」當據古屋鬲、劉師培說校作「沒」。「沒」是掩沒義，言不以幣帛之美而掩沒其禮。《困學紀聞》卷5、《儀禮集釋》卷14引已誤作「殁」。

（4）隆率以敬先妣之嗣，若則有常

　　楊倞注：《儀禮》作「勖率」。鄭云：「勖，勉也。若，汝也。勉率婦道以敬其為先妣之嗣也，汝之行則當有常。深戒之。」

按：王引之曰：「若，猶如此也。」裴學海從其說〔註2〕。冢田虎曰：「若，順也。則，法也。言隨順法度而宜有常也。」鍾泰曰：「若，順也。謂順則有常也。」龍宇純曰：「或此『隆』原作『降』，與『勖』古聲亦相關。」龍宇純又曰：「隆與勖，古韻一中一幽，中、幽二部對轉。古書隆、降互通，降與九雙聲對轉，九聲之旭《說文》云讀若勖，故《士昏禮》書作『勖率』矣。」〔註3〕《小爾雅》：「率，勸也。」《儀禮》作「勖率」，猶言勸勉。此作「隆率」，猶言大勉。

〔註1〕　《困學紀聞》閻若璩評注，參見萬希槐《困學紀聞集證合注》卷5上，早稻田大學藏嘉慶十八年埽葉山刻本，本卷第31頁。
〔註2〕　裴學海《古書虛字集釋》，中華書局1954年版，第557頁。
〔註3〕　龍宇純《荀卿子記餘》，《中國文史研究集刊》第15期，1999年版，第257頁。

（5）子曰：「諾，唯恐不能，敢忘命矣？」

　　楊倞注：子言唯恐不能勉率以嗣先妣，不敢忘父命也。

　按：冢田虎曰：「《士昏禮》：『子曰：諾，唯恐弗堪，不敢忘命。』」鍾泰曰：
　　　「矣，猶乎也。」梁啓雄曰：「矣，猶耶也。」章詩同、熊公哲並曰：「敢，
　　　豈敢。」王天海不引章說，竊作己說，然其說非是。鍾、梁以「矣」爲
　　　疑問語氣詞，是也。「敢忘命矣」以疑問句表達否定語氣，與「不敢忘
　　　命」同義。「敢」非「豈敢」用法。

（6）夫行也者，行禮之謂也。禮也者，貴者敬焉，老者孝焉，長者弟
　　焉，幼者慈焉，賤者惠焉

　　楊倞注：惠亦賜也。

　按：此數語亦見《大戴禮記・曾子制言上》，下句作「夫禮，貴者敬焉，老
　　　者孝焉，幼者慈焉，少者友焉，賤者惠焉」，稍異。

（7）禮以順人心爲本，故亡於《禮經》而順人心者，背禮者也

　按：盧文弨曰：「皆禮也，各本作『背禮者也』，誤。」久保愛曰：「背禮者
　　　也，猶言背禮者邪。」梁啓雄曰：「亡於，猶不在也。」王天海曰：「背，
　　　負也，恃也。盧校非也。」盧、梁說是，宋・衛湜《禮記集說》卷 58
　　　引作「凡非先王之禮而順人心者，皆禮也」，正作「皆禮也」，是宋人猶
　　　見不誤之本。

（8）親親、故故、庸庸、勞勞，仁之殺也

　　楊倞注：庸，功也。庸庸、勞勞，謂稱其功勞，以報有功勞者。殺，差等
　　　　　　也。

　按：王天海曰：「故故，猶念舊也。上『故』通『顧』，念也。」上「親」、「故」、
　　　「庸」、「勞」皆作動詞用，下句「貴貴、尊尊、賢賢、老老、長長」，
　　　亦此句法。王氏妄說通借。

（9）推恩而不理，不成仁；遂理而不敢，不成義；審節而不知，不成
　　禮；和而不發，不成樂。

　　楊倞注：雖能明審節制而不知其意也。「知」或爲「和」。

按：王懋竑、王念孫、久保愛謂作「和」是〔註4〕，孫詒讓從王說〔註5〕。《樂書》卷85正作「審節而不和」。《皇王大紀》卷80引亦誤作「知」。

（10）故曰：仁義禮樂，其致一也

楊倞注：言四者雖殊，同歸於得中，故曰其致一也。

按：久保愛曰：「致，猶極也。」王天海曰：「致，讀爲質。謂仁義禮樂的實質是同一的。」楊注是，王氏妄說通借，仁義禮樂的實質怎麼會是同一的？致，讀爲至，猶言歸向。《易·繫辭下》：「天下同歸而殊塗，一致而百慮。」致亦歸也，故楊注訓爲「歸」。

（11）貨財曰賻，輿馬曰賵

楊倞注：此與《公羊》、《穀梁》之說同。何休曰：「賻，猶覆也。賵，猶助也。」

按：注「覆」、「助」二字當互乙。《公羊傳·隱公元年》：「車馬曰賵，貨財曰賻。」何休注：「賵，猶覆也。賻，猶助也。」《白虎通義·崩薨》：「賻者，助也。」〔註6〕《御覽》卷550引《春秋說題辭》：「知生則賻，知死則賵。賻之爲言助也，賵之爲言覆也。輿馬曰賵，貨財曰賻。」《儀禮·既夕》鄭玄注：「賻之言補也，助也。」

（12）能除患則為福，不能除患則為賊

按：《治要》卷38、《長短經·懼誡》引無下「除患」二字，蓋省。

（13）先事慮事謂之接，接則事優成

楊倞注：接，讀爲捷，速也。

按：李中生曰：「『接』作本字解。接，相接續。」王天海曰：「接，讀爲捷，勝也。」楊讀是，猶言敏捷。宋·陳舜俞《上英宗皇帝書》引作「捷」。

（14）事至而後慮者謂之後，後則事不舉

〔註4〕王懋竑《荀子存校》，《讀書記疑》卷11，收入《續修四庫全書》第1146冊，第357頁。

〔註5〕孫詒讓《荀子校勘記下》，收入《籀廎遺著輯存》，中華書局2010年版，第536頁。

〔註6〕《初學記》卷14引《白虎通》作「賻，助也。賵者，赴也」。

按：王天海曰：「『後慮者』之『後』字疑衍。」王說誤。下文「患至而後慮者謂之困」文例同，《治要》卷38、《皇王大紀》卷80、宋・陳舜俞《上英宗皇帝書》引均作「而後」。

（15）患至而後慮者謂之困，困則禍不可禦

按：二「困」字，《治要》卷38、《皇王大紀》卷80、宋・陳舜俞《上英宗皇帝書》引同，《長短經・懼誡》引形譌作「因」。

（16）下卿進曰：「敬戒無怠，慶者在堂，弔者在閭。」

　　楊倞注：慶者雖在堂，弔者已在門，言相襲之速。閭，門之外也。

按：于鬯曰：「閭，疑本作『閶』，形似而誤。閶與堂正相叶。《說文》：『閶，天門也。』朱駿聲云：『此字本訓門。』」王天海從其說。于氏以叶韻改字，非也。此二句非韻文〔註7〕，且楚人名門曰「閶闔」，無單言「閶」者。《治要》卷38、《長短經・懼誡》、《記纂淵海》卷10、宋・陳舜俞《上英宗皇帝書》引此文作「閭」〔註8〕。《後漢書・蓋勳傳》《與董卓書》：「賀者在門，弔者在廬。」〔註9〕李賢注引此文亦作「閭」。《類聚》卷23引劉向《誡子書》引董生曰：「弔者在門，賀者在閭。」又「賀者在門，弔者在閭。」〔註10〕《文選・鵩鳥賦》李善注引董仲舒曰：「弔者在門，慶者在廬。」「廬」、「閭」古字通，可證必不當改作「閶」字。

（17）禍與福鄰，莫知其門。豫哉豫哉！萬民望之

按：王先謙曰：「《治要》作『務哉務哉』。」劉師培曰：「作『務』是也。務、茂古通，義與勉同。」鍾泰曰：「『豫哉』涉前『先事後慮謂之豫』〔之〕『豫』字而譌〔註11〕，當從《治要》作『務哉』。務，勉也，與『敬戒無怠』方相應。」楊柳橋從鍾說。《長短經・懼誡》、《皇王大紀》

〔註7〕 江有誥《先秦韻讀》於此二句即無說，收入《叢書集成三編》第29冊，新文豐出版公司1997年印行，第92頁。

〔註8〕 四庫本《記纂淵海》在卷56。

〔註9〕 《後漢紀》卷25同。

〔註10〕 《書鈔》卷85引下二句誤作「賀者在閭，弔者在門」，《御覽》卷459、543引前二句同。

〔註11〕 引者按：上文作「先患慮患謂之豫，豫則禍不生」，鍾氏引誤。

卷 80 引誤作「豫」，宋‧陳舜俞《上英宗皇帝書》、宋‧曹彥約《應求言詔上封事》引誤同。

（18）禹見耕者耦，立而式，過十室之邑必下

按：久保愛曰：「《家語》云：『如在輿，遇三人則下之，遇二人則式之。』」包遵信曰：「《大戴禮‧曾子制言》：『昔者禹見耕者五耦而式，過十室之邑則下。』〔註12〕疑此『耦立』乃『五耦』之訛。」王天海曰：「疑此文『耦』字當在『耕』字上，『禹見耦耕者，立而式』，其意自通，不必改作『五耦』。」包說是也，《御覽》卷 474 引《董子》：「禹見耕者五耦而式，過十室之邑而下。」〔註13〕《說苑‧敬慎》：「於是子贛三偶則軾，五偶則下。」其事類之，「偶」同「耦」，則作「五耦」信矣。三偶者六人，五偶者十人。久氏所引《家語》見《六本篇》，「遇」當作「過」，形之誤也。《說苑‧立節》：「禮，過三人則下車，過二人則軾。」又《敬慎》：「是以聖人不敢當盛，升輿而遇（過）三人則下，二人則軾。」《韓詩外傳》卷 1：「孔子過而不式……禮，過三人則下，二人則式。」

（19）君臣不得不尊，父子不得不親，兄弟不得不順，夫婦不得不驩

按：王天海曰：「得，通『德』。不得，猶無德。」「不得不」表示必須，「得」是助動詞。王氏妄說通借。

（20）聘，問也。享，獻也。私覿，私見也

楊倞注：鄭注《儀禮》云：「享，獻也。既聘又獻，所以厚恩意也。」

按：王天海曰：「鄭注『恩意』之『意』，恐『惠』字形誤也。」《儀禮‧聘禮》鄭玄注正作「恩惠」。

（21）為人臣下者，有諫而無訕，有亡而無疾，有怨而無怒

按：《禮記‧少儀》：「爲人臣下者，有諫而無訕，有亡而無疾。」

（22）寢不踰廟，設衣不踰祭服

〔註12〕 包氏引「則下」誤作「必下」，茲據《大戴》逕改。
〔註13〕 《御覽》卷 823 引「式」作「軾」，餘同：又卷 822 引作「禹見耕者五耦而軾」。

楊倞注：設，宴也。

按：王念孫曰：「『設』當爲『讌』，字之誤也。故楊注云：『讌，宴也。』《王制》『燕衣不踰祭服，寢不踰廟』，是其證。」王先謙、孫詒讓、梁啓雄、楊柳橋從王說〔註 14〕。冢田虎曰：「『設』當作『褻』，以音誤耳。」沈瓞民曰：「王念孫附會楊說，以設爲讌矣。『設』當讀如字，陳也。」〔註 15〕「設」、「讌」無緣致譌，「設」疑「飾」音誤。《初學記》卷 27、《御覽》卷 805 並引《雒書》：「服飾不逾祭服，則玉英出。」

（23）霜降逆女，冰泮殺內，十日一御

楊倞注：此蓋誤耳，當爲「冰泮逆女，霜降殺內」。故《詩》曰：「士如歸妻，迨冰未泮。」殺，減也。內，謂妾御也。十日一御，即殺內之義。冰泮逆女，謂發生之時合男女也。霜降殺內，謂閉藏之時禁嗜慾也。《月令》在十一月，此云「霜降」，荀卿與《呂氏》所傳聞異也。鄭云：「歸妻，謂請期也。冰未泮，正月中以前，二月可以成昏禮。」故此云「冰泮逆女」。

按：朱子《儀禮經傳通解》卷 3：「今按《荀子》本文與上篇孔子對哀公語同（引者按：指《家語》），楊氏之說恐未必然。然其言霜降閉藏十日一御者，似亦有理，故特存之。」朱氏已疑楊注有誤。盧文弨曰：「《詩・東門之楊》毛傳云：『言男女失時，不逮秋冬。』」〔註 16〕《正義》引荀卿語，並云：『毛公親事荀卿，故亦以秋冬爲婚期。』《家語》所說亦同。《匏有苦葉》所云『迨冰未泮』，《周官・媒氏》『仲春會男女』，皆是。要其終言，不過是耳。楊注非。十日一御，君子之謹游於房也，不必連『冰泮』言。」郝懿行曰：「《詩東門之楊》毛傳云：『男女失時，不逮秋冬。』《正義》引《荀卿書》云：『霜降逆女，冰泮殺止。』『霜降，九月也。冰泮，二月也。荀卿之意，自九月至於正月，於禮皆可爲昏。荀在焚書之前，必當有所憑據。毛公親事荀卿，故亦以爲秋冬。《家語》云：「群生閉藏爲陰而爲化育之始，聖人以合男女窮天數也。霜降而婦功成，嫁娶者行焉；冰泮而農桑起，昏禮殺於此。」』

〔註 14〕孫詒讓《荀子校勘記下》，收入《籀廎遺著輯存》，中華書局 2010 年版，第 537 頁。

〔註 15〕沈瓞民《讀荀臆斷》，《制言》第 58 期，1939 年版，本文第 20 頁。

〔註 16〕盧氏引「逮」誤作「待」，據毛傳徑改，王天海照鈔，不知檢正。

〔註 17〕又引董仲舒云：『聖人以男女陰陽其道同類，觀天道，嚮秋冬而陰氣來，嚮春夏而陰氣去，故古人霜降始逆女，冰泮而殺止，與陰俱近，而陽遠也。』孔疏發明毛義，與荀卿之說合。楊注偶未省照，乃云此誤而改其文，謬矣。十日一御，節於內也。今《禮》言『五日御』，此言『十』者，或古文『五』如側『十』之形，因轉寫致誤歟？（五，古文作『Ⅹ』）。」王念孫曰：「楊以『殺內』二字連讀，云云。盧云云。引之曰：此文本作『霜降逆女，冰泮殺止』，謂霜降始逆女，至冰泮而殺止也。《召南・摽有梅》及《陳風・東門之楊》《正義》兩引此文，皆作『冰泮殺止』，《周官・媒氏疏》載王肅論引此文及《韓詩傳》亦皆作『冰泮殺止』，又《春秋繁露・循天之道篇》亦云：『古之人霜降而逆女，冰泮而殺止。』（《東門之楊》《正義》所引如是，今本作『殺內』，乃後人依誤本《荀子》改之）。自楊所見本『殺』下始脫『止』字，而楊遂以『殺內』二字連讀，誤矣。冰泮殺止，指嫁娶而言，『內』字下屬爲句。『內十日一御』別是一事，非承『冰泮』而言。」王先謙、孫詒讓、梁啓雄從王說〔註 18〕。物双松曰：「《家語・本命解》：『霜降而婦功成，嫁娶者行焉；冰泮而農桑起，婚禮而殺於此。』注引《詩》云：『將子無怒，秋以爲期。』又云：『士如歸妻，迨冰未泮。』按此則倞注亦非。」劉師培曰：「王引之以『殺』下挩『止』字，是也。《玉燭寶典》卷 2、《通典・禮十九》載《聖證論》引此文並作『冰泮殺止』（惟『逆女』作『送女』），《寶典》引《春秋繁露》亦作『冰泮而煞止』（《書鈔》卷 84 引作『止煞』，《通典・禮十五》引作『殺止』，今本《循天之道篇》亦誤作『殺內』。）是其證。」劉師培又曰：「楊注云云，盧、郝已據《詩》疏駁之，是矣。惟王引之謂『殺』下當有『止』字，『內』字下屬爲句，則其說亦非。『內』即『納』字。古代以女與人者謂之納女，取女於人者亦謂之納。殺者，減也。言冰泮以後則納女之事稀。『殺內』二字本係不訛，後人不明『內』字之義，妄改爲『止』。不得以『內』字屬下句也。」王天海引王引之說，把他所舉的書證一概抹去，而作按語曰：「楊注誤，王

〔註 17〕此上皆《正義》之文，董治安、王天海引誤以「霜降，九月也」云云爲郝氏語，亦已疏矣。
〔註 18〕孫詒讓《荀子校勘記下》，收入《籀廎遺著輯存》，中華書局 2010 年版，第 537頁。

說非，盧、郝、物、劉諸說是也。凡從王說者非。」盧、郝、物三說
固是，然未及「殺內」二字。「殺內」當作「殺止」，「內」字不屬下句，
王引之說稍疏。《通典》卷 59、《詩緝》卷 13、《毛詩集解》卷 5、15、
《毛詩講義》卷 4 引《荀子》皆作「殺止」。《詩集傳》卷 1、《禮書》
卷 66、《儀禮經傳通解》卷 3 引《荀子》已誤作「殺內」。王引之所引
《董子・循天之道》，原文作「天之道，嚮秋冬而陰來，嚮春夏而陰去，
是故古之人霜降而迎女，冰泮而殺內，與陰俱近，與陽〔俱〕遠也。
天地之氣不致盛滿，不交陰陽，是故君子甚愛氣而游於房以體天也」，
王氏據《詩・東門之楊》孔疏訂作「殺止」，蘇輿亦曰：「殺內，當作
『殺止』。」〔註19〕《通典》卷 59、《毛詩講義》卷 4 引作「殺止」，《初
學記》卷 14 引作「止殺」，《書鈔》卷 84 引作「止煞」〔註20〕。「止
殺（煞）」是「殺止」誤倒。殺止，猶言殺而止，謂漸減而止也。又
考《禮記・內則》：「故妾雖老，年未滿五十，必與五日之御。」鄭玄
注：「五十始衰，不能孕也。妾閉房不復出御矣。此御謂侍夜勸息也。
五日一御，諸侯制也……天子十五日乃一御。」《詩・采綠》毛傳：「婦
人五日一御。」孔疏引王肅云：「五日一御，大夫以下之制，傳意或
然也。其天子諸侯御之日數，則傳無文焉。」然則《荀子》「十日一
御」未必有誤，郝氏據《禮記》改作「五日一御」，亦專輒。逆女，《通
典》卷 59 引作「迎女」，《禮書》卷 66 引作「送女」，《初學記》、《書
鈔》卷 84 引董仲舒論亦作「送女」。

（24）文貌情用，相為內外表裏

　　楊倞注：文謂禮物，貌謂威儀，情謂中誠，用謂語言。質文相成，不可偏
　　　　　用也。

按：王念孫曰：「《禮論篇》：『文理繁，情用省，是禮之隆也；文理省，情用
　　繁，是禮之殺也；文理情用，相為內外表裏，並行而雜，是禮之中流也。』
　　彼言『文理』猶此言『文貌』。楊彼注云：『文理謂威儀，情用謂忠誠。』
　　是也，此注失之。」物双松曰：「注『用謂語言』，非也。本文明謂財物
　　也。」冢田虎曰：「情用，性情之用也。注穿矣，物說亦非。」龍宇純

〔註19〕蘇輿《春秋繁露義證》，中華書局 1992 年版，第 450 頁。齊氏《春秋繁露箋
　　　　註》卷 16 徑改作「殺止」，乾隆刻本，無頁碼。
〔註20〕此上證據，蘇輿多已引及，然蘇氏引文有誤，茲皆檢原書訂正。

曰：「用、欲一聲之轉。情用即情欲。」王天海曰：「情，實也。情用即
實用。」王念孫說「文貌」是也，龍宇純說「情用」是也。《史記‧禮
書》：「文貌繁，情欲省，禮之隆也；文貌省，情欲繁，禮之殺也。文貌
情欲，相爲內外表裏，並行而雜，禮之中流也。」正作「情欲」。

（25）下臣事君以貨，中臣事君以身，上臣事君以人

楊倞注：貨，謂聚斂及珍異獻君。身，謂死衛社稷。人，謂舉賢也。

按：王天海曰：「事君以人，以仁事君也。楊注非。人，與『仁』同。」楊
注是，王氏妄說通借。《皇王大紀》卷 80 引「人」作「仁」，亦非。《書
鈔》卷 29 引《華仲》：「上臣事君以仁，中臣事君以身，下臣事君以貨。」
孔廣陶曰：「王石華校云：『華仲疑是董仲舒。』今按俞本刪此條，陳
本『仁』作『人』，注『董子』二字。考《漢書》本傳及《春秋繁露》
皆無此文。」〔註21〕《御覽》卷 621 引《董子》：「上臣事君以人，中
臣事君以身，下臣事君以質（貨）。」〔註22〕事君以身者，身勞其事，
然而寡效；事君以人者，舉賢而身逸，然而多功。

（26）蔽公者謂之昧，隱良者謂之妒

楊倞注：掩閉公道，謂之暗昧。

按：久保愛曰：「公，猶君也。」王天海從其說。楊注是，「公」即「公私」
之公。

（27）迷者不問路，溺者不問遂

楊倞注：所以迷，由於不問路；溺，由於不問遂。遂，謂徑隧，水中可涉
之徑也。

按：傅山曰：「『遂』不必爲水中之隧，謂不問而遂過，有馮河之義。」洪
頤煊曰：「遂，當作『墜』。《晏子春秋‧內篇雜上》作『溺者不問墜』。」
〔註23〕郝懿行曰：「洪說云云。墜，當作『隊』。隊、墜古今字。」王

〔註21〕 《書鈔》卷 29，孔廣陶校注本，收入《續修四庫全書》第 1212 冊，上海古籍
出版社 2002 年版，第 141 頁。

〔註22〕 「質」當據《荀子》作「貨」，宋‧鄒浩《求知軍薦書》引《傳》曰亦作「貨」。

〔註23〕 洪頤煊《讀書叢錄》卷 15，收入《續修四庫全書》第 1157 冊，第 690～691
頁。

先謙曰：「《韓詩》曰：『不由蹊遂而涉曰跋涉。』《淮南・修務訓》高注：『不從蹊遂曰跋涉。』二『遂』字義與此同。《晏子》作『墜』乃誤文。洪據以爲說，非。」王天海曰：「遂，通『隧』，水中可涉之道。」二王說是，然王天海說實竊自王念孫。《晏子・內篇雜上》：「溺者不問墜，迷者不問路。」王念孫曰：「案『墜』本作『隊』，『隊』與『隧』同。《廣雅》曰：『隊，道也。』《大雅・桑柔》傳曰：『隧，道也。』溺者不問隊，謂不問涉水之路，故溺也。不問隊，不問路，其義一而已矣。《荀子・大略篇》楊倞云云，是其證。後人誤以『隊』爲『顚墜』之墜，故妄加『土』耳。《治要》引正作『溺者不問隧』。」蘇輿說同王先謙〔註24〕。

（28）亡人好獨

　　楊倞注：亡，由於好獨。獨，謂自用其計。

按：王天海曰：「亡人，逃亡之人。好獨，好獨行，非謂『自用其計』。」楊注是，王氏好爲異說，而皆誤。本書《臣道》：「故明主好同（問），而闇主好獨。明主尙賢使能而饗其盛，闇主妬賢畏能而滅其功，罰其忠，賞其賊，夫是之謂至闇，桀、紂所以滅也。」〔註25〕楊倞注：「獨，謂自任其智。」《說苑・臣術》「好同」作「好問」，是也。《呂氏春秋・本味》：「故賢主之求有道之士……此功名所以大成也，固不獨。士有孤而自恃，人主有奮而好獨者，則名號必廢熄，社稷必危殆。」好獨，謂自矜其智，不問政於人也。

（29）子謂子家駒續然大夫，不如晏子

　　楊倞注：子，孔子。謂，言也。子家駒，魯公子慶之孫，公孫歸父之後，
　　　　　　名羈；駒，其字也。續然，補續君之過。不能興功用，故不如晏
　　　　　　子也。

按：盧文弨曰：「『續然大夫』四字未詳。」王懋竑曰：「『續然』二字疑誤，注強解，非是。」〔註26〕郝懿行曰：「續，古作『賡』，賡之爲言庚也。

〔註24〕二說並見吳則虞《晏子春秋集釋》卷5，中華書局1962年版，第341～342頁。
〔註25〕《說苑・臣術》「滅其功」作「滅其業」，「滅」爲「減」形誤。
〔註26〕王懋竑《荀子存校》，《讀書記疑》卷11，收入《續修四庫全書》第1146冊，

庚然，剛強不屈之貌，言不阿諛也。」王先謙、梁啓雄、章詩同、熊公
哲、李滌生從郝說。物双松曰：「續然，豈世家之謂歟？」冢田虎曰：「按
『然』字『缺』之誤與？續缺大夫，謂補闕之大夫也。」久保愛曰：「續
然，繾綣從公貌。」高亨曰：「續，當讀爲粥。粥粥，卑謙貌。續然即
粥然，猶粥粥也。」陳直曰：「『續』爲『奝』繁文。《說文》：『衒也。』
『奝』古文『睦』，《說文》：『一曰敬和也。』《廣雅》：『睦，信也。』
本文『續然大夫』，作敬信之大夫解。〔註27〕」楊柳橋曰：「續，繼也。
然，成也。續然，猶繼成也，謂繼續先人之成業也。」王天海曰：「續
然，當讀『肅然』，持事恭敬之貌。」續，讀爲俗。俗然，言其平庸也。

（30）孟子三見宣王不言事，門人曰：「曷爲三遇齊王而不言事？」

按：「遇」當作「過」，猶言拜訪。

（31）氐羌之虜也，不憂其係壘也，而憂其不焚也

楊倞注：氐羌之虜也，謂見俘掠。壘，讀爲纍。氐羌之俗，死則焚其尸。
今不憂虜獲而憂不焚，是愚也。《呂氏春秋》曰：「憂其死而不焚。」

按：鍾泰曰：「虜者，譏之之辭也。謂燕君乃如氐羌野蠻之人，非謂其將爲
氐羌所俘掠也。」李滌生、王天海從鍾說。楊樹達駁鍾說，云：「楊注
極當，所引《呂氏春秋》見《首時篇》，其言曰：『氐羌之民，其虜也，
不憂其係纍，而憂其死不焚也。』與《荀子》語正同。而《墨子・節
葬篇》亦載儀渠之國，親戚死，聚柴焚之，乃爲孝子之事……虜爲被
虜，即指氐羌而言。楊注釋爲『見俘掠』，下一『見』字，最爲確當。」
〔註28〕楊注是，但語不明晰，楊樹達所駁亦是，《呂氏春秋》見《義
賞篇》，楊氏誤記作前一篇《首時篇》。高誘注：「言氐羌之民爲寇賊，
爲人執虜也。」氐羌之虜也，謂氐羌之民被俘虜也。楊氏讀壘爲纍，
是也，金其源申其說。《說文》：「纍，一曰大索也。」用爲動詞，所以
繫囚，指束縛、繫縛。俗字作縲，亦省作累，本書《成相篇》：「箕子

第 357 頁。

〔註27〕 引者按：《說文》：「賣，衒也。」又「睦，一曰敬和也。奝，古文睦。」陳氏
引並誤。

〔註28〕 楊樹達《鍾泰〈荀注訂補〉》，《清華學報》第 11 卷第 1 期，1937 年版，第 224
～225 頁。

累。」注：「累，讀爲纍。《書》曰：『釋箕子之囚。』」《孟子・梁惠王下》：「係累其子弟。」字亦作藟、羸，《易・大壯》：「羝羊觸藩，羸其角。」《釋文》：「羸，馬云：『大索也。』」王肅作纍，音螺。鄭、虞作縲，蜀才作累，張作纍。」

（32）今夫亡箴者，終日求之而不得，其得之，非目益明也，眸而見之也

楊倞注：眸，謂以眸審視之也。

按：物双松曰：「『眸』恐『睇』誤。」俞樾曰：「眸，當讀爲瞀，《說文》：『瞀，低目視也。』《說文》又有『督』篆，曰：『低目謹視也。』」王先謙、楊柳橋、李滌生從俞說。鍾泰曰：「此謂有心不如無心也。故眸而見之者，謂瞥而見之也。」譚介甫曰：「蓋眸而見之，猶云正見，必非眄而斜視者可比矣。」〔註29〕龍宇純曰：「眸，此或本作『车』字。车讀如貿。『而』猶然也。车而見之，猶貿然見之。謂不經意間偶爾見之也。」王天海曰：「眸而見之，謂回眸而見之，不必改字爲訓。鍾說義長。」物氏改字，鍾氏、譚氏於訓詁，皆無據。王說亦非是，「回眸」不得但謂之「眸」。俞說是，字或省作「冒」，俗作「瞄」。《說文》：「瞀，低目視也。《周書》曰：『武王惟瞀。』」今《書・君奭》作「冒」。《集韻》：「瞀，俯目細視謂之瞀，通作冒。」又「督、瞀，《說文》：『低目謹視也。』或從冒。」黃侃曰：「『督』同『瞀』。」又曰：「瞀，今作『瞄』。」〔註30〕

（33）義與利者，人之所兩有也。雖堯舜不能去民之欲利，然而能使其欲利不克其好義也

按：王天海曰：「義與利，當作『欲與利』，由下文『欲利』可知。」王氏未讀懂《荀子》，而遽妄改之。下文「欲利」、「好義」正承「義與利」二者而言。又下文皆「義」、「利」對舉成文。《治要》卷38引同摹宋本。

〔註29〕譚介甫《墨經易解》，商務印書館1935年版，第5頁。說又見譚戒甫《墨辯發微》，中華書局1964年版，第80頁。

〔註30〕黃侃《說文同文》、《字通》，並收入《說文箋識》，中華書局2006年版，第21、117頁。

（34）冢卿不脩幣

楊倞注：冢卿，上卿。不脩幣，謂不脩財幣販息之也。

按：俞樾曰：「據《外傳》作『冢卿不脩幣施』，疑此文奪『施』字。『幣』乃『敝』字之誤，『施』當爲『柂柶』。『柂』即今『籬』字。冢卿不脩敝柂，謂籬落敝壞，不脩葺之也。」〔註31〕王先謙、楊柳橋從俞說，楊氏又曰：「幣，當爲『蔽』之誤字，障也，藩也。」劉師培曰：「蓋幣爲繒帛，凡一切織物亦可謂之幣。冢卿不脩幣者，猶言冢卿之家不事工織也。《外傳》之『施』，涉下文『樂分施』而衍。」王天海曰：「《呂氏春秋·孟秋》：『是月也，無割土地，行重幣，出大使。』朱起鳳曰：『「使」字作「施」，音之誤也。冢卿不脩幣使，即人臣無外交之義。』故《外傳》『幣施』，朱以爲當作『幣使』。然則以『外交之義』釋之，則與上下文不合，故朱說亦不通。竊以爲『幣』下或脫『帛』字。言冢卿不積幣帛，不競於利也。《外傳》作『幣施』，施，布也。幣布，當爲『幣帛』之誤也。」《呂氏春秋》與此文及《外傳》無涉，朱起鳳說誤。王天海亂改一通，毫無理據。聞一多曰：「《管子·國畜篇》：『今君鑄錢立幣，庶民之通施也。』《輕重甲篇》『施』作『移』，是『幣施』猶今言貨幣，俞說大謬。」〔註32〕屈守元曰：「俞說牽強，殊不足據，竊疑『施』當借爲『貤』，《說文》：『貤，重次第物也。』（其字與贏相次，蓋有餘利之義），段注：『重次第者，既次第之，因而重之。』然『幣貤』連文，亦無佐證，凡此者，闕疑可也。」〔註33〕俞說補「施」字是也，而所釋則誤。幣，指錢幣。施，指貨物。《管子·國蓄篇》：「黃金刀幣，民之通施也。」《輕重乙篇》作「通貨」，尤爲確證。《鹽鐵論·錯幣》：「交幣通施。」猶言交通幣施。交通，流通也，指貨幣流通。《鹽鐵論·錯幣》：「後世即有龜貝金錢，交施之也。」又「內不禁刀幣以通民施。」「施」爲動詞，猶言流通；用爲名詞，則指流通的貨物〔註34〕。

〔註31〕王天海引「柂」並誤作「柶」，又下「籬」誤作「蘺」。
〔註32〕聞說轉引自許維遹《韓詩外傳集釋》卷4，中華書局1980年版，第144頁。
〔註33〕屈守元《韓詩外傳箋疏》卷4，巴蜀書社1996年版，第390頁。
〔註34〕蕭旭《鹽鐵論校補》，收入《群書校補（續）》，花木蘭文化出版社2014年版，第884頁。

（35）然故民不困財，貧窶者有所竄其手

楊倞注：竄，容也。謂容集其手而力作也。

按：王天海本「窶」誤作「窭」。王先謙曰：「有所竄其手，猶言有所措手
也。楊注失之泥。《治要》作『有所竄其中矣』疑以意改之。」梁啓雄
從王說。王天海曰：「《外傳》作『是以貧窮有所歡，而孤寡有所措其
手足也』，文與此異。《廣雅》：『竄，投手。』竄其手，謂投其手也。
王說是也。」王天海說竊自《漢語大字典》〔註 35〕，《慧琳音義》卷
20「逃竄」條引《廣雅》：「竄，投也。」王氏鈔其文，誤衍「手」字。
今本《廣雅》無此文，《慧琳音義》卷 85：「竄三苗：《考聲》云：『竄，
投也。』謂逃竄藏匿也。」作「《廣雅》」者疑是誤記出處，王氏不能
辨也。本書《儒效篇》：「惠施、鄧析不敢竄其察。」《潛夫論‧考績篇》：
「而佞巧不得竄其奸矣。」《呂氏春秋‧審分》：「諂諛詖賊巧佞之人無
所竄其姦矣。」竄訓容不誤，容是容置、安措、施用之義。《治要》作
「中」，是「手」形誤。《外傳》衍「足」字。窶，《治要》卷 38 引同，
《儀禮經傳通解》卷 31 引作「屢」，朱子注：「屢，讀為窶。竄，容也。
謂有所容其手而力作也。」

（36）上好羞則民闇飾矣，上好富則民死利矣

楊倞注：好羞貧而事奢侈，則民闇自脩飾也。

按：劉台拱曰：「『羞』當為『修』。上好修正其身行，則民雖處隱闇之中亦
自整飾不敢為非。」孫詒讓從劉說〔註36〕。龍宇純、李中生亦並謂「羞」
通「修」，豈未見劉說歟？郝懿行曰：「上好羞貧，則民好飾富，以無
為有、虛為盈、約為泰者也。」王念孫曰：「『羞』當為『義』。上好義
則民闇飾者，言上好義則民雖處隱闇之中，亦自脩飾，不敢放於利而
行也。《呂氏春秋‧具備篇》載宓子賤治亶父，使民闇行，若有嚴刑於
旁，即所謂『民闇飾』也。《賈子‧大政篇》曰：『聖明則士闇飾矣。』
『上好義』與『上好富』對文，故下文又云『欲富乎』、『與義分背矣』。
『上好義則民闇飾，上好富則民死利』即上文所云『上重義則義克利，

〔註35〕《漢語大字典》（縮印本），湖北辭書出版社、四川辭書出版社 1992 年版，第
1147 頁。

〔註36〕孫詒讓《荀子校勘記下》，收入《籀廎遺著輯存》，中華書局 2010 年版，第 538
頁。

上重利則利克義』也。《鹽鐵論・錯幣篇》『上好禮則民闇飾，上好貨則下死利』，即用《荀子》而小變其文。」王先謙、梁啓雄、楊柳橋從王說，久保愛亦謂「羞」當作「義」。

豬飼彥博曰：「『好羞』當作『羞貧』。『闇』當作『閹』，與『掩』同。言上羞貧則民掩貧乏而務華飾也。」王天海曰：「『羞』字不誤。『上好羞』承上文『羞無有』而來。上好羞貧，故民暗飾其富有也。楊注是，諸說非。」王天海說誤，此與上文無涉。王念孫、久保愛說是，此文以「義」、「利」對舉成文。《儀禮經傳通解》卷 31 已誤作「羞」。《管子・揆度》：「幣重則民死利。」即「上好富則民死利」之誼。

（37）湯旱而禱曰：「政不節與？使民疾與？何以不雨至斯極也？」

楊倞注：疾，苦。

按：劉師培曰：「《御覽》卷 83 引《帝王世紀》述此詞『政』作『欲』（《公羊・桓五年》解詁述湯詞作『政不一歟』）。」《御覽》引《帝王世紀》作「慾」。「慾」字誤。《類聚》卷 100、《禮書》卷 90 引作「政」，《說苑・君道》、《後漢書・鍾離意傳》、《後漢紀》卷 9、《御覽》卷 35 引《世說》、《通鑑》卷 44、《樂書》卷 54 亦作「政」。《公羊傳・桓公五年》何休注作「政不一與，民失職與」，亦其證。

（38）宮室榮與？婦謁盛與

楊倞注：榮，盛。謁，請也。婦謁盛，謂婦言是用也。

按：劉台拱曰：「《說苑・君道》『榮』作『營』，『婦』作『女』。」久保愛曰：「《說苑》『榮』作『營』，是也。」劉師培曰：「《類聚》卷 100 引作『女謁』（《說苑・君道篇》及《御覽》引《世紀》並作『女謁』，《文則》卷下引同）。《山堂考索》前集卷 34 引『榮』作『營』（《說苑・君道篇》作『營』，宋本作『榮』。《後漢書・寇榮傳》注引《說苑》作『崇』，《通鑑外紀》、《文則》卷下引湯詞亦作『崇』）。」王天海曰：「宮室榮，謂宮室華美。《說苑・政理》：『宮室榮邪？女謁盛邪？』」《說苑・君道》作「宮室營耶，女謁盛耶」，王氏既誤其出處，又誤其文。榮，《類聚》卷 100 引同，《禮書》卷 90 引作「崇」；《後漢書・楊賜傳》李賢注引《說苑》、《公羊傳・桓公五年》何休注、《後漢書・鍾離意傳》、《後漢

書・楊震傳》李賢注引《說苑》、《後漢書・周舉傳》李賢注引《帝王世紀》、《御覽》卷 35 引《世說》作「榮」〔註37〕，《後漢紀》卷 9 作「崇」，《御覽》卷 83 引《帝王世紀》作「營」。《御覽》卷 35 有注：「榮，華也。」「營」是「榮」聲借，「崇」疑形譌。婦謁，何休注同，《後漢書・鍾離意傳》、《後漢紀》卷 9、《御覽》卷 83 引《帝王世紀》作「女謁」。

（39）苞苴行與？讒夫興與

楊倞注：興，起也。

按：劉台拱曰：「《說苑・君道》『興』作『昌』。」久保愛曰：「興，《說苑》作『昌』，義似優。」興，《類聚》卷 100 引同，《後漢書・鍾離意傳》、《後漢紀》卷 9、《御覽》卷 83 引《帝王世紀》作「昌」，《公羊傳・桓公五年》何休注作「倡」。《呂氏春秋・審時》高誘注：「興，昌也。」《玉篇》：「興，盛也。」

（40）主道知人，臣道知事

楊倞注：人，謂賢良。事，謂職守。

按：王天海曰：「知，執掌、主持。引申爲主管、任用。」其說非是。「知」即「知曉」之知，猶言瞭解、明察。此蓋古語。《鶡冠子・道端》：「君道知人，臣術知事。」《說苑・君道》：「是故知人者王（主）道也，知事者臣道也。王（主）道知人，臣道知事，毋亂舊法而天下治矣。」〔註38〕《太白陰經・鑒才篇》：「君道知臣，臣術知事。」

（41）其置顏色、出辭氣效

楊倞注：效，放也。置，措也。

按：朱駿聲曰：「效，叚借爲傲。置，叚借爲值，注：『措也。』」〔註39〕鍾泰曰：「置顏色，猶《論語》云『正顏色』。」王天海曰：「置顏色，猶施顏色也。」鍾說是，《論語・泰伯》：「君子所貴乎道者三：動容貌，斯遠暴慢矣；正顏色，斯近信矣；出辭氣，斯遠鄙倍矣。」置，讀爲直，

〔註37〕《公羊傳・桓公五年》何休注據宋本、閩本，毛本「榮」作「崇」。
〔註38〕《治要》卷 43 引「王」作「主」。
〔註39〕朱駿聲《說文通訓定聲》，武漢市古籍書店 1983 年版，第 310、218 頁。

直亦正也。

（42）無留善，無宿問

　　　　楊倞注：有善即行，無留滯。當時即問，不俟經宿。

按：楊柳橋曰：「宿，留也。」王天海曰：「留，止也。無留善，見善無止
　　也。宿者，亦止也。無宿問，有問無止也。楊注雖可通，然不切也。」
　　王氏妄說耳。留善、宿問，指於善、於問皆當時即行，無所留滯也。
　　清華簡（一）《保訓》：「日不足，惟宿不祥（祥）。」銀雀山漢簡《六
　　韜》：「吾聞宿善者不祥（祥）。」《逸周書‧大開解》：「維宿不悉（恙）、
　　日不足。」《墨子‧公孟》：「宿善者不祥。」《淮南子‧繆稱篇》：「文
　　王聞善如不及，宿（不）善如不祥。」《說苑‧政理》「宿善不祥。」

（43）君子隘窮而不失，勞倦而不苟

　　　　楊倞注：不失道而隘穢。不苟免也。

按：龍宇純曰：「疑此『不苟』本作『不苦』。苦讀同楛。」王天海曰：「不
　　失，不失其志。不苟，不苟且也。楊注不切，龍說非也。」「苟」字不
　　誤，龍氏妄改耳。「失」字誤，當作「閔（憫）」。《孟子‧公孫丑下》：
　　「遺佚而不怨，阨窮而不憫。」又《萬章下》：「遺佚而不怨，阨窮而
　　不閔。」《韓詩外傳》卷 1：「阨窮而不憫，勞辱而不苟。」又卷 3：「阨
　　窮而不憫，遺佚而不怨。」《列女傳》卷 4：「厄窮而不憫，勞辱而不
　　苟。」《風俗通義‧窮通》：「故君子厄窮而不閔，勞辱而不苟。」

（44）臨患難而不忘細席之言

　　　　楊倞注：《尸子》：「子夏曰：『君子漸於飢寒而志不僻，鎊於五兵而辭不
　　　　　　　懾，臨大事不忘昔席之言。』」昔席，蓋昔所踐履之言。此『細』
　　　　　　　亦當讀爲昔。或曰：細席，講論之席。臨難不忘素所講習忠義
　　　　　　　之言。《漢書》王吉諫昌邑王曰：「廣厦之下，細旃之上。」

按：①注「僻」，遞修本誤作「避」。注「鎊」，盧文弨曰：「《廣韻》：『傍，
　　痛呼也，安賀切。』宋本作『鎊』，字書無考，今從元刻。」蔣超伯
　　從謝說（即盧說）〔註40〕。盧說非是，鎊之言刿也。②郝懿行曰：「細

〔註40〕蔣超伯《讀尸子》，收入《南滑桔語》卷 8，《續修四庫全書》第 1161 冊，第

席，恐『茵席』之形誤。蓋『茵』假借爲『絪』，又誤爲『細』耳。」
王念孫、孫詒讓、李滌生從郝說〔註41〕，王氏又云：「茵席之言，謂
昔日之言，即《論語》所謂『平生之言』也，故《尸子》云『臨大事
不忘昔席之言』。」俞樾、梁啓雄、楊柳橋從郝、王說，俞氏又云：「『昔』
亦『茵』之誤。《荀子》作『細席』者，其原文是『絪席』也；《尸子》
作『昔席』，其原文是『茵席』也。」朱駿聲曰：「細，叚借爲昔。細、
昔雙聲。」〔註42〕豬飼彥博曰：「細席，猶言綺席。」王天海曰：「細
席，當從《尸子》作『昔席』，音近而誤。」「細席」不誤，古代坐席
以竹以竹皮以蒲以葦爲之，或粗或細。此「細席」指以竹篾或細葦製
成的坐席。《尸子》作「昔席」是音誤。毛奇齡曰：「《尸子》以細席
爲昔席。」〔註43〕

（45）德至者色澤洽。

　　　　楊倞注：色澤洽，謂德潤身。

　按：惠棟曰：「澤洽，榮也。」〔註44〕當「色澤」成詞。

**（46）言而不稱師謂之畔，教而不稱師謂之倍。倍畔之人，明君不內朝，
　　　 士大夫遇諸塗不與言**

　按：楊柳橋本以「朝」屬上，是也。《集解》點校本、梁啓雄、李滌生、董
　　　治安、點作「朝士大夫遇諸塗不與言」，王天海點作「朝士、大夫遇諸
　　　塗不與言」，以「朝」屬下，大誤。久保愛曰：「《呂氏春秋》：『君子之
　　　學也，說義必稱師以論道，聽從必盡力以光明。聽從不盡力命之曰背，
　　　說義不稱師命之曰叛。背叛之人，賢主弗內之於朝，君子不與交友。』」
　　　久氏所引《呂氏》，見《尊師篇》。《戰國策・趙策四》：「談語而不稱師，
　　　是倍也。交淺而言深，是亂也。」《淮南子・齊俗篇》「倍」作「返」，

　　　373 頁。
〔註41〕 孫詒讓《荀子校勘記下》，收入《籀廎遺著輯存》，中華書局 2010 年版，第 538
　　　　頁。
〔註42〕 朱駿聲《說文通訓定聲》，武漢市古籍書店 1983 年版，第 828 頁。
〔註43〕 毛奇齡《古今通韻》卷 11，收入景印文淵閣《四庫全書》第 242 冊，臺灣商
　　　　務印書館 1986 年初版，第 246 頁。
〔註44〕 惠棟《周易述》卷 22《易微言上》，收入景印文淵閣《四庫全書》第 52 冊，
　　　　第 261 頁。

《治要》卷 41、《意林》卷 2 引「返」作「反」，《御覽》卷 405、498 引作「叛」。

（47）曾子行，晏子從於郊

按：久保愛曰：「從，《家語》、《晏子》、《說苑》共作『送』，此蓋誤。」《家語》見《六本》，《晏子》見《內篇襍上》，《說苑》見《雜言》。李滌生曰：「從，送也，見《呂覽・節喪》注。」李說是也。從，讀爲送，非誤字。睡虎地秦簡《日書》乙種：「可以從鬼。」《日書》甲種作「送」。《戰國策・秦策四》：「吾特以三城從之。」《韓子・內儲說上七術》作「送」。又《韓策二》：「不如以百金從之。」上文「以車百乘重而送之」作「送」，《韓子・說林下》亦作「送」。《漢書・張良傳》：「良引兵從沛公。」下文「良曰：『臣爲韓王送沛公。』」正作「送」字。《韓詩外傳》卷 1：「死之日，宮女縗絰而從者十人。」《孔叢子・記義》作「內人從死者二人」。從死，送葬也。皆其證也。

（48）乘輿之輪，太山之木也，示諸檃栝，三月五月爲幬菜，敝而不反其常

楊倞注：示，讀爲寘。檃栝，矯揉木之器也。言寘諸檃栝，或三月，或五月也。「幬菜」未詳。或曰：菜，讀爲蚤，謂轂與輻也。言矯揉直木爲牙，至於轂輻皆敝而規曲不反其初，所謂三材不失職也。《周禮・考工記》曰：「望其轂，欲其眼也。進而視之，欲其幬之廉也。」鄭云：「幬，冒轂之革也。革急則〔裏〕木廉隅見。」《考工記》又曰：「察其菑蚤不齵，則輪雖敝不匡。」鄭云：「菑，謂輻入轂中者。蚤，讀爲爪，謂輻入牙中者也。匡，剌也。」《晏子春秋》曰：「今夫車輪，山之直木，良匠揉之，其員中規，雖有槁暴，不復贏矣。」

按：傅山曰：「『幬』有圍義。謂輪本直木，矯揉之令曲而爲幬也。」久保愛曰：「『五月』疑衍文。幬采（菜），當作『幬革』。」朱駿聲曰：「菑，叚借爲鼓爲植。《考工》：『輪人察其菑爪不齵。』注：『菑，謂輻入轂中者也。』」又「菜，叚借爲植。《荀子》注：『讀爲菑。』」〔註45〕孫詒讓

〔註45〕朱駿聲《說文通訓定聲》，武漢市古籍書店 1983 年版，第 191、192 頁。

亦從楊注後說讀爲「幬菑」〔註46〕。朱起鳳曰：「幬亦車飾，以皮爲之，故稱『幬革』。篆文『革』與『茉』近，故又訛爲『茉』。」尚節之曰：「『茉』、『釆』古通用。然則幬茉者，是輪成後既以革冒轂使堅，復釆飾其革，以爲美觀也。」〔註47〕王天海曰：「注『贏』當作『贏』。幬，蒙車轂的皮革。茉，乃『革』之譌，久說是。『爲』猶『則』也。猶云太山之木爲輪，寘諸隱栝三五月，則蒙轂之革破敗而不反常。」此言木不反其常，即不復變成直木，非言皮革破敗而不反常也。注「刺」當據遞修本作「刺」，形近而譌。鄭司農曰：「匡，枉也。」謂不正，刺亦僻邪不正義。幬茉，楊氏後說讀爲「幬菑」是也。當「三月五月爲幬菑」七字句，言爲之製作幬菑也。《周禮・考工記》：「以火養其陰而齊諸其陽，則轂雖敝不蒇。」鄭玄注：「蒇，蒇暴。陰柔後必橈減，幬革暴起。」此文言矯揉太山之木，令曲而爲輪，三五個月後裝上幬菑，雖至敝敗，而輪不復變成直木也。

（49）蘭茝、稾本，漸於蜜醴，一佩易之

> 楊倞注：雖皆香草，然以浸於甘醴，一玉珮方可易買之，言所漸者美而加貴也。「佩」或爲「倍」，謂其一倍也。漸，浸也。此語與《晏子春秋》不同也。

按：盧文弨曰：「《晏子》作『今夫蘭本，三年而成，湛之苦酒，則君子不近，庶人不佩，湛之麋醯而賈匹馬矣』，《說苑》、《家語》略同，『麋醯』作『鹿醢』。案：『漸於蜜醴』與『漸於酒』、『漸之潃中』皆謂其不可久，故一佩即易之。各書俱一意，注非。」劉師培曰：「易者，輕也。言雖一佩之微，猶輕爲之，即《晏子》所謂『庶人不佩』也。盧文弨謂『一佩即易之』，非是。」高亨曰：「楊注云『佩或爲倍』，竊謂作『倍』爲是，『倍』借爲『掊』，《說文》：『掊，把也，今鹽官入水取鹽爲掊。』一掊易之，謂蘭茝、稾本浸於蜜醴之中，以手入於蜜醴，一握而出之，即可易其處也。」李滌生曰：「言蘭茝之本若浸以甘醴，一塊佩玉才可買到它。」王天海曰：「《勸學篇》：『蘭槐之根是爲芷，其漸之潃，君子不近，庶人不服。』佩，服也。服，用也。一佩易之者，一用而棄

〔註46〕孫詒讓《周禮正義》卷75，中華書局1987年版，第3143頁。
〔註47〕尚節之《荀子古訓考（續）》，北京《雅言》1941年第7期，第22頁。

－557－

之也。楊注及他說皆非。」王說即本盧說而易其辭,而顏曰「他說皆非」,甚不可解。其訓服爲用,竊自王聘珍說〔註48〕,然其說非也。《勸學篇》作「服」,是「佩」借字,另詳。劉說是,言輕其一佩,亦即不佩之誼。漸,讀爲湛,另詳《勸學篇》校補。

(50) 正君漸於香酒,可讒而得也

楊倞注:雖正直之君,其所漸染如香之於酒,則讒邪可得而入。

按:傅山曰:「得,謂讒人得之也。」久保愛曰:「『而』與『之』通。可讒而得也,猶言可得讒耶?」于省吾曰:「得,應讀作今字去聲之『中』。言雖正直之君,其中於讒言,如飲香酒。」王天海從于說。高亨曰:「得,猶奪也。」諸說皆誤,高說尤無據。「而」是連詞。「得」謂得其君,言與其君相合也。《韓子・孤憤》:「重人也者,無令而擅爲,虧法以利私,耗國以便家,力能得其君,此所爲重人也。」《漢書・東方朔傳》:「心合意同,謀無不成,計無不從,誠得其君也。」

(51) 和之璧,井里之厥也

楊倞注:井里,里名。「厥也」未詳。或曰:厥,石也。《晏子春秋》作「井里之困也」。

按:傅山曰:「《說文》:『厥,發石也。』」盧文弨曰:「『厥』同『橜』,《說文》:『橜,門梱也。梱,門橜也。』《荀子》以『厥』爲『橜』,《晏子》以『困』爲『梱』,皆謂門限。《意林》不解,乃改爲『璞』矣。」久保愛、尚節之從謝說(即盧說)〔註49〕。王念孫指出「此段說也,見《鍾山札記》」〔註50〕。段說亦見《說文解字注》〔註51〕,王筠亦從段說〔註52〕。王念孫又曰:「《說文》:『橜。門梱也。』字亦作橛,通作厥。《爾雅》:『橛謂之闑。』郭注云:『門闑也。』《荀子・大略篇》云云,《晏子春秋・諫篇》作『井里之困』,困亦與梱同。橜者直而短

〔註48〕 王聘珍《大戴禮記解詁》,中華書局 1983 年版,第 132 頁。

〔註49〕 尚節之《荀子古訓考》,北京《雅言》1941 年第 7 期,第 18 頁。

〔註50〕 盧氏《鍾山札記》引作段說,故王氏云然。盧文弨《鍾山札記》卷 1,中華書局 2010 年版,第 29 頁。

〔註51〕 段玉裁《說文解字注》,上海古籍出版社 1981 年版,第 263 頁。

〔註52〕 王筠《說文解字句讀》,中華書局 1988 年版,第 213 頁。

之名。」〔註53〕王引之、桂馥、孫詒讓說皆同，桂氏且指出「蓋門梱有以石爲之者，故《晏》、《荀》皆云然」〔註54〕。洪頤煊曰：「《說文》：『厥，發石也。』《山海經·海外北經》郭璞注：『厥，掘也。』井里之厥，井里之人掘而得之。《晏子春秋·雜上篇》作『井里之困』，謂困窮于井里之中，義亦得通。」〔註55〕孫詒讓又說同洪氏〔註56〕，蓋失標出處。郝懿行曰：「謝氏云云。按：此則厥與困一物，皆謂得石如門限木耳。」〔註57〕朱亦棟曰：「《說文》：『厥，發石也。』……『厥』與『困』蓋言石塊耳，但總不若引《說文》之的也。」〔註58〕毛奇齡曰：「礈，發石也，通作『厥』，《荀子》云云。」〔註59〕馬敘倫曰：「『《說文》：『厥，發石也。』當作『發也，石也』。『發也』是『撅』字義，『厥』蓋石名。《荀子》注云云。」〔註60〕梁啓雄曰：「蓋發石爲厥，故所發之石亦爲厥。」王天海曰：「厥，掘發之石。《說文》段注：『發石，故從厂，引伸之，凡有撅發皆曰厥。』」《說文》「厥」訓發石者，謂發射石塊，亦謂之飛石，王天海沒有讀懂段注，改「撅」作「掘」。《法苑珠林》卷 28 注引《孔鄉子》：「井里之厥。」「孔鄉」當爲「孫卿」之誤。段、盧等說是，于省吾說亦同〔註61〕。井里，猶今言鄉下。是說和氏璧不過是鄉下的一塊用作門梱的石頭罷了。《晏子》之文，《意林》卷 1 引作「井里璞耳」，《法苑珠林》卷 28、《御覽》卷 802、806、《希麟音義》卷 10 引作「井里之朴」，《御覽》卷 802 有注引本書亦作「井

〔註53〕 王念孫《廣雅疏證》，收入徐復主編《廣雅詁林》，江蘇古籍出版社 1992 年版，第 534 頁。

〔註54〕 王引之《經義述聞》卷 10，江蘇古籍出版社 1985 年版，第 230 頁。桂馥《説文解字義證》，齊魯書社 1987 年版，第 505 頁。孫詒讓《墨子閒詁》，中華書局 2001 年版，第 533 頁。

〔註55〕 洪頤煊《讀書叢錄》卷 15，收入《續修四庫全書》第 1157 冊，第 691 頁。

〔註56〕 孫詒讓《荀子校勘記下》，收入《籀廎遺著輯存》，中華書局 2010 年版，第 538 頁。

〔註57〕 王天海引脫「得」字。

〔註58〕 朱亦棟《群書札記》卷 9，收入《續修四庫全書》第 1155 冊，上海古籍出版社 2002 年版，第 122 頁。

〔註59〕 毛奇齡《古今通韻》卷 12，收入景印文淵閣《四庫全書》第 242 冊，臺灣商務印書館 1986 年初版，第 271 頁。

〔註60〕 馬敘倫《說文解字六書疏證》卷 18，上海書店 1985 年版，本卷第 41 頁。

〔註61〕 于省吾《雙劍誃墨子新證》卷 3，收入《雙劍誃諸子新證》，中華書局 2009 年版，第 1122 頁。

里之璞」。「璞」指玉之未理者,「朴」則借字。盧氏謂「《意林》不解,
乃改爲『璞』」,則爲失考矣〔註62〕。

（52）玉人琢之,為天子寶

按:天子,王念孫據《文選·答盧諶》注校作「天下」,久保愛亦謂「子」
爲「下」誤,皆是也。《法苑珠林》卷28、《御覽》卷802注引本書亦
作「天下」。

（53）子贛、季路,故鄙人也,被文學,服禮義,為天下列士

按:李滌生曰:「列士,《尸子》及《外傳》皆作『顯士』。」王天海竊其說,
云:「《尸子·勸學》:『子路,卞之野人也;子貢,衛之賈人也。孔子
教之,皆爲顯士。』《外傳》卷8用此文,亦作『顯士』。朱起鳳曰:『顯、
列聲相近,當作顯。』」《文選·辯命論》李善注引《尸子》作「賢士」。
朱起鳳又指出《呂氏春秋·尊師篇》「子張,魯之鄙家也;顏涿聚,梁
父之大盜也。學於孔子,爲天下名士顯人」文亦相類〔註63〕。朱說「列」、
「顯」相通非是,無相通之理。《管子·君臣下》:「布法出憲,而賢人
列士盡功能於上矣。」「列士」即「烈士」,顯赫之士。

（54）君子疑則不言,未問則不立,道遠日益矣

楊倞注:未曾學問,不敢立爲論議,所謂「不知爲不知」也。爲道久遠,
自日有所益,不必道聽塗說也。此語出《曾子》。

按:王念孫曰:「『立』當爲『言』。謂君子之不易其言也。《大戴記·曾子立
事篇》:『君子疑則不言,未問則不言。』此篇之文,多與《曾子》同也。」
久保愛說同,王先謙、孫詒讓、梁啓雄、李滌生從王說〔註64〕。郝懿行
亦校作「言」。駱瑞鶴曰:「立者,『竢』字之省借,待也,謂等待。道,
猶行也。遠,猶久也。」王天海曰:「問,通『聞』。不立,不立其言也。
楊注近是,他說皆非。」王念孫謂「立當爲言」是也,楊注解「道遠日
益」亦是也。《大戴》「未問則不言」下尚有「兩問則不行」五字,《曾

〔註62〕參見蕭旭《孔叢子校補》,收入《群書校補（續）》,花木蘭文化出版社2014
年版,第1096～1097頁。

〔註63〕朱起鳳《辭通》卷12,上海古籍出版社1982年版,第1208頁。

〔註64〕孫詒讓《荀子校勘記下》,收入《籀廎遺著輯存》,中華書局2010年版,第538
頁。

子全書》同，疑此文脫之。「言」與「行」對舉成文。「誒」從「矣」得聲，駱氏妄說通借。

（55）多知而無親，博學而無方，好多而無定者，君子不與

按：熊公哲曰：「不與，猶言不許可也。」李滌生解作「不嘉許」。楊柳橋曰：「與，猶親也。」王天海曰：「不與，不與交也。」熊、李說是，王氏增字解經。

（56）學者非必為仕，而仕者必如學

　　　　楊倞注：如，往。

按：郝懿行曰：「如，肖似也。此言仕必不可負所學。注非也。」王念孫、王先謙、孫詒讓、梁啓雄、李滌生從郝說〔註65〕。久保愛曰：「如，猶於也。」豬飼彥博曰：「言出仕者必當如其所學也。」于鬯曰：「『如』字無義，蓋『始』字之脫壞。郝說殆未然。」潘重規曰：「『如』乃『知』之譌。」裴學海曰：「如，以也，與『由』同義。」〔註66〕龍宇純曰：「『如』或是『為』字之誤。」楊柳橋曰：「《爾雅》：『如，謀也。』」李亞明曰：「『如』乃『好』字之訛。」〔註67〕王天海曰：「如，猶當也，助動詞。諸說皆未得。」「如」字不誤，裴說「與『由』同義」近之。如，猶從也。《說文》：「如，從隨也。」如學，從於學也。

（57）望其壙，皋如也，嵮如也，鬲如也，此則知所息矣

　　　　楊倞注：壙，丘壠。「皋」當為「宰」。宰，冢也。宰如，高貌。「嵮」與「填」同，謂土填塞也。鬲，謂隔絕於上。《列子》作「宰如、填如」，張湛注云：「見其墳壞鬲異，則知息之有所之也。」

按：《增韻》卷5：「睪，與『澤』同。」引《荀子》「皋如」作「睪如」，各本同。傅山曰：「『鬲』如『釜鬲』之鬲。」〔註68〕盧文弨曰：「《公羊·

〔註65〕　孫詒讓《荀子校勘記下》，收入《籀廎遺著輯存》，中華書局2010年版，第539頁。孫氏誤作王念孫說。
〔註66〕　裴學海《古書虛字集釋》，中華書局1954年版，第551頁。
〔註67〕　李亞明《〈荀子〉校釋筆記五則》，《東北師大學報》1987年第5期，第81頁；又同題刊於《松遼學刊》1989年第2期，第46頁；又李亞明《〈荀子〉校釋筆記》，《文史》第40輯，1994年版，第22頁。
〔註68〕　傅山《荀子批註（下）》，收入《傅山全書》卷56，山西人民出版社1991年版，

僖三十三年傳》：『宰上之木拱矣。』是宰訓冢也。冢，大也，如大山也。嵸，讀爲巓，山頂也。鬲如，形如實五穀之器也，山有似甗者矣。《列子》『嵸如』作『墳如』，如大防也。」劉台拱曰：「今《列子》作『罜如也，宰如也』，罜即皋，豈楊氏所見本異邪？『罜如』、『宰如』二句疊出，則不得破『皋』爲『宰』矣。」王念孫從盧、郝說，又云：「《家語·困誓篇》亦作『罜如也』，王肅曰：『罜，高貌。』」郝懿行曰：「皋，猶高也，言皋韜在上也。『嵸』即『巓』字。『巓』俗作『巔』，因又作『嵸』耳。鬲，鼎屬也，圓而弇上。此皆言丘壠之形狀，故以『如』之寫貌之。皋如，蓋若覆夏屋者。嵸如〔註69〕，蓋若防者露標巓也，《列子·天瑞篇》作『墳如』，墳，大防也。鬲如，蓋若覆釜之形，上小下大，今所見亦多有之。注並非。」孫詒讓從郝說〔註70〕。物双松曰：「壙，《正字通》：『墓穴也。』皋，澤也。『嵸、罜、墳』通。鬲，楊王孫曰『厚葬以鬲』。按：壙、皋、墳、鬲，語自有次第。倞注非矣。」豬飼彥博曰：「壙，墓穴也，不合言望。《家語》作『望其廣，則皋如也；視其高，則墳如也；察其從，則隔如也。』廣，橫也。皋，王肅曰：『高貌。』隔，當作『塥』。《管子》：『沙土之次曰五塥。五塥之狀，累然如僕累。』注：『僕，附也。言其地附著而重累也。』塥如，亦附累意歟？」朱駿聲曰：「鬲，叚借爲隔。」〔註71〕楊柳橋曰：「皋如，謂如皋門也。」王天海曰：「壙，墓穴也，物說是。上古時有墓而無墳，既無墳，皋訓高、嵸訓巓、鬲訓鼎屬者，皆非也。皋，澤岸也。巾箱三本並作『罜』，同《家語》。嵸，當讀爲墳，墳其墓穴而平也。鬲者，借爲隔，阻隔也。此言望其墓地，像澤地一樣，像墳平之地一樣，像與人世阻隔一樣。」諸說皆誤。考《家語·困誓》：「自望其廣，則罜如也；視其高，則墳如也；察其從，則隔如也。」王肅注：「廣，反（宜）爲壙。罜，高貌，墉（壙）而高冢是也。墳，塞實貌。冢雖高而塞實也。言其隔而不得復相從也。」《列子·天瑞》：「望其壙，罜如也，宰如也，墳如也，鬲如也。」《事文類聚》前集卷56、《合璧事類備要》前集卷67引《荀子》

第 1244 頁。

〔註69〕王天海引脫「嵸如」二字，又略去「列子」以下文字，鈔書極不認眞。

〔註70〕孫詒讓《荀子校勘記下》，收入《籀廎遺著輯存》，中華書局 2010 年版，第 539 頁。

〔註71〕朱駿聲《說文通訓定聲》，武漢市古籍書店 1983 年版，第 70 頁。

同。張湛注：「見其墳壤鬲翼（異），開（則）知息士有所。」〔註72〕
殷敬順《釋文》：「壙，音曠，墓穴也。罃，音皋。宰如，言如冢宰也。
墳如，如墳墓也。鬲，音歷，形如鼎，又音隔。」比較本書及《家語》、
《列子》，「鬲」、「隔」同。「嶺」即「塡」，與「墳」形近易訛，當作「墳」
爲正。「皋」、「罃」、「宰」三字亦形近易訛，當作「皋」爲正。《列子》
「罃如、宰如」並出，乃存異文也。《家語》文句最完整，分別以「罃
如」、「塡如」、「隔如」狀丘墓之廣、高、從。所望所視所察者，三「其」
字皆指丘墓而言，此文中不必出現，而其意可知也。皋如，廣大貌。本
書《解蔽》：「罃罃廣廣，孰知其德？」楊倞注：「罃，讀爲皞。皞皞，
廣大貌。」「罃」亦「皋」形誤。《孟子‧盡心上》：「王者之民，皞皞如
也。」趙岐注：「王者道大法天，浩浩而德難見也。」孫奭《音義》：「皞，
張云：『皞與昊同。』義與浩同，古字通用。」皞、浩、昊並通，亦廣
大義。《說文》：「昦，春爲昦天，元氣昦昦。」「昦」俗作「昊」。《詩‧
黍離》毛傳：「元氣廣大，則稱昊天。」字亦作皓，本書《賦》：「皓天
不復，憂無疆也。」楊倞注：「皓與昊同。昊，大也。」故云「望其廣，
則罃如也」。《方言》卷 1：「墳，地大也，青幽之閒，凡土而高且大者
謂之墳。」《文選‧東征賦》李善注引《廣雅》：「墳，高也。」故云「視
其高，則墳如也」。隔，間隔，「鬲」乃省借字。言自其縱向望之，則丘
墓自相間隔也。

（58）子貢曰：「大哉死乎，君子息焉，小人休焉。」

按：休，《家語‧困誓》同，《列子‧天瑞篇》作「伏」。張湛注：「去離憂
苦，昧然而死，小人之所以伏也。」郝懿行曰：「休、息一耳，此別之
者，亦猶《檀弓記》言『君子曰終，小人曰死』之意。」久保愛曰：「休、
息互文也。」二氏說非是。文廷式曰：「郝說未諦。『休』當作『伏』，
字之誤也。《晏子春秋‧內篇諫上》：『晏子曰：上帝以人之死爲善，仁
者息焉，不仁者伏焉。』（《列子‧天瑞篇》引晏子曰：『善哉！古之有
死也，仁者息焉，不仁者伏焉。』）《外篇》曰：『夫古之有死也，令後
世賢者得之以息，不肖者得之以伏。』『伏』即『伏辜』之伏。曰息曰

〔註72〕《道藏》本高守元《沖虛至德眞經四解》卷 2 作「見其墳壤鬲異，則知息之
有所」。

伏，正所以別君子小人，與《檀弓》之例不殊也。《列子‧天瑞篇》正
作『小人伏焉』，是其證。」〔註73〕吳闓生曰：「息、伏為韻，作『休』
非是。」〔註74〕

（59）《國風》之好色也，《傳》曰：「盈其欲而不愆其止。」

　　　　楊倞注：好色，謂《關雎》樂得淑女也。盈其欲，謂好仇，寤寐思服也。
　　　　　　　　止，禮也。欲雖盈滿而不敢過禮求之。

按：鍾泰曰：「止，謂容止也。」楊樹達從其說〔註75〕。楊柳橋曰：「《韓
　　詩》：『止，節也。』與『禮』義同。」王天海曰：「止，舉止也。」
　　二楊及鍾說是也。《廣雅》：「止，禮也。」《詩‧抑》「淑慎爾止，不
　　愆於儀。」鄭箋：「止，容止也。」修容止，即修禮節，故楊注亦是。
　　《詩‧相鼠》「人而無止」與「人而無儀」、「人而無禮」並言，鄭箋：
　　「止，容止。《孝經》曰：『容止可觀。』無止，則雖居尊，無禮節也。」
　　《釋文》：「《韓詩》：『止，節也。無禮節也。』」〔註76〕上博簡《詩論》：
　　「《關雎》以色喻於禮。」馬王堆帛書《五行》論《關雎》云：「由色
　　喻於禮，進耳。」此「止」訓禮之確證。盈，讀為逞，快也，縱也。

（60）《小雅》不以於汙上，自引而居下

　　　　楊倞注：以，用也。汙上，驕君也。言作《小雅》之人，不為驕君所用，
　　　　　　　　自引而疏遠也。

按：鍾泰曰：「不以於汙上，謂不以罪歸上也。注誤。」高亨曰：「『於』疑
　　借為『淤』。謂不以淤泥汙其君上也。」李滌生解「引」為引退。王天
　　海竊李說，又云：「汙者，夸飾也。汙，通『洿』。《孟子‧公孫丑上》：
　　『汙不至阿其所好。』焦循《正義》：『汙，本作「洿」，《孟子》蓋用為
　　「夸」之假借。夸者，大也。』」王天海沒有讀懂焦循《正義》，焦氏是

〔註73〕文廷式《純常子枝語》卷15，收入《續修四庫全書》第1165冊，第208頁。余
　　　　舊作《家語校補》，時乃僅見吳闓生說，而余說與文廷式同，今改引文氏說。《家
　　　　語校補》，收入《群書校補（續）》，花木蘭文化出版社2014年版，第442頁。
〔註74〕吳闓生《文史甄微》（稿本），轉引自楊伯峻《列子集釋》，中華書局1979年
　　　　版，第26頁。
〔註75〕楊樹達《鍾泰〈荀注訂補〉》，《清華學報》第11卷第1期，1937年版，第223頁。
〔註76〕參見陳壽祺《韓詩遺說考》卷1《國風三》、馬瑞辰《毛詩傳箋通釋》卷5，
　　　　分別收入《續修四庫全書》第76、68冊，第549、418頁。

說「汙」是「洿」的異體字，《孟子》中作「夸」的借字。「洿」是濁水池，何得有「夸大」義？不思之甚也。《荀子》此文「汙」依楊倞訓作驕，當讀爲訏，「夸」亦同源。《爾雅》：「訏，大也。」《方言》卷1：「訏、于，大也。中齊、西楚之間曰訏。于，通語也。」從「于」之字多有大義。正文「於」疑本作「于」，涉「汙」而衍。

（61）**國將衰，必賤師而輕傅，賤師而輕傅則人有快，人有快則法度壞**

　　楊倞注：快，人有肆意。

按：遞修本、四庫本注作「人肆其意」。楊柳橋曰：「快，疑當爲『忮』字之誤。《說文》：『忮，不服也，懟也。』《廣雅》：『忮，強也。』《集韻》：『忮然，自大之意。』與『肆意』義近。」董治安曰：「快，謂不循師法，不是禮義，率意而行也。」王天海曰：「快，放縱也。《戰國策・趙策二》：『恭於教而不快，和於下而不危。』高誘注：『快，謂縱逸。』楊注是，楊柳橋說非也。」《漢語大字典》「快，放縱」條引本文及《趙策》〔註77〕，李中生說同〔註78〕，王天海竊其說。《趙策》注語「快，謂縱逸」是鮑彪注，《大字典》誤作高誘注，王氏因亦誤之。二文「快」疑當作「佚」，《說文》：「佚，失也。」又「失，縱也。」《後漢書・馮衍傳》：「蕩佚人間之事。」李賢注；「放蕩縱逸，不拘恒俗也。」字亦作逸，故訓縱逸。

（62）**古者天子、諸侯子十九而冠，冠而聽治，其教至也**

按：楊柳橋曰：「至，猶善也。」王天海曰：「其教至，其教化及之也。」楊說是，至亦猶周備也。二十而冠，士禮也，天子、諸侯子教育優於士人，故提早一年，十九而冠。《說苑・建本》：「周召公年十九，見正而冠，冠則可以爲方伯諸侯矣。」

（63）**非其人而教之，齎盜糧借賊兵也**

　　楊倞注：若使不善人教非君子，是猶資借盜賊之兵糧，爲害滋甚，不如不

〔註77〕　《漢語大字典》（縮印本），湖北辭書出版社、四川辭書出版社1992年版，第953頁。

〔註78〕　李中生《據注誤校〈荀子〉例釋》，收入《荀子校詁叢稿》，廣東高等教育出版社2001年版，第23頁。

教也。「齎」與「資」同。兵，五兵也。

按：陳直曰：「《史記·李斯列傳》《諫逐客書》『此所謂借寇兵而齎盜糧者也。』即不其師荀子之說。」王天海竊其說，云：「李斯《諫逐客書》『此所謂藉寇兵而賫盜糧者也』，正襲其師說也。」《史記·李斯傳》、《文選·諫逐客書》並作「齎」，不作「賫」，王氏誤記。「齎盜糧，借賊兵」蓋古諺語。《李斯傳》《索隱》：「《說文》：『齎，持遺也。』齎，或爲資，義亦通。」《文選》李善注：「《戰國策》范雎說秦王曰：『此所謂藉賊兵而齎盜食者也。』《說文》：『齎，持遺也。』」按見《秦策三》，《史記·范雎傳》作「借賊兵而齎盜糧」，《索隱》：「借音子夜反。一作『籍（藉）』，音亦同。齎音側奚反。言爲盜齎糧也。」

（64）不自嗛其行者，言濫過

楊倞注：嗛，足也。謂行不足也。所以不足其行者，由於言辭汎濫過度也。

按：郝懿行曰：「嗛，不足也。言人不知自歉其行者，其言易於濫過而難副。楊注失之。『嗛』與『歉』古字通。」王先謙、孫詒讓、楊樹達、楊柳橋從郝說〔註79〕。久保愛曰：「言不足於行者，過言以文之也。濫過，浮過也。」陶鴻慶曰：「此與前段『不足於行者說過』文義相近。」李滌生從陶說。鍾泰曰：「此當作『不自嗛其言行者，濫過』。『嗛』仍當如楊注訓爲足。自足者，自信也。」王天海不引久說，竊作己說，云：「嗛，通『謙』。猶言其行不自謙者，則其言必浮濫而過其實耳。」陶說是，此文猶言言行不能相副耳。「嗛」當從楊注訓足，字亦作慊，《集韻》：「慊、嗛：足也，或從口。」濫，讀爲嬯。《說文》：「嬯，過差也。」「過差」猶言過分、過甚，「差」是「甚」義〔註80〕。此文「濫過」同義連文。

（65）食則饘粥不足，衣則豎褐不完

按：劉師培曰：「《初學記》卷17引『饘粥』作『餐鬻』，『豎』作『短』（《類聚》作『簸』作『短』，據《列子·力命篇》『短褐』《釋文》云：『《荀

〔註79〕孫詒讓《荀子校勘記下》，收入《籀廎遺著輯存》，中華書局2010年版，第539頁。楊樹達《鍾泰〈荀注訂補〉》，《清華學報》第11卷第1期，1937年版，第232頁。

〔註80〕參見蕭旭《古書虛詞旁釋》，廣陵書社2007年版，第390～391頁。

子》作豎褐。』則『短』乃引者所改之字也）。」王天海不引劉說，竊作己說，云：「饘粥，《類聚》引作『餰鬻』；『豎褐』又引作『短褐』。」《類聚》見卷 20〔註 81〕。豎褐，《記纂淵海》卷 49、《皇王大紀》卷 80 引作「裋褐」〔註 82〕。本書《禮論》亦有「餰鬻」。「餰（餐）」通「饘」，見《玉篇》、《集韻》。「粥」爲「鬻」省。

（66）子夏貧，衣若縣鶉

按：久保愛曰：「《正字通》：『鶉尾特禿，若衣之短結。故凡敝衣曰衣若縣鶉。』〔註 83〕」劉師培曰：「《書鈔》卷 129、《事類賦注》卷 12、《御覽》卷 689 所引『貧』上並有『家』字（《御覽》卷 485 引已挩），當據補。又《初學記》卷 18 引『子夏家貧，徒有四壁』，疑亦此處挩之（裕孚按：晉藩本《初學記》卷 18 引作『子夏家貧，徒有四壁』，內本、古香齋本俱引作『子夏家貧，鶉衣懸壁』，此據晉藩本）。」楊柳橋曰：「縣鶉，見《詩·伐檀》。《正字通》云云。」包遵信曰：「《淮南子·齊俗訓》：『林類榮啓期，衣若懸衰，而意不慊。』〔註 84〕懸衰即縣鶉。疑鶉係衰之音訛。《說文》：『衰，艸雨衣。』按即後世之蓑衣也。《正字通》之說，顯屬懸揣之詞。」王天海不引劉說，竊作己說，云：「《類聚》引此文無『衣』字。懸鶉者，形容其衣破爛。《初學記》引此作『子夏家貧，鶉衣懸壁』。」《類聚》見卷 35，脫「衣」字。「貧」上《事文類聚》別集卷 29 引亦有「家」字。縣鶉，《事類賦注》、《皇王大紀》卷 80 引同，《書鈔》、《類聚》、《御覽》卷 689、《事文類聚》續集卷 21 引作「懸鶉」，《御覽》卷 485 引作「懸絲」。「鶉」字不誤，包氏乃臆說。周·庾信《擬連珠》：「蓋聞懸鶉百結，知命不憂。」正用此典，字亦作「鶉」。《正字通》之說，本於《爾雅翼》卷 15：「鶉鳥之淳者，其居易容，其欲易給，竄伏淺草之間，隨地而安，故言上世之俗曰『鶉居而鷇食』也〔註 85〕。尾特禿，若衣之短結，《傳》

〔註 81〕《類聚》據南宋紹興刊本，嘉靖中天水胡纘宗刊本、四庫本作「餰粥」。
〔註 82〕四庫本《記纂淵海》據四庫本，宋刊本在卷 72，仍作「豎褐」。
〔註 83〕此上皆《正字通》卷 12 之文。王天海誤以「故凡敝衣曰衣若縣鶉」作久氏語，失檢《正字通》原文也。
〔註 84〕王天海引其說，「榮啓期」旁加人名線，「林類」則否，是不知「林類」亦人名也。高誘注：「林類、榮啓期，皆隱賢。」
〔註 85〕引者按：「鶉居而鷇食」見《莊子·天地》。

稱『子夏貧，衣若懸鶉』。又今有郭公鳥者，名襤褸鳥，襤褸亦衣短
禿之名，意相類也。」其說至確，邵晉涵曰：「鶉頸細尾禿。《韓詩外
傳》言『衣若懸鶉』，謂衣之無後者也。」〔註86〕桂馥曰：「《韓詩外
傳》言『衣若懸鶉』，謂似鶉禿尾。」〔註87〕二氏皆誤記出處，而所
說亦是也。鶉鳥若衣之短結，故衣服破敗多結者稱作「鶉衣百結」。
衣若懸鶉，言破敗之衣短禿也。《三國志・明帝紀》裴松之注引《魏
略》載董尋《上書》：「使穿方舉土，面目垢黑，沾體塗足，衣冠了鳥。」
黃生曰：「蓋細人力作，衣服短小，其形了鳥然，因以名之。今按：
了鳥本縣物之兒，服此衣者，形體露見，如物之懸掛也。」〔註88〕衣
冠了鳥即懸鶉之誼。《詩・伐檀》之「縣鶉」，與此無涉，楊柳橋說誤。

（67）藍苴路作，似知而非；偄弱易奪，似仁而非；悍戇好鬭，似勇而非

　　　　楊倞注：未詳其義。或曰：苴，讀爲姐，慢也。趙蕤〔注〕《長短經・知
　　　　　　　　人篇》曰：「姐者，類智而非智。」或讀爲俎（狙），伺也。姐，
　　　　　　　　才野反。

　　按：注「俎」，當據盧校本作「狙」。遞修本、四庫本注「俎」誤作「姐」，
　　　　「才野反」前又脫「姐」字。傅山曰：「『藍』字不解。『路作』亦不
　　　　解。」傅山又曰：「『苴』當讀如『查』之上聲。」〔註89〕王念孫曰：
　　　　「應分『狙詐』爲二義，非也。『詐狙』疊韻字，狙亦詐也。《荀子・
　　　　大略篇》：『藍苴路作，似知而非。』楊倞注引趙蕤注《長短經・知人
　　　　篇》曰：『姐者，類智而非智。』『苴』、『姐』並與『狙』同。狙詐者
　　　　有似於智，故曰『藍苴路作，似知而非』，『作』即『詐』字也。《敘
　　　　傳》曰：『吳、孫狙詐，申、商酷烈。』『狙』、『詐』同義，『酷』、『烈』
　　　　同義，是其明證矣。」〔註90〕朱玙曰：「楊注云云，是『苴』可爲『姐』

〔註86〕邵晉涵《爾雅正義》卷18，收入《續修四庫全書》第187冊，第294頁。
〔註87〕桂馥《說文解字義證》，齊魯書社1987年版，第296頁。
〔註88〕黃生《字詁》，收入《字詁義府合按》，中華書局1954年版，第51頁。引《篇
　　　　海》誤「紅鶖」爲「衳鶖」，此據四庫本訂正。
〔註89〕傅山《雜記（六）》、《荀子批註（下）》，分別收入《傅山全書》卷39、56，山
　　　　西人民出版社1991年版，第773、1244頁。
〔註90〕王念孫《讀書雜志》卷7《漢書第十六・連語》，中國書店1985年版，本卷第
　　　　32頁。

與『狙』之假借，然『姐』亦借字也。」〔註91〕冢田虎曰：「『藍』、『濫』通。苴，麤也。路，《富國篇》曰：『田疇穢，都邑路。』《管子》曰：『國家乃路。』皆不堅固之意。此蓋謾有所作爲之謂與？」豬飼彥博曰：「藍苴路作，當作『監狙詒詐』，謂伺察欺誑也。」劉師培曰：「『藍』當作『濫』，『苴』當作『狙』，『路』當作『略』，『作』當作『詐』……是『濫』爲盜竊之義。苴，讀爲狙，當從或說……是暗伺掩取均謂之狙。略、路均從各聲，略訓爲智，引伸之則爲強取、獲、奪。作、詐均從乍聲，詐訓爲欺、僞，引伸之則爲譎、詭。故《荀子》均謂其似智而非也。」邵瑞彭曰：「疑作『濫狙路詐』。路，大也。」〔註92〕周大璞曰：「王念孫說似較長，然於『藍』、『路』二字之義，猶未暇推究。蒙謂荀書本作『藍路苴作』。藍路猶謰謱也……大氏爲語辭紛挐委曲，支離牽引之意，《莊子》所謂『言小詹詹』者也。小言詹詹者，與夫狙詐之家，皆有似於智，故曰『藍路苴作，似知而非』。」〔註93〕朱起鳳謂「路作」即《議兵篇》之「路亶」，同「裸袒」〔註94〕，諸祖耿從朱說〔註95〕。朱起鳳又曰：「苴，當作『怚』，即『慢』字之訛缺。」〔註96〕金其源曰：「竊謂『藍苴』即『濫竽』也……濫竽志在求食，今作於路，行人不過聽之，仍不得食，故曰似智而非。」〔註97〕于省吾曰：「按劉以苴爲狙，以作爲詐，是也；以藍爲濫，以路爲略，非也。豬飼彥博謂當作『監狙詒作』，狙、詐二字與劉讀同，以藍爲監，是也；以路爲詒，非也。路應讀作樂……監，察也。狙，伺也。監狙樂詐，言監察狙伺而樂詐也。」蔣禮鴻曰：「今按『藍苴』當作『鹽且』，『藍』爲『鹽』字形近之誤，『苴』又蒙『鹽』誤爲『藍』而誤加艸頭也。鹽且，即姑且、苟且也。《方言》卷13：『鹽，且也。』……『路』與『略』通……『鹽且』即苟且略作，略亦苟也……路作者，謂作之粗略也。」〔註98〕郭在貽曰：「『藍苴路作』與下文『懦弱易奪』、

〔註91〕朱珔《說文假借義證》，黃山書社1997年版，第61頁。
〔註92〕邵瑞彭《荀子小箋》，《唯是》第3期，1920年版，第29頁。
〔註93〕周大璞《荀子札記》，《清議》第1卷第9期，1948年版，第28頁。
〔註94〕朱起鳳《辭通》卷14，上海古籍出版社1982年版，第1385頁。
〔註95〕諸祖耿《戰國策集注匯考》，鳳凰出版社2008年版，第651頁。
〔註96〕朱起鳳《辭通》卷19，上海古籍出版社1982年版，第2004頁。
〔註97〕金其源《讀書管見》，（上海）商務印書館1957年初版，第360頁。
〔註98〕蔣禮鴻《義府續貂》，其說又見《讀〈荀子集解〉》，分別收入《蔣禮鴻集》卷

『悍戇好鬭』爲同例句，則其語法結構亦應相似。劉師培釋『藍苴路作』爲『濫狙略詐』，在語法結構上與下文顯然不一律，是以知其不然也。蔣先生釋『路作』爲『略作』，爲狀謂結構，與下文『易奪』一律，似可信矣；唯『藍苴』之義，蔣先生之說猶可斟酌。今考《晏子春秋‧內篇問上》云：『縵密不能麁苴〔不〕學者詘（從王念孫校改）。』……今謂《荀子》書之『藍苴』，殆即《晏子春秋》之『麁苴』，其義爲麤粗（猶今之粗疏）、荒率。荀子之意，殆謂粗疏、荒率作之粗略者，即不免於似知而非也。」〔註99〕楊柳橋曰：「姐，乃『孋』之借字，驕也。驕、慢義近。藍，乃『嬚』之借字，過差也。藍姐，即嬚孋，謂過於驕慢也。路，通『露』，敗也。作，猶事也。路作，謂敗事也。」劉如瑛曰：「《禮記‧喪服小記》：『苴杖，竹也。』孔穎達疏：『苴者，黯也。……故（破）貌必蒼苴，所以衰裳絰杖，俱備苴色也。』《哀公》：『資衰苴杖。』楊注：『苴謂蒼白色。』路，當爲『務』。作，變也。藍苴務作，意爲忽藍忽蒼，務爲變詐，蓋與『蒼黃反覆』意近，疑乃當時方言。」余舊說謂「藍苴路作」讀爲「嚂怚路詐」。嚂，貪也。路，大也。謂貪婪傲慢大詐。宋本《淮南子‧氾論篇》：「故很者類知而非知。」高注：「很者自用，像有知，非眞知。」《淮南子》之文，顯然從《荀子》化出。今本《淮南子》爲高誘注本。道藏本、明刻本、漢魏叢書本作「狠」，《治要》卷41、《爾雅‧釋草》邢昺疏、《續博物志》卷7引《淮南子》作「狠者類智而非智」，《治要》引注作：「狠，慢也。」所引爲許慎注本。「狠」無慢訓，許本蓋本作「狙」字。宋本《長短經‧知人篇》作「狙者類智而非智也」，自注：「狙，音自舒反，慢也。」「狙（姐）」訓慢，本字爲怚、孋〔註100〕。《禮記‧禮運》：「故用人之知去其詐，用人之勇去其怒，用人之仁去其貪。」與此文相證，則讀「作」爲「詐」，斷無可疑。

（68）仁義禮善之於人也，辟之若貨財粟米之於家也

2、3，浙江教育出版社2001年版，第80、290頁。

〔註99〕郭在貽《荀子札記》，收入《郭在貽文集》卷3，中華書局2002年版，第7～8頁。

〔註100〕參見蕭旭《〈荀子‧大略〉「藍苴路作」解詁》，收入《群書校補（續）》，花木蘭文化出版社2014年版，第1965～1970頁。

按：劉師培曰：「《類聚》卷 72 引『善』作『智』，疑誤。《治要》及《御覽》卷 419、421、437、485 並引作『善』。」《御覽》卷 437 未引此文，劉氏誤記，又卷 472、840 引亦作「善」，卷 836 引作「智」。「仁義禮智」是先秦成語，「仁義禮善」則未見，劉說非是。《孟子·告子上》：「惻隱之心，仁也；羞惡之心，義也；恭敬之心，禮也；是非之心，智也。」粟米，《類聚》卷 72、《御覽》卷 472 引誤倒作「米粟」。

（69）知者明於事，達於數，不可以不誠事也

楊倞注：誠，忠誠。言不可以虛妄事智者。

按：盧文弨曰：「事智者，元刻作『了知也』。」王天海曰：「誠，實也。不誠事，謂言不實事求是也。楊注非。」楊注是，王說全無章法。謂智者明於事理，不可以不以誠心事之也。

（70）故曰：「君子難說，說之不以道，不說也。」

楊倞注：說，並音悅。

按：久保愛曰：「說說，並音稅。不說，音悅。」李滌生謂三「說」字借爲「悅」，王天海竊其說，云：「三『說』字並音悅。前二『悅』，取悅也。不悅者，不喜也。《論語·子路》：『君子易事而難說也，說之不以道，不說也。』是《荀子》之所本也。」楊柳橋已指出語本《論語》，王氏不引，竊作己說。三「說」字並讀如字。《禮記·曲禮上》：「禮不妄說人。」鄭玄注：「爲近佞媚也。君子說之不以其道，則不說也。」久說本於《論語》邢昺疏：「君子易事而難說也者，言君子不責備於一人，故易事不受妄說，故難說也……言君子有正德，若人說己不以道而妄說，則不喜說也。」

（71）語曰：「流丸止於甌臾，流言止於知者。」

楊倞注：甌、臾，皆瓦器也。揚子雲《方言》云：「陳、魏、楚、宋之間謂蠶薄爲臾。」甌臾，謂地之坳坎如甌臾者也。或曰：甌臾，窊下之地。《史記》曰：「甌窶滿溝，污邪滿車。」裴駰云：「甌窶，傾側之地。污邪，下地也。」「邪」與「臾」聲相近，蓋同也。

按：《史記·滑稽傳》作「甌窶滿篝，汙邪滿車」，《集解》引徐廣曰：「篝，

籠也。」《索隱》：「甌窶，猶杯樓也。言豐年收掇易，可滿篝籠耳。」
《正義》：「甌樓，謂高地狹小之區。得滿篝籠也。」傅山曰：「《說文》
『臾』從乙，束縛捽抴之義〔註101〕。徐曰：『屈，乙也。』〔註102〕此
『甌』，即地之窞坎也。而『臾』或取屈乙之處，如地有屈乙，則丸不
得滑滑而前也。」方以智曰：「甌臾，謂平阜而中圩，爲能止丸也。」
〔註103〕馬敘倫曰：「前說『臾』即訓草器之臾。今復案《說文》曰：『匬，
甌器也。』……是『臾』即『匬』也。蓋『匬』、『匱』乃轉注字，『臾』
爲『匱』之古文，『賣』爲『匱』之借字。『甌臾』與『甌匱』同。」
〔註104〕王天海曰：「甌臾，此喻坑穴之地。」傅氏引《說文》釋「臾」，
則拘於字形，非是。「甌臾」、「甌窶」音相轉，注云「邪與臾聲相近」，
「邪」當作「窶」，「窶」、「臾」聲亦相近也。瞿方梅曰：「臾、窶聲相
近，故從臾從婁之字，並收《廣韻》十《虞部》中，此『甌窶』當與
『甌臾』同義。」〔註105〕「甌臾」指地面窊下，「甌窶」指高地狹小。
窊下與高起，義相反而實相承，自上視之則爲窊下，自下視之則爲高
起也。其語源義是圓形或半圓形。又音轉作「甌匬」、「甌瓿」、「隩隅」、
「隖簌」，指圓形高起之器。又音轉作「部婁」、「培塿」、「培瑜」、「部
塿」、「附婁」、「附塿」，指圓形高起之地，皆「果嬴」轉語〔註106〕。

（72）此家言邪學之所以惡儒者也

楊倞注：家言，謂偏見，自成一家之言，若宋、墨者。

按：王天海本正文「學」誤作「說」。劉師培曰：「此『家言』即《解蔽篇》
『亂家』之家，故與『邪學』並言。」李滌生從劉說。駱瑞鶴曰：「家，
猶私也。私亦邪也。」王天海曰：「家，通『假』。惡者，畏懼也。」楊

〔註101〕王天海引誤點作：「《說文》：『臾，從乙，束縛捽抴之義。』」《說文》釋語有
「之義」二字乎？今本《說文》作「臾，束縛捽抴爲臾。從申從乙」。

〔註102〕檢《繫傳》作「申，束縛也。乙，屈也。會意。羊朱切」。傅氏誤倒作「屈，
乙也」，王天海照鈔，而不知檢正。

〔註103〕方以智《通雅》卷4，收入《方以智全書》第1冊，上海古籍出版社1988年
版，第208頁。

〔註104〕馬敘倫《讀書續記》卷2，中國書店1985年版，本卷第52～53頁。

〔註105〕瞿方梅《史記三家注補正》卷8，《學衡》第58期，1926年版，第27頁。

〔註106〕參見程瑤田《「果嬴」轉語記》，收入《續修四庫全書》第191冊，第517～
524頁。又參見蕭旭《麵食「餺飥」、「餶飿」、「蝤餅」名義考》。

注是也，王說全誤。家言，即《解蔽篇》所謂「百家異說」。《正名篇》：「是故邪說不能亂，百家無所竄。」亦同。惡，憎厭。《解蔽篇》：「亂國之君，亂家之人。」家、國對舉，非此之誼，劉說亦誤。

（73）曾子食魚有餘，曰：「泔之。」門人曰：「泔之傷人，不若奧之。」

　　楊倞注：泔與奧，皆烹和之名，未詳其說。

按：盧文弨曰：「案：非烹和也，曾子以魚多欲藏之耳。泔，米汁也。泔之，謂以米汁浸漬之。門人以易致腐爛，食之不宜於人，或致有腹疾之患，故以爲傷人。《說文》：『奧，宛也。宛，奧也。』『奧』與『宛』皆與『鬱』音義同。今人藏魚之法，醉魚則用酒，醃魚則用鹽，置之甄中以鬱之，可以經久且味美。皆謂治之，藏於幽隱之處。今魚經鹽酒者，於老者病者極相宜，正與傷人相反。」胡文英曰：「泔之，以米潘浸之，恐其敗也。奧之，則以椒酒浸之而氣鬯，故不傷人。吳諺謂以椒酒浸魚肉曰奧。」〔註107〕王念孫曰：「米泔不可以漬魚，盧謂『以米汁浸漬之』，非也。『泔』當爲『洎』。《周官·士師》：『洎鑊水。』鄭注曰：『洎，謂增其沃汁。』《襄二十八年左傳》：『去其肉而以其洎饋。』《正義》曰：『添水以爲肉汁，遂名肉汁爲洎。』然則添水以爲魚汁，亦得謂之洎。洎之，謂添水以漬之也。《呂氏春秋·應言篇》：『多洎之則淡而不可食，少洎之則焦而不熟。』高注曰：『肉汁爲洎。』彼言『多洎之』、『少洎之』，即此所謂『洎之』矣。以洎漬魚，則恐致腐爛而不宜於食，故曰『洎之傷人』也。『奧』亦非烹和之名，盧訓奧爲鬱，是也。《釋名》曰：『腜，奧也。藏物（肉）於奧內〔註108〕，稍出用之也。』彼所謂『腜』，即此所謂『奧之』矣。然盧謂『奧』與『宛』、『鬱』同音，則非也。」孫詒讓、梁啓雄、章詩同、熊公哲從王說〔註109〕。沈欽韓曰：「按：泔、奧蓋冷煖之分。泔以涼飲沃之，奧則煴也。」〔註110〕朱駿聲曰：「泔，叚借爲曆。」又「奧，叚借爲鑣。按：泔者，曆也，謂寒冰調之。鑣，謂重烹之。皆當暑防魚餒也。」

〔註107〕胡文英《吳下方言考》卷10，收入《續修四庫全書》第195冊，第83頁。

〔註108〕《釋名》作「藏肉」，王氏引誤。

〔註109〕孫詒讓《荀子校勘記下》，收入《籀廎遺著輯存》，中華書局2010年版，第540頁。

〔註110〕沈欽韓《漢書疏證》卷7，收入《續修四庫全書》第266冊，第224頁。

〔註111〕朱星從朱說讀奧爲鑶〔註112〕。孫詒讓校《釋名》云：「《荀子》云云。賈思勰《齊民要術》及段公路《北戶錄》引南朝食品並有『奧肉法』。」〔註113〕王先謙、王佩諍從孫說〔註114〕。冢田虎曰：「泔，米潘也。泔之，蓋漬之米潘也。奧，燠也，謂燔之也。」久保愛說略同冢氏。金其源曰：「泔，臭汁也。奧，豕牢也。傷，猶勞也。則泔之者，棄諸泔中也。奧之者，投諸豕牢也。傷人者，勞人也。謂棄諸泔中猶待汎之以食豕，未免勞人，不如逕投諸豕牢也。」陳直曰：「『泔』爲『箝』字之假借，箝謂緘也。『奧』爲『藪』字之省文。《說文》：『藪，漉米藪（籔）也。』〔註115〕今蘇俗謂之飯籮。本文箝謂緘藏於廚，易於腐敗，故食之傷人，不若用漉米藪反覆其上也。」楊柳橋曰：「泔之，謂浸之以汁也。奧，當爲『燠』，火氣也。奧，謂曬之也。」王天海曰：「泔，米汁也。用米泔水漬魚不可久存，故曰傷人。奧，後作『腴』。腌製魚肉，說見《齊民要術》。奧之，即腌製之。諸說皆未得。」孫詒讓說非王天海所能知，其說「奧」即「腴」，解作腌製，見《齊民要術》云云，乃竊自《漢語大字典》〔註116〕。王天海引王念孫說，把《釋名》云云略去不引，以滅其跡，而大言「諸說皆未得」，天下奇聞！「奧之」王念孫、孫詒讓說是。無以米泔漬魚之理，「泔」字朱駿聲讀爲曆義長，張覺竊朱說作己說〔註117〕。「曆」訓調和，俗譌作曆，《玉篇殘卷》引《說文》：「曆，和也。」

（74）無用吾之所短，遇人之所長

楊倞注：遇，當也。言己才藝有所短，宜自審其分，不可彊欲當人所長而辨爭也。

〔註111〕朱駿聲《說文通訓定聲》，武漢市古籍書店 1983 年版，第 137、280 頁。
〔註112〕朱星《古漢語概論》，天津人民出版社 1959 年版，第 566 頁。
〔註113〕孫詒讓《札迻》卷 2，齊魯書社 1989 年版，第 60 頁。
〔註114〕畢沅、王先謙《釋名疏證補》，中華書局 2008 年版，第 142 頁。王佩諍《漢魏南北朝群書校釋錄要》，《華東師範大學史學集刊》，華東師範大學出版社 1958 年版，第 202 頁。
〔註115〕引者按：《說文》作「籔」，陳氏引誤。
〔註116〕《漢語大字典》（縮印本），湖北辭書出版社、四川辭書出版社 1992 年版，第 229 頁。
〔註117〕張覺《荀子校注》，嶽麓書社 2006 年版，第 384 頁。

按：注「辨」，遞修本、四庫本作「辯」，是也。楊柳橋曰：「遇，敵也。」二楊說可通，然考《鬼谷子·權》：「是故智者不用其所短，而用愚人之所長；不用其所拙，而用愚人之所工。」疑楊倞所見《荀子》「遇」上脫「而用」二字。遇，讀爲愚。《新語·輔政》：「智者之所短，不如愚者之所長。」《淮南子·修務篇》：「知者之所短，不若愚者之所脩。」高誘注：「短，缺。脩，長也。」亦其證。

（75）故塞而避所短，移而從所仕

> 楊倞注：塞，掩也。移，就也。「仕」與「事」同。事所能也。言掩其不善，務其所能也。

按：俞樾曰「『仕』疑『任』字之誤。任，能也。」梁啓雄、章詩同、楊柳橋、熊公哲、李滌生從俞說。楊柳橋又曰：「從，當讀爲縱。」「仕」疑當作「長」，「從」讀如字，承上文「無用吾之所短，遇人之所長」而言。下文「言其所長，而不稱其所短也」，亦「長」、「短」對言。《鬼谷子·權》：「言其有利者，從其所長也；言其有害者，避其所短也。」《御覽》卷 462 引《鬼谷子·揣情篇》佚文：「說王公君長，則審情以說王公，避所短，從所長。」

（76）有夫分義則容天下而治，無分義則一妻一妾而亂

按：久保愛謂「夫」字衍，李滌生從其說。王先謙曰：「容，受也。」楊柳橋從王說。陶鴻慶曰：「『夫』字衍。容，讀爲庸，用也。謂用天下之民而治也。王解失之。」梁啓雄從陶說。劉師培曰：「《孟子·盡心下》疏引『容』作『合』。」王天海曰：「夫，猶彼也，字不衍。巾箱三本無『夫』字，誤刪也。容者，包容也。王、陶二說皆非。」「夫」字衍，「合」是「容」字形誤。《孟子·盡心下》孫奭疏、《皇王大紀》卷 80 引無「夫」字。容，讀爲公，猶共也。《淮南子·主术篇》：「衣食之道，必始於耕織，萬民之所容見也。」王念孫曰：「『容』與『公』古字通。」〔註 118〕

（77）天下之人，唯各特意哉，然而有所共予也

> 楊倞注：特意，謂人人殊意。予，讀爲與。

〔註 118〕王念孫《淮南子雜志》，收入《讀書雜志》卷 13，中國書店 1985 年版，本卷第 79 頁。

按：王懋竑謂「唯」是「雖」形誤〔註119〕，王念孫則讀為「雖」，王念孫說
是也。楊柳橋曰：「《廣雅》：『特，獨也。』」王天海曰：「特意，猶特別
在意者。」二楊說是，特、獨一聲之轉。特意，猶言一意。

（78）無三王之法，天下不待亡，國不待死

楊倞注：言不暇有所待而死亡，速之甚也。

按：楊柳橋曰：「無，當讀為㤉，《說文》：『㤉，屰也。』今作『迕』、『逆』。」
「無」當讀為誣、侮，輕慢也〔註120〕。《韓子・人主篇》：「無法而擅行。」
《鹽鐵論・遵道》：「無先王之法，非聖人之道，而因於己，故亡。」「無」
字亦同。

（79）飲而不食者，蟬也；不飲不食者，浮蝣也

按：《大戴禮記・易本命》：「萬物之性各異類，故蠶食而不飲，蟬飲而不食，
蜉蝣不飲不食。」〔註121〕《家語・執轡》：「蠶食而不飲，蟬飲而不食，
蜉蝣不飲不食。」《淮南子・說林篇》：「蠶食而不飲，二十二日而化；
蟬飲而不食，三十日而脫；蜉蝣不食不飲，三日而死。」

〔註119〕王懋竑《荀子存校》，《讀書記疑》卷 11，收入《續修四庫全書》第 1146 冊，
第 357 頁。
〔註120〕參見蕭旭《〈大戴禮記〉拾詁》，收入《群書校補（續）》，花木蘭文化出版社
2014 年版，第 1943～1944 頁。
〔註121〕《淮南子・墬形篇》「性」作「生」。

卷第二十

《宥坐篇》第二十八校補

（1）孔子觀於魯桓公之廟，有欹器焉

楊倞注：……或曰：三桓之祖廟。欹器，傾欹易覆之器〔註1〕。

按：①王應麟曰：「《家語》、《荀子》謂『孔子觀于魯桓公之廟，有欹器焉』，《韓詩外傳》、《說苑》皆云『觀於周廟，有欹器焉』。《晉〔書〕・杜預傳》：『周廟欹器，至漢東京猶在御坐。』當以周廟爲是。」久保愛引太宰純說從王說。《家語》見《三恕篇》，《韓詩外傳》見卷3，《說苑》見《敬慎篇》。《淮南子・道應篇》：「孔子觀桓公之廟，有器焉，謂之宥卮。」許慎注：「桓公，魯君也。」亦與《荀》同，蓋傳聞異辭，未可必定云「以周廟爲是」。下文楊注引《文子》：「三皇五帝有勸戒之器，命曰侑卮。」又引注云：「欹器也。」〔註2〕是「欹器」起源甚早，歷代都有。②冢田虎曰：「欹，當作『攲』，去倚反，傾也。『攲』、『猗』同，於離反。」豬飼彥博曰：「欹，當作『攲』。」王天海不引豬飼說，竊作己說，云：「欹，同『攲』。攲器，傾斜易覆之容器。」三氏說皆誤。「攲」是「攲」俗字，《說文》「攲」訓持去。劉師培曰：「《原本玉篇・危部》引『欹』作『攲』，又云：『《韓詩》作「欹」。』是本書舊

〔註1〕 《集解》標點本誤點作：「三桓之祖廟欹器傾。欹，易覆之器。」董治安、王天海皆承其誤，梁啓雄本、楊柳橋本不誤。

〔註2〕 《玉海》卷90引「勸」誤作「觀」，今本《文子・九守》脫「勸」字。

本不作『歆』也。《慧琳音義》卷 29、卷 31 並引作『攲』，則唐本猶然。」《原本玉篇》引作「攲」，又云「《韓詩》爲『敧』字，在《支部》」；《慧琳音義》二引亦作「攲」，劉氏所引，皆不準確。《說文》：「攲，攲陌也。」段玉裁曰：「攲爲不正，故箸之訓曰飯攲，言攲衺之以入飯於口中也。宥坐之器曰攲器，虛則攲，中則正，滿則覆也。今俗作敧，又譌歆，去之遠矣。」段氏又曰：「攲者傾側意，箸必傾側用之，故曰飯攲。宗廟宥座之器曰敧器，古亦當作攲器也。」〔註 3〕字亦作攱，《說文》：「攱，頃也。」朱駿聲曰：「敧（歆），段借爲攱，《荀子》注云云。」〔註 4〕

（2）吾聞宥坐之器者，虛則敧，中則正，滿則覆

按：中，《家語》、《外傳》、《說苑》、《淮南子》並同，《文子·九守》作「沖」，借字。

（3）聰明聖知，守之以愚

按：劉師培曰：「《玉海》卷 90 引『聖』作『睿』，疑涉《淮南·道應訓》及《家語》而誤。」王叔岷曰：「《韓詩外傳》卷 3『聖』亦作『睿』。」王天海曰：「聖知，《家語》作『睿智』。」《淮南子·道應篇》作「叡知」，《說苑·敬慎》作「聖智」，《文子·九守》作「廣智」。《韓詩外傳》卷 8：「聰明叡智而守之以愚者哲。」「睿」同「叡」。《詩·凱風》毛傳：「聖，叡也。」《廣雅》：「睿，聖也。」

（4）功被天下，守之以讓

按：功被，《家語·三恕》同，《淮南子·道應篇》作「德施」。

（5）勇力撫世，守之以怯

楊倞注：撫，掩也，猶言蓋世矣。

按：盧文弨曰：「據注，則『撫』乃『幠』字之誤。《家語·三恕篇》作『振世』。」楊柳橋從盧說。朱駿聲、俞樾讀撫爲幠〔註 5〕，是也。振，讀

〔註 3〕 段玉裁《說文解字注》，上海古籍出版社 1981 年版，第 448、193 頁。
〔註 4〕 朱駿聲《說文通訓定聲》，武漢市古籍書店 1983 年版，第 489 頁。
〔註 5〕 朱駿聲《說文通訓定聲》，第 399 頁。俞樾《淮南子平議》，收入《諸子平議》，上海書店 1988 年版，第 579 頁。

爲震。《說苑・敬愼》作「距世」。二句《韓詩外傳》卷3作「人眾兵強者，守之以畏」，《淮南子・道應篇》作「武力毅勇，守之以畏」。《韓詩外傳》卷8：「人眾兵強而守之以畏者勝。」

（6）富有四海，守之以謙

按：劉師培曰：「『謙』與上文『以讓』複，《說苑・敬愼篇》作『富有天下，自守以廉』，《淮南・道應訓》作『富貴廣大，自守以儉』，並與此殊。疑此文『謙』字亦當讀『慊』，『慊』與『儉』同。《淮南・原道訓》：『不以慊爲悲。』高注：『廉，猶儉也。』是其義。」楊柳橋、李滌生從劉說。《淮南子》作「守之以陋」〔註6〕，不作「自守以儉」，劉氏失檢。又《淮南子》「不以廉爲悲」高注：「廉，猶儉也。」又「不以慊爲悲」高注：「慊，約也。」劉氏亦失檢。《家語・三恕》同此文作「謙」，讀爲儉，「慊」亦借字。《韓詩外傳》卷3：「土地廣大者，守之以儉」，又卷8：「土地廣大而守之以儉者安」。《說苑・敬愼》：「富而能儉。」並其確證。

（7）此所謂「挹而損之」之道也

楊倞注：挹亦退也。挹而損之，猶言損之又損。

按：劉台拱曰：「挹，《外傳》作『抑』。」孫詒讓說同〔註7〕。冢田虎曰：「挹，『損』之誤耳。《家語》作『損之又損之』，此語又見於《老子》。」楊柳橋曰：「《蒼頡》：『挹，損也。』」王天海曰：「挹，通『抑』，抑制也。《外傳》、《說苑》並作『抑而損之』。此節之文，《外傳》卷3、《說苑・敬愼》、《淮南・道應》載之而文異，《家語・三恕篇》與此文同。又《文子・九守篇》載老子語，略同。」王天海說「挹通抑」是，楊柳橋說亦是，王念孫、朱駿聲早發之，此或非王氏所能知，然王說實竊自駱瑞鶴，則斷無可疑〔註8〕；其校語既不明晰，又有錯譌。挹而損之，《說苑・敬愼》、《潛夫論・遏利》同（《說苑》不作「抑而損之」），《家語・三恕》作「損之又損之」（與此文不同），《韓詩外傳》

〔註6〕《文子・九守》「陋」作「狹」，義同。
〔註7〕孫詒讓《荀子校勘記》，收入《籀廎遺著輯存》，中華書局2010年版，第541頁。疑孫氏失記「劉云」二字。
〔註8〕駱瑞鶴《荀子補正》，武漢大學出版社1997年版，第198頁。

卷 3、8 作「抑而損之」，《淮南子・道應篇》作「挹而損之」，《御覽》卷 458 引《家語》、《文選・褚淵碑文》李善注引《外傳》並作「挹而損之」。朱駿聲曰：「挹，叚借爲抑。《荀子》注云云。《蒼頡篇》：『挹，損也。』挹、抑雙聲。」〔註9〕汪繼培曰：「『挹』與『抑』同。」〔註10〕《後漢書・光武紀》：「陛下情存損挹，推而不居。」挹亦讀爲抑。《淮南》作「挹」亦借字。王念孫曰：「『挹』與『挹』同。《文選・爲幽州牧與彭寵書》注引《蒼頡篇》云：『挹，損也。』『挹』與『損』義相近，故曰『挹而損之』。作『挹』者，借字耳。《後漢書・杜篤傳》注引此正作『挹而損之』，《荀子・宥坐篇》《說苑・敬愼篇》並同。《韓詩外傳》作『抑而損之』，『抑』與『挹』聲亦相近，故諸書或言『抑損』，或言『挹損』也。」〔註11〕

（8）夫子爲政而始誅之

楊倞注：始誅，先誅之也。

按：鍾泰曰：「始誅之，首誅之也。」楊樹達曰：「首、先義無別。」〔註12〕《家語・始誅》同此文，《尹文子・大道下》作「夫子爲政而先誅」，《說苑・指武》作「夫子始爲政，何以先誅之」，《白虎通義・誅伐》引《韓詩內傳》作「孔子爲魯司寇，先誅少正卯」。疑當作「夫子始爲政而先誅之」。

（9）一曰心達而險

楊倞注：心達而險，謂心通達於事而凶險也。

按：久保愛曰：「險，不平也。」劉師培曰：「《家語・始誅篇》、《劉子・心隱篇》『達』作『逆』，《說苑・指武篇》作『辨』。」楊柳橋從劉說。王叔岷曰：「『逆』乃『達』之誤。《尹文子・大道下篇》亦作『達』。『辨』與『達』義近。」王說是也，《治要》卷 48 引杜恕《體論》：「心達而性險。」「逆」是「達」形誤〔註13〕。辨，讀爲辯。《廣雅》：「辯，慧

〔註9〕 朱駿聲《説文通訓定聲》，武漢市古籍書店 1983 年版，第 115 頁。

〔註10〕 汪繼培、彭鐸《潛夫論箋校正》，中華書局 1985 年版，第 32 頁。

〔註11〕 王念孫《淮南子雜志》，收入《讀書雜志》卷 14，中國書店 1985 年版，本卷第 25～26 頁。

〔註12〕 楊樹達《鍾泰〈荀注訂補〉》，《清華學報》第 11 卷第 1 期，1937 年版，第 225 頁。

〔註13〕 「逆」俗字作「迏」，與「達」形近。

也。」余舊說謂「達」是「逆」形誤，解作心很戾而陰險〔註14〕，非是。險，《尹文子》、《家語》、《說苑》同，《治要》卷 10 引《家語》作「嶮」，《劉子》作「憸」。

（10）二曰行辟而堅

楊倞注：辟，讀曰僻。

按：辟，《說苑》同，《尹文子》、《家語》、《中論·覈辯》、《劉子》作「僻」。杜恕《體論》作「行僻而志堅」。《家語·刑政》：「行僞而堅。」

（11）三曰言偽而辨

按：《尹文子》同，《家語》、《說苑》、《中論》、《劉子》「辨」作「辯」，《治要》卷 10 引《家語》作「辨」。杜恕《體論》作「言偽而辭辯」。《家語·刑政》：「行偽而堅，言詐而辯。」

（12）四曰記醜而博

楊倞注：醜，謂怪異之事。

按：鍾泰曰：「醜，惡也。」王天海曰：「醜者陋也，淺陋也。」二說非也。記醜而博，《家語》、《中論》同，王肅注：「醜，謂非義。」王注亦非。《尹文子》作「彊（疆）記而博」，《說苑》作「志愚而博」，《論衡·定賢》作「言非而博」，《劉子》作「詞鄙而博」，杜恕《體論》作「記醜而喻博」。《爾雅》：「醜，眾也。」記醜而博，猶言博聞強記。《說苑》、《論衡》、《劉子》並未得厥誼而臆改之。

（13）五曰順非而澤

楊倞注：澤，有潤澤也。

按：孫詒讓引阮氏曰：「順，讀爲訓。澤，讀爲釋。」〔註15〕楊樹達曰：「焦循《孟子正義》卷 9 云：『澤，讀爲釋。謂順其非而爲之解釋，訓潤澤者失之。』焦說是也。」梁啓雄從焦說。于省吾曰：「澤，應讀作懌。」諸說非也。順非而澤，各書同，杜恕《體論》作「循非而言澤」。《家語·

〔註14〕蕭旭《孔子家語校補》，收入《群書校補（續）》，花木蘭文化出版社 2014 年版，第 336 頁。
〔註15〕孫詒讓《荀子校勘記》，收入《籀廎遺著輯存》，中華書局 2010 年版，第 541 頁。

刑政》亦有「順非而澤」語，王肅注：「行僞而堅，行詐僞而守之堅也。
順非而澤，順其非而滑澤〔之〕。」〔註16〕澤訓潤澤、光澤〔註17〕，引
申爲文飾。順之言遂也。

（14）故居處足以聚徒成群

按：聚徒成群，《尹文子》同，《家語》作「撮徒成黨」，王肅注：「撮，聚。」

（15）言談足以飾邪營眾

楊倞注：營，讀爲熒。熒眾，惑眾也。

按：飾邪營眾，《尹文子》作「飾邪熒眾」，《家語》作「飾褒榮眾」。《家語》
之文，《治要》卷10引作「飾衺熒眾」，《御覽》卷645引作「褒飾榮眾」。
《說苑》作「其知足以移眾」。「褒」爲「衺」形誤，同「邪」。王叔岷
曰：「營借爲眢，《說文》：『眢，惑也。』」榮、熒，亦並讀爲眢。

（16）強足以反是獨立

楊倞注：強，剛愎也。反是，以非爲是也。獨立，人不能傾之也。

按：久保愛曰：「《家語》『強』下有『禦』字，是也。」《尹文子》「強」作
「彊」，下有「記」字。作「彊記」誤。《說苑》作「強足以獨立」。

（17）今殺一人以戮不孝

按：戮，王天海本誤作「謬」。楊柳橋曰：「戮，罪也。」《說苑‧政理》亦
作「戮」，《韓詩外傳》卷3作「僇」，古通。《廣雅》：「戮，辱也。」

（18）嫚令謹誅，賊也

楊倞注：「嫚」與「慢」同。謹，嚴也。賊，賊害人也。

按：于省吾曰：「謹，應讀爲勤。」王天海曰：「嫚，讀爲嬨，過差也。于說
是也。」二說皆非是。《家語‧始誅》作「慢令謹誅」，姜兆錫引《論語‧
堯曰》「慢令致期，謂之賊」，得之矣。上博楚簡（二）《從政》甲篇簡
15：「命亡（無）時，事必又（有）期，則惻（賊）。」〔註18〕《韓詩外

〔註16〕「之」字據《治要》卷10引補。
〔註17〕參見楊明照《〈雙劍誃荀子新證〉評》，收入《學不已齋雜著》，上海古籍出版
社1985年版，第225頁。
〔註18〕釋文據季旭昇主編《〈上海博物館藏戰國楚竹書（二）〉讀本》，萬卷樓圖書股

傳》卷 3 引孔子曰：「慢令致期，暴也。」《長短經・政體》引孔子曰：「慢令致誅，賊也。」《韓子・揚權》：「簡令謹誅，必盡其罰。」簡亦慢也。盡其罰者，即謹嚴也。可證楊註至確〔註 19〕。

（19）今〔生也〕有時，斂也無時，暴也

　　楊倞注：言生物有時而賦斂無時，是緩暴也。

按：盧文弨曰：「『生也』二字各本皆脫，今案注增。」楊柳橋從盧說。王念孫曰：「『今』字當在『嫚令謹誅』上，總下三事言之，文義方順。《家語・始誅篇》作『夫嫚（慢）令謹誅』，『夫』字亦總下之詞。」久保愛曰：「《家語》作『徵斂無時，暴也』。」王天海曰：「今，猶夫，只作此句發語詞，王說非。有，又也。時斂，定時徵斂。也，猶『而』。楊注增字為訓，盧校反據之而補『生也』二字，皆非。楊注『緩暴』，別本作『陵暴』。緩暴，即縱暴，淺者未識，故改『陵暴』，非也。」盧文弨、王念孫說是，王天海不懂文法，其說全誤。「緩」無放縱義（《說文》「縱，緩也」，是鬆緩義），「緩暴」不辭，王天海佞宋而妄說耳。《長短經・政體》同《家語》。《管子・權修》：「地之生財有時，民之用力有倦，而人君之欲無窮，以有時與有倦，養無窮之君，而度量不生於其間，則上下相疾也。」《賈子・無蓄》：「生之有時，而用之亡度，則物力必屈。」此皆「生也有時，斂也無時」之誼。上博楚簡（二）《從政》甲篇簡 15：「不攸（修）不武〈戒〉，胃（謂）之必城（成），則暴。」

（20）不教而責成功，虐也

按：明翻宋本《家語・始誅》作「不試責成，虐也」。「試」當據《治要》卷 10 引校作「誠」，《長短經・政體》引孔子曰亦作「誠」。《論語・堯曰》：「不戒視成謂之暴。」上博楚簡（二）《從政》甲篇簡 15：「不教而殺，則虐。」《韓詩外傳》卷 3：「不戒責成，害也。」《說苑・說叢》：「不戒責成，謂之暴也。」戒，讀為誠，與「教」同義。

份有限公司 2003 年版，第 54 頁。下引同。

〔註 19〕 參見蕭旭《孔子家語校補》，收入《群書校補（續）》，花木蘭文化出版社 2014 年版，第 338～339 頁。

（21）已此三者，然後刑可即也

　　　　楊倞注：已，止。即，就。

　按：久保愛曰：「『已』當作『亡』，音無。《家語》作『政無』二字。」王天
　　　海曰：「已者，罷棄也。《家語》影宋鈔本作『故無此三者』。」久說是。
　　　言其政苟無賊、暴、虐三者，然後可加以刑也。「故」是「政」形譌，《治
　　　要》卷 10 引《家語》作「政無」，《長短經‧政體》引孔子曰同。

（22）故先王既陳之以道，上先服之。若不可，尚賢以綦之；若不可，
　　　廢不能以單之

　　　　楊倞注：綦，極也，謂優寵也。單，盡也。盡，謂黜削。單，或爲「殫」。

　按：盧文弨曰：「《家語‧始誅篇》作『尚賢以勸之，又不可，而後以威憚
　　　之』。此注『單，或爲殫』，元刻作『或爲憚』，與《家語》同。」楊
　　　柳橋從盧說。物双松曰：「單，當作『憚』。」久保愛曰：「綦，當作
　　　『惎』，教也。」楊樹達、章詩同說同久氏〔註 20〕，梁啓雄、李滌生
　　　從久說。陶鴻慶曰：「『綦』當爲『期』字之誤。期，待也。『單』當
　　　從《家語》讀爲『憚』。」梁啓雄曰：「單，借爲憚，畏也。《家語》
　　　作『憚』，用本字。」駱瑞鶴曰：「綦，楊訓爲極，是，而又以爲優寵，
　　　則爲不切，『極』無優寵之義……此文之『綦』，義取中極。言尚賢以
　　　爲之樹立榜樣。」王天海曰：「綦，至也，及也。」「單」字陶、梁說
　　　是，《長短經‧政體》作「尚賢以勸之，又不可，則廢不能以憚之」。
　　　綦，讀爲矜，尊敬、崇尚也。另詳《議兵篇》校補。《禮記‧王制》：
　　　「上賢以崇德，簡不肖以絀（黜）惡。」〔註 21〕文義相近。《家語》、
　　　《長短經》作「勸」，其義相因。字亦作「期」，《墨子‧非儒下》：「其
　　　道不可以期世。」蔣禮鴻曰：「《荀子》云云（單讀爲憚）。『綦』有表
　　　率勸誘之義，亦與此『期』字同義。」〔註 22〕王煥鑣從蔣說〔註 23〕。

（23）綦三年而百姓往矣

〔註 20〕楊樹達《荀子集解二十卷（思賢講舍刻本）》，《湖南文獻匯編》第 2 輯《省志
　　　　初稿‧藝文志》，湖南人民出版社 2008 年版，第 108 頁。
〔註 21〕《御覽》卷 207 引「絀」作「黜」。
〔註 22〕蔣禮鴻《〈墨子閒詁〉述略》，收入《懷任齋文集》，上海古籍出版社 1986 年
　　　　版，第 144～145 頁。
〔註 23〕王煥鑣《墨子集詁》，上海古籍出版社 2005 年版，第 972 頁。

楊倞注：百姓從化，極不過三年也。

按：豬飼彥博曰：「綦，當作『朞』，與『期』同。《家語》作『若是三年而百姓正矣』。」王天海曰：「綦，至也，及也。《議兵篇》：『已朞三年，然後民可信也。』其旨同此文。」綦、朞，並讀爲稘，周匝，《說文》：「稘，復其時也。」書傳通作「期（朞）」。綦（朞）三年，猶言三周年。王引之曰：「朞者，周也。謂已周三年也。」〔註24〕元刊本《韓詩外傳》卷 5「比朞三年」亦同，許維遹謂與《論語・先進篇》「比及三年」同義〔註25〕，非是。

（24）今之世則不然，亂其教，繁其刑，其民迷惑而墮焉，則從而制之，是以刑彌繁而邪不勝

按：《家語・始誅》同此作「從而制之」。物双松曰：「邪不勝，『勝』平聲，言其眾也。」久保愛曰：「『制』當作『刑』。邪不勝，猶言不勝邪。《家語》『墮』作『陷』，是也。」梁啟雄、李滌生從久說。李中生曰：「制，指制裁。墮，指墮落。」王天海曰：「墮，巾箱三本作『陷』。」久說是。本書《大略》：「故民迷惑而陷禍患，此刑罰之所以繁也。」又《脩身》：「雖陷刑戮可也。」又《仲尼》：「故知者之舉事也，滿則慮嗛，平則慮險，安則慮危，曲重其豫，猶恐及其旤（禍），是以百舉而不陷也。」《孟子・梁惠王上》：「及陷於罪，然後從而刑之，是罔民也。」〔註26〕皆作「陷」字之證。作「墮」雖可通，疑非《荀子》之舊本。

（25）百仞之山，而豎子馮而游焉

按：王念孫曰：「馮者，登也。《周官・馮相氏》注曰：『馮，乘也。』《廣雅》曰：『馮，登也。』故《外傳》作『童子登而遊焉』（《說苑》作『童子升而遊焉』，升亦登也）。」孫詒讓從王說〔註27〕。物双松曰：「馮，乘也。」王天海引王念孫說，不引《說苑》的書證，竊作己說，云：「豎子，童子。《說苑》云云。」諸說皆是，而猶未盡。豎子，猶言孺子，

〔註24〕王引之說見王念孫《荀子雜志》，收入《讀書雜志》卷 11，中國書店 1985 年版，本卷第 55 頁。

〔註25〕許維遹《韓詩外傳集釋》卷 5，中華書局 1980 年版，第 180 頁。

〔註26〕《孟子・滕文公上》同。

〔註27〕孫詒讓《荀子校勘記》，收入《籀廎遺著輯存》，中華書局 2010 年版，第 541 頁。

故爲童子義〔註28〕。《類聚》卷 52、《御覽》卷 624 引「豎子」作「童子」。馮之言溯，水行爲溯，陸行爲踰，皆取踩踏爲義〔註29〕。張之純曰：「馮，古通『憑』。」非是。

（26）今夫世之陵遲亦久矣，而能使民勿踰乎

按：王天海曰：「《類聚》引作『今仁義之凌遲久矣，能謂民弗踰焉』，又與此文略異。」其說竊自劉師培而稍異其辭。《類聚》見卷 52，劉師培且指出「與《外傳》、《說苑》悉合」。《韓詩外傳》卷 3：「今其仁義之陵遲久矣，能謂民無踰乎？」《說苑·政理》：「今是仁義之陵遲久矣，能謂民弗踰乎？」《類聚》蓋誤記出處。裴學海曰：「謂，猶使也。」〔註30〕

（27）其流也埤下，裾拘必循其理，似義

楊倞注：埤，讀爲卑。「裾」與「倨」同，方也。拘，讀爲鉤，曲也。其流必就卑下，或方或曲，必循卑下之理，似義者無不循理也。《說苑》作「其流也卑下，句倨之也，情義分然者也」。

按：朱駿聲曰：「裾，叚借爲倨。《漢書·酷吏趙禹傳》：『禹爲人廉裾。』《荀子·宥坐》：『裾拘必循其理。』即『倨句』也。」又「拘，叚借爲句。」〔註31〕豬飼彥博曰：「裾拘，『拘句』同〔註32〕。《樂記》曰：『倨中矩，句中鉤。』」劉師培曰：「《初學記》卷 6 引作『卑下倨句』，《大戴·勸學篇》作『庳下倨句』，《家語·三恕篇》作『卑下倨拘』，王注云：『卑，一作埤，增也。倨，一作裾，方也。「拘」、「鉤」同，曲也。』以『方曲』釋『倨拘』，似據《樂記》『倨中矩，句中鉤』爲說，即楊注所本，然訓與此文未洽。今考《大戴禮·曾子立事篇》云：『與其倨也，寧句。』《管子·弟子職篇》云：『居勾如矩。』《淮南·兵略訓》云：『動作周還，倨句詘伸，可巧詐者，皆非善者也。』

〔註28〕參見蕭旭《詈語「豎」語源考》，收入《群書校補（續）》，花木蘭文化出版社 2014 年版，第 2085～2089 頁。

〔註29〕參見蕭旭《〈說文〉「溯」字義疏》，收入《群書校補（續）》，花木蘭文化出版社 2014 年版，第 1881～1883 頁。

〔註30〕裴學海《古書虛字集釋》，中華書局 1954 年版，第 131 頁。

〔註31〕朱駿聲《說文通訓定聲》，武漢市古籍書店 1983 年版，第 415、350 頁。

〔註32〕引者按：據其下文所引，「拘句」當是「倨句」之誤。

〔註33〕均『倨』、『句』對文……此以『裾拘』與『埤下』並言，『埤』當從王說訓增，與『下』對文；則『裾拘』亦相對之詞，與『侈弇』同，即《考工記・匠人》所云『磬折以參伍』也。」劉師培又曰：「『裾拘』即《考工記》之『倨句』也……蓋一曲一直謂之句股，成一縱一橫之形，其有橫線上傾及縱線外博者均謂之倨，其有橫線下傾及縱線內向者均謂之句……『裾拘』與《匠人》所言之『磬折』同，乃水形之一侈一斂，曲相抱合者也。楊注訓倨爲方，非也。」梁啓雄從劉氏後說。尙節之曰：「埤下裾拘者，言水性遇卑下則流疾，遇直遇曲，皆循其理，順流不渝也。『裾拘』即《考工記》之『倨句』，鄭訓倨爲直，正與此合。楊注詁倨爲方，非也（頗疑『裾拘』爲『屈曲』之借字）。」〔註34〕楊樹達曰：「古人多以『倨』、『句』對文，『倨』皆謂直。」〔註35〕楊柳橋曰：「裾有直義。楊倞云：『倨，方也。』方亦直也。」埤，《說苑・雜言》亦作「卑」，皆「庳」借字。裾拘，《說苑》作「句倨」，字亦作「居曲」、「倨佝」，曲直義〔註36〕。必，《家語》同，《大戴記》、《說苑》作「皆」。皆，猶必也〔註37〕。

（28）其洸洸乎不淈盡

　　　楊倞註：洸，讀爲滉。滉，水至之貌。淈，讀爲屈，竭也。《家語》作「浩浩無屈盡之期，似道也」。

按：王念孫曰：「楊讀洸爲滉，『滉滉，水至之貌』，古無此訓。洸洸，當從《家語》作『浩浩』，字之誤也。《王制》曰『有餘曰浩』，故曰『浩浩乎不屈盡』。《初學記》引《荀子》正作『浩浩』，則所見本尙未誤。《御覽》地部二十三同。」王先謙曰：「《說文》：『洸，水涌光也。』作『洸洸』義通，似不必改作『浩浩』。」梁啓雄從王先謙說。裴學海曰：「『洸』（音晃）與『浩』一聲之轉，『洸』非『浩』之誤也。」

〔註33〕劉氏誤作「動作周旋，倨勾屈伸，可考詐者」，茲據《淮南》原書徑正。

〔註34〕尙節之《荀子古訓考（續）》，北京《雅言》1941年第7期，第20頁。

〔註35〕楊樹達《荀子集解二十卷（思賢講舍刻本）》，《湖南文獻匯編》第2輯《省志初稿・藝文志》，湖南人民出版社2008年版，第109頁。

〔註36〕參見蕭旭《孔子家語校補》，收入《群書校補（續）》，花木蘭文化出版社2014年版，第頁。

〔註37〕參見蕭旭《古書虛詞旁釋》，廣陵書社2007年版，第157～158頁。

〔註38〕駱瑞鶴亦謂不當改，楊注不可易。劉師培曰：「《事類賦注》卷
7 引與《初學記》同。」王天海曰：「《初學記》引作『浩浩乎不居，
似有道』，義似長。」《御覽》卷 58、《事類賦注》卷 7、《記纂淵海》
卷 1 引並作「其浩浩乎不屈」，《初學記》作「居」是「屈」形譌，劉
師培未辨其異。王天海不知其誤，妄云「義似長」，難道作「不居」義
亦長？本書《富國篇》楊倞注：「『潢』與『滉』同。潢然，水大至之
貌也。」此文注「至」上脫「大」字。

（29）其赴百仞之谷不懼，似勇

按：懼，《家語・三恕》同，《大戴記・勸學篇》、《說苑・雜言》作「疑」。
疑亦懼也。

（30）主量必平，似法

　　楊倞注：主，讀爲注。量，謂阬受水之處也。言所經阬坎，注必平之，然
　　　　　後過，似有法度者均平也。

按：久保愛曰：「《家語》作『至量必平』，是也。」劉師培曰：「《大戴・勸
學篇》『主』作『此』，《說苑・雜言篇》作『至』。」鍾泰曰：「主量，
謂以水爲準也。『主』當如本字，不讀爲注。」楊柳橋曰：「《說文》：『法，
刑也，平之如水。』」王天海曰：「《說苑》作『至量必平，似正』，《家
語》作『至量必平之，此似法』。主，通『注』，楊注義長。」《家語》
寬永本上方校云：「至，甞（當）作『主』。」《大戴》作「必出量必平，
似正」，劉校失之。「正」是「法」古文「金」脫誤。鍾說是也，《大戴》
上「必」字衍文。「至」、「出」爲「主」形誤。各類書引本書皆同摹宋
本作「主量必平，似法」。

（31）淖約微達，似察

　　楊倞注：「淖」當爲「綽」。約，弱也。綽約，柔弱也。雖至柔弱，而浸淫
　　　　　微通達於物，似察者之見細微也。《說苑》作「綽弱微達」。

按：朱駿聲曰：「淖，叚借爲綽。」〔註39〕劉師培曰：「《初學記》卷 6 引
『淖』作『綽』，《家語》亦作『綽』。」鍾泰曰：「淖約，猶浸潤也。」

〔註38〕裴學海《評高郵王氏四種》，《河北大學學報》1962 年第 2 期，第 115 頁。
〔註39〕朱駿聲《說文通訓定聲》，武漢市古籍書店 1983 年版，第 330 頁。

王天海曰：「淖約，《說苑》作『綿弱』，《家語》作『綽約』。綿、淖，皆『綽』之形誤也。綽約，水柔弱貌，鍾說非。」《大戴》作「弱約」。「淖約」同「綽約」、「弱約」，亦作「綽弱」、「淖弱」、「淖溺」、「婥約」、「錊約」、「汋約」等形。王氏謂「淖」誤，非也。

（32）孔子曰：「如垤而進，吾與之；如丘而止，吾已矣。」

　按：久保愛曰：「已亦止也。」楊柳橋、熊公哲並曰：「與，猶許也。」王叔岷曰：「《論語・子罕篇》：『子曰：譬如爲山，未成一簣，止，吾止也；譬如平地，雖覆一簣，進，吾往也。』」王天海曰：「與，通『豫』，樂也。《論語》云云，其義當與此文同。」久、楊、熊說是。王氏引《論語》說之，宋人已及之〔註40〕。二「如」，宋・陳祥道《論語全解》卷5引作「由」。

（33）藜羹不糁

　　楊倞注：「糁」與「糝」同。

　按：豬飼彥博曰：「『糁』當作『煤』，言不煮於竈也。」劉師培曰：「《書鈔》卷144、《御覽》卷861引並作『不糝』（《說苑・雜言篇》及《莊子・讓王篇》、《呂氏春秋・愼人篇》、《風俗通義・窮通篇》均作『不糝』，惟《墨子・非儒下篇》作『糁』）。」梁啓超曰：「『糁』當作『堪』。」楊柳橋曰：「《說文》：『糁，以米和羹也，一曰粒也。』」王天海不引楊柳橋說，竊作己說，云：「不糝，無米和之。《說文》：『糝，以米和羹也，一曰粒也。糂，籀文糝從替。糁，古文糝從參。』」楊注是，桂馥、朱駿聲、孫詒讓皆從其說〔註41〕。《韓詩外傳》卷7亦作「藜羹不糝」（王叔岷已及），《孔叢子・詰墨》作「藜羹不粒」，《家語・在厄》作「藜羹不充」。《書鈔》卷144、145、《御覽》卷486引《墨子》作「糝」。《說文》：「粒，糂也。」互相爲訓，故《孔叢子》作「粒」。糂所以充腹，故《家語》作「充」。

〔註40〕陳祥道《論語全解》卷5引《荀子》以證《論語》。又楊愼《丹鉛續錄》卷1，收入《叢書集成新編》第13冊，新文豐出版公司1985年印行，第127頁。

〔註41〕桂馥《說文解字義證》，齊魯社1987年版，第619頁。朱駿聲《說文通訓定聲》，武漢市古籍書店1983年版，第86頁。孫詒讓《墨子閒詁》，中華書局2001年版，第303頁。

（34）今夫子累德、積義、懷美，行之日久矣，奚居之隱也

　　　　楊倞注：隱，謂窮約。

　按：久保愛曰：「《家語》『隱』作『窮』，似是。」劉師培曰：「《說苑‧雜言篇》作『今先生積德行爲善久矣』，《家語‧在厄篇》作『今夫子積德懷義，行之久矣』。據《家語》則此文『行之日久矣』當五字爲句，據《說苑》則『懷美行』三字聯文。」李滌生曰：「懷美，懷有美善之行。」王天海曰：「懷美，心懷美志。」楊說是也，《長短經‧是非》「隱」亦作「窮」。「美」當作「善」，承上文「爲善」而言，形之譌也。《御覽》卷486引作「積德義」，《韓詩外傳》卷7作「積德累仁爲善」，《長短經》作「積義懷仁」。

（35）夫芷蘭生於深林，非以無人而不芳

　按：芷蘭，《御覽》卷486引誤作「芳蘭」。《韓詩外傳》卷7：「夫蘭茞生於茂林之中，深山之間，不爲人莫見之故不芳。」《家語‧在厄》：「且芝（芷）蘭生於深林，不以無人而不芳。」《淮南子‧說山篇》：「蘭生幽宮（谷），不爲莫服而不芳。」〔註42〕（王叔岷已及）《金樓子‧立言篇下》：「蘭生空谷，不爲莫用而不芳。」

（36）故居不隱者思不遠，身不佚者志不廣

　　　　楊倞注：「佚」與「逸」同，謂奔竄也。《家語》作「常逸者」。

　按：朱駿聲曰：「佚，叚借爲逸。」〔註43〕朱氏從楊注。豬飼彥博曰：「《說苑》『佚』作『約』。《吳越春秋》范蠡曰：『居不幽，志不廣；形不愁，思不遠。』」劉師培曰：「《御覽》卷955引『遠』作『深』（此或《荀子》舊文，今作『遠』者蓋後人據《家語》及《說苑》所改。）《說苑》『佚』作『約』。」劉師培又曰：「隱，亦痛苦之義。」〔註44〕《御覽》卷486、955、《事類賦注》卷25引「不遠」並作「不生」。劉氏所據爲誤本，其說皆非是。鍾泰曰：「身不佚，『不』字衍。佚謂安佚也。」楊樹達曰：「《說文》：『佚，佚民也。』《孟子》云：『遺佚而不怨。』

〔註42〕《意林》卷2引「宮」作「谷」。
〔註43〕朱駿聲《說文通訓定聲》，武漢市古籍書店1983年版，第633頁。
〔註44〕王天海引劉說，竟誤置於上文「奚居之隱」下，粗疏已甚！

隱謂窮困，佚正謂遺佚，義相近。楊注及鍾泰說皆非是。」〔註45〕梁啓
雄曰：「『佚』即《孟子·公孫丑》『遺佚而不怨』之佚。」裴學海曰：「者，
猶則也。佚，讀為屑。《方言》：『屑，勞也。』勞苦與困約意義略同，
故《說苑》作『身不約』。」〔註46〕李中生曰：「楊倞釋『佚』為奔竄（猶
今語逃亡），更切文意。此『奔竄』既與上文『隱』相類，又與上文重
耳、齊桓公之奔曹、奔莒相貫。」劉如瑛曰：「不佚，疑為『常佚』，涉
上下『不』字而誤。《家語·在厄》作『處身而常逸者則志不廣』。佚，
通『逸』，安逸、逸樂。」王天海不引豬飼及劉師培、李中生說，竊其
說作己說，云：「《說苑》『佚』作『約』。佚，通『逸』，指奔逸、逃逸
也，非謂安逸。晉文、齊桓皆出亡而後霸者，楊注不可移，他說非也。」
豬飼所引《吳越春秋》見《勾踐入臣外傳》，據文義，「志不廣」與「思
不遠」當互易。劉如瑛說是也，《御覽》卷 486、955、《事類賦注》卷
25 引並作「身不佚」，皆誤。《家語·在厄》：「故居下而無憂者則思不
遠，處身而常逸者則志不廣。」《說苑·雜言》：「故居不幽，則思不遠；
身不約，則智（志）不廣。」《論衡·書解》：「居不幽，思不至。」《劉
子·激通》：「故居不隱者思不遠也，身不危者其志不廣也。」《長短經·
是非》「故居下而無憂者則思不遠，覆（處）身而嘗（常）逸者則志不
廣。」「身常佚」亦即「身不約」、「形不愁」、「身不危」之誼。

（37）女庸安知吾不得之桑落之下乎哉

楊倞注：桑落，九月時也。夫子當時蓋暴露居此樹之下。

按：郝懿行曰：「桑落，『索郎』反語也。索言蕭索，郎言郎當，皆謂困窮之
貌。楊注說固可通，而與上言曹、莒、會稽等義差遠。」王先謙從郝說。
董治安曰：「『桑落』之義，當從郝注，今齊魯者舊猶言落魄為『喪落』。
『喪』、『桑』古聲韻相同。」《水經注·河水》謂「索郎反語為桑落也」，
是說「索郎」雙反為「桑落」，「桑落」雙反則為「索郎」〔註47〕，郝說

〔註45〕楊樹達《鍾泰〈荀注訂補〉》，《清華學報》第 11 卷第 1 期，1937 年版，第 239 頁。
〔註46〕裴學海《古書虛字集釋》，中華書局 1954 年版，第 760 頁。
〔註47〕顧炎武曰：「桑落為索，落桑為郎也。」劉盼遂曰：「索郎切音為桑，郎索切音
為落，故『索郎』反語為『桑落』矣。」張永言說同劉氏。顧炎武《音論》卷
下《南北朝反語》，收入《音學五書》，中華書局 1982 年版，第 53 頁。劉盼遂
《六朝唐代反語考》，《清華學報》第 9 卷第 1 期，1934 年版，第 131 頁；又收

雖巧，恐近附會。邵瑞彭曰：「郝謂『桑落』爲『索郎』反語，蓋用《水經注》文，大謬。」〔註48〕「得之桑落」即《後漢書‧馮異傳》「失之東隅，收之桑榆」之誼。《家語‧在厄》作「庸知其終始乎」，亦謂最終或可有所得也。《御覽》卷 3 引《淮南子》：「日西垂，景在樹端，謂之桑榆。」《文選‧贈白馬王彪》：「年在桑榆間，影響不能追。」李善注：「日在桑榆，以喻人之將老。」「落」指日落，「桑落」比喻暮年。楊倞指爲桑落之時，即九月時，非是。俞樾曰：「按孔子絕糧在九日時，他書未載。」〔註49〕梁章鉅曰：「人知孔子在陳之年，而不知爲九月，此可補書傳所未備。」〔註50〕二氏誤信楊說也。《記纂淵海》卷 19 淮陽郡：「桑落，在郡界，即孔子絕糧處。」《明一統志》卷 26：「桑落，在陳州界，即孔子絕糧處。」以「桑落」爲地名，蓋亦後人附會之言。孫詒讓曰：「落，即『箈』之借字。落，猶籬也。此『桑落』亦謂以桑木爲籬。」劉師培曰：「桑落，蓋地名。其地多桑，故曰桑落。」梁啓雄從劉說。龍宇純曰：「桑落即桑蘀。桑落之下，猶云桑樹之下。」〔註51〕楊柳橋曰：「桑，猶喪也。落，零落也，死也。桑落之下，蓋雙關語，猶言即（既）死之後也。蓋謂即得志於後世也。」駱瑞鶴曰：「『喪』與『喪』同，或借爲『喪』字。喪，失也。桑落之下，猶言失落之時耳。」王天海曰：「楊注望文生義，諸說迂曲難通。頗疑『落』乃『蔭』之字誤也。『桑蔭之下』乃相知相遇之常典。」諸說皆誤，王天海尤爲臆說，「落」、「蔭」形聲俱遠，何以得誤？《事類賦注》卷 25 引作「桑落之下」，宋人黃庭堅《與王子龍書》、范浚《題史記貨殖傳》、楊萬里《上張子韶書》引並同。《後漢書‧孔融傳》《論劉表疏》：「桑落瓦解。」惠棟指出用《荀子》此典〔註52〕。則「桑落」決非誤文。

（38）子貢觀於魯廟之北堂，出而問於孔子曰：「鄉者賜觀於太廟之北

入《劉盼遂文集》，北京師範大學出版社 2002 年版，第 554 頁。張永言《〈水經注〉中語音史料點滴》，收入《語文學論集》，語文出版社 1992 年版，第 156 頁。

〔註48〕 邵瑞彭《荀子小箋》，《唯是》第 3 期，1920 年版，第 29 頁。

〔註49〕 俞樾《茶香室叢鈔》卷 1，中華書局 1995 年版，第 54 頁。

〔註50〕 梁章鉅《論語旁證》卷 15，收入《續修四庫全書》第 155 冊，第 214 頁。

〔註51〕 龍宇純《讀荀卿子三記》，收入《荀子論集》，學生書局 1987 年版，第 320 頁。

〔註52〕 惠棟《後漢書補注》卷 16，收入《二十四史訂補》第 4 冊，書目文獻出版社 1996 年版，第 482 頁。

堂，吾亦未輟，還復瞻被九蓋皆繼，被有說邪？匠過絕邪？」

楊倞注：輟，止也。「九」當爲「北」，傳寫誤耳。「被」皆當爲「彼」。蓋，音盍，戶扇也。皆繼，謂其材木斷絕，相接繼也。子貢問北盍皆繼續，彼有說邪？匠過誤而遂絕之也？《家語》作「北蓋皆斷」，王肅云：「觀北面之蓋皆斷絕也。」

按：注「戶扇」，遞修本、四庫本作「扇戶」。傅山曰：「匠過絕，又似謂匠之技過於巧絕耶？」王念孫曰：「『繼』與『輟、說、絕』韻不相協，『繼』當爲『繼』，字之誤也。《說文》：『繼，古文絕。』，正與『輟、說、絕』爲韻。今本『繼』作『繼』，則既失其韻，而又失其義矣。楊云『皆繼，謂材木斷絕，相接繼』，非也。接繼與斷絕正相反，下文云『匠過絕邪』，則此文之不作『繼』甚明。《家語》作『北蓋皆斷』，斷亦絕也。」王先謙、孫詒讓從王說〔註53〕。久保愛曰：「蓋，與『闔』同。」楊柳橋曰：「作『繼』作『斷』均可通。言『繼』，則『斷』寓其中矣。繼者，謂接斷木以爲門也。蓋，乃『闔』之借字。」王天海曰：「鄉，同『向』。蓋者，房蓋也。九蓋皆繼，謂所有房頂皆相連接也。匠過絕，工匠過於絕巧也。傅山之說是也。楊倞改『九』爲『北』，讀蓋爲盍，皆非也。」《禮書》卷69引作「彼皆斲耶，匠過之耶」，《家語・三恕》作「還瞻北蓋皆斷焉，彼將有說耶？匠過之也」。「繼」當取王念孫說，楊注餘說皆是。久說亦是，焦循曰：「闔本門扇之名，而可借爲『蓋苫』之蓋，則『蓋苫』之蓋亦可借爲門扇之闔。《荀子》注云云，此門扇之闔正作『蓋』。」〔註54〕朱駿聲曰：「蓋，叚借爲闔。」又「盍，叚借爲闔。」〔註55〕于鬯亦讀蓋爲闔。三氏申證楊注，是也。《說文》「閉」、「闔」並訓門扇，二字音義全同。盧文弨亦從楊說訓蓋爲戶扇〔註56〕。子貢問北面之扇戶皆斷絕了，是沒有好的木料，還是工匠誤斷了呢？孔子答以「良工因麗節文，非無良材」。非無良材，是說本有良材，不是沒有好的木料。「鄉」作時間副詞，本字是「曏」，《說文》：「曏，不久也。」謂不久之前。「向」作時間副詞亦「曏」借字。王天海讀爲「向」，「向」本

〔註53〕孫詒讓《荀子校勘記》，收入《籀廎遺著輯存》，中華書局2010年版，第542頁。
〔註54〕焦循《春秋左傳補疏》卷2，收入《續修四庫全書》第124冊，第453頁。
〔註55〕朱駿聲《說文通訓定聲》，武漢市古籍書店1983年版，第664、147頁。
〔註56〕盧文弨《與丁小雅（傑）進士論校正〈方言〉書》，收入《抱經堂文集》卷20，《叢書集成初編》第2502冊，中華書局1985年影印，第284頁。

義指朝北之窗戶。其不通小學如此！

（39）官致良工，因麗節文，非無良材也，蓋曰貴文也

　　　楊倞注：致，極也。官致良工，謂初造太廟之時，官極其良工，工則因隨
　　　　　　其木之美麗節文而裁製之，所以斷絕。《家語》作「官致良工之
　　　　　　匠，匠致良材，盡其功巧，蓋貴文也」。

　按：王念孫曰：「『麗』非美麗之謂。麗者，施也。言因良材而施之以節文
　　　也。《家語》作『匠致良材，盡其功巧』，正謂施之以節文也。」王先
　　　謙、李滌生從王說。劉師培曰：「《家語》王注引『麗』作『酈』。」周
　　　大璞曰：「致謂招致之，楊注未確。」〔註57〕李中生說同周氏。楊柳
　　　橋曰：「致，猶授意也。」王天海曰：「致，致意也。麗，通『儷』，成
　　　雙成對也。楊注未得，王說亦非。」《家語》王注未引此文，劉氏蓋誤
　　　記。「致」字周、李說是，《周禮・夏官・大司馬》鄭玄注引鄭司農曰：
　　　「致，謂聚眾也。」亦此誼。「麗」字王念孫說是，猶言施加、附著。

《子道篇》第二十九校補

（1）從命則親危，不從命則親安，〔孝子〕不從命乃衷

　　　楊倞注：衷，善也，謂善發於衷心矣。

　按：郝懿行曰：「衷者，善也。從義不從命，乃為善也。」冢田虎曰：「衷，
　　　即『中』字。今所謂衷者，盡中心之謂也。」俞樾曰：「『衷』與『忠』
　　　通。」久保愛說同俞氏，王先謙、梁啓雄、楊柳橋、熊公哲從俞說。王
　　　天海曰：「衷，誠也。」俞氏讀衷為忠，謂「忠」、「義」、「敬」對舉，
　　　是也。下文從反面申述之，以「敬」、「義」、「愛」對舉，可證「衷」是
　　　「愛」義。《賈子・道術》：「愛利出中謂之忠。」《呂氏春秋・權勳》：「其
　　　心以忠也。」高誘注：「忠，愛也。」

（2）故勞苦彫萃而能無失其敬

　　　楊倞注：彫，傷也。「萃」與「顇」同。雖勞苦彫顇，不敢解惰失敬也。

　按：物双松曰：「『萃』、『悴』通。」張之純曰：「萃，『瘁』之借字。《左氏

春秋傳》云：『無棄蕉萃。』即『憔瘁』字也。」王天海曰：「彫萃，猶憔悴，音相通也。」王說是，然其說宋人早發之。韓愈《秋懷詩》：「白露下百草，蕭蘭共雕悴。」宋人舊注：「雕，或作憔，或作凋。《荀子》：『勞苦雕悴。』」本書《富國篇》：「勞苦頓萃而愈無功。」楊倞注亦云：「萃與顇同。」又《王霸篇》：「則勞苦耗悴莫甚焉。」楊倞注：「耗，謂精神竭耗。悴，顦顇也。」「悴」、「顇」同。《說文》：「顇，顦顇也。」然楊注亦不誤，朱駿聲讀彫為凋，以申楊注〔註58〕。《玄應音義》卷19：「凋悴：《說文》：『半傷曰凋。』凋亦弊也。」

（3）則不幸不順見惡而能無失其愛

楊倞注：不幸以不順於親而見惡也。

按：冢田虎曰：「疑『不順』當作『而雖』歟？」李中生曰：「此『順』當用《修身篇》『以善和人謂之順』所釋。以善和人，即能寬容人。」王天海曰：「順者，和順也。楊注未了。」楊注是，王氏未達其誼。「不順於親」者，《禮記・中庸》：「順乎親有道，反諸身不誠，不順乎親矣。」《孟子・萬章上》：「不順于父母。」順，悅也。《孟子・離婁上》：「悅親有道，反身不誠，不悅於親矣。」本篇下文「吾意者身未敬邪？色不順邪？辭不孫邪」，《韓詩外傳》卷9同，《家語・困誓》「順」作「悅」。

（4）子貢曰：「子從父命，孝矣；臣從君命，貞矣。夫子有奚對焉？」

按：盧文弨曰：「有，讀為又。」久保愛曰：「有奚對焉，猶言『何有於對』，言易對也。」盧說是。《家語・三恕》作「奚疑焉」。

（5）古之人有言曰：「衣與繆與，不女聊。」

楊倞注：繆，紕繆也。與，讀為歟。聊，賴也。言雖與之衣，而紕繆不精，則不聊賴於汝也。或曰：繆，綢也。言雖衣服我，綢繆我，而不敬不順，則不賴汝也。《韓詩外傳》作「衣予教予」。《家語》云：「人與己，不順（相）欺也。」〔註59〕王肅曰：「人與己事實〔相〕通〔註60〕，不相欺也。」皆與此不同也。

〔註58〕 朱駿聲《說文通訓定聲》，武漢市古籍書店1983年版，第254頁。
〔註59〕 王天海不知「順」當校作「相」，誤點作「人與己不順，欺也」。
〔註60〕 今本《家語》王肅注有「相」字，遞修本亦有，據補。

按：遞修本注引《外傳》誤作「依予教家」，引王肅注「通」上有「相」字，「相欺」誤作「順欺」。盧文弨曰：「今《外傳》卷9作『衣歟食歟，曾不爾即』，『即』疑『聊』之譌。此云『教予』，疑是『飲予』之譌。今《家語・困誓篇》作『人與己與，不汝欺』，與此所引亦不同〔註61〕。」劉師培曰：「盧說近是。盧氏謂《外傳》舊本『教』字當作『飲』，則此文『繆』字或亦『醪』字之訛。」久保愛曰：「今《韓詩》作『衣歟食歟，曾不爾即』，是也。」陳直曰：「『繆』與『衣』不相類，當從《韓詩外傳》作『衣與食與』。」楊柳橋曰：「衣，疑借爲哀，實借爲愛。繆，疑借爲謬，誤也，欺也。」龍宇純曰：「楊氏二說俱不可用，劉謂『繆』爲『醪』之譌，據《家語》『食』字，其意可取。『繆』、『醪』或是假借爲用。劉說確然可信。」〔註62〕王天海曰：「繆，通『醪』。醪爲飲料，可代爲食。劉說是也。不女聊，猶言無不依賴汝。諸說皆未悟『不』之『無不』之義，故不得其解。」王天海謂「不」是「無不」義，妄說耳，所悟不如不悟，所解不如不解。繆，讀爲冒，俗作帽。「教」疑「務」字形誤。「務」亦讀爲冒。衣與繆與，猶言衣呀帽呀，與「衣歟食歟」、「人歟己歟」皆呼起之辭。趙懷玉曰：「『即』字自當作『聊』爲是。」〔註63〕朱季海曰：「『即』當依趙校作『聊』。『繆』讀若『教』，亦語之轉。」朱氏解「聊」作「賴」〔註64〕。盧、趙二氏謂「即」當作「聊」，是也，然未釋其義。聊，當讀爲膠，欺詐也，見《方言》卷3，與《家語》義合。字亦作謬、膠〔註65〕。

（6）故君子入則篤行，出則友賢

按：友，《韓詩外傳》卷9同，《家語・困誓篇》誤作「交」，《御覽》卷413引《家語》誤同，《類聚》卷21、《初學記》卷18、《御覽》卷406引《家語》則作「友」。《北齊書・儒林傳》：「安能入便篤行，出則友賢者也？」

〔註61〕 王天海誤以此句「與」屬上句作「不汝欺與」，連清人之語都讀不通，又不檢核《家語》原文，粗疏已甚！

〔註62〕 龍宇純《讀荀卿子三記》，收入《荀子論集》，學生書局1987年版，第321頁。

〔註63〕 趙懷玉校本《韓詩外傳》卷9，收入《龍溪精舍叢書》，第2頁。

〔註64〕 朱季海《韓詩外傳校箋》，收入《初照樓文集》，中華書局2011年版，第161頁。

〔註65〕 參見蕭旭《孔子家語校補》，收入《群書校補（續）》，花木蘭文化出版社2014年版，第443～444頁。

（7）子路盛服見孔子，孔子曰：「由，是裾裾何也？」

　　楊倞注：裾裾，衣服盛貌。《說苑》作「襜襜」也。

按：盧文弨曰：「見《說苑‧雜言篇》。《外傳》卷3作『疏疏』，《家語‧三恕篇》作『倨倨』。」郝懿行曰：「裾裾，《說苑‧雜言篇》作『襜襜』，『裾』與『襜』皆衣服之名，因其盛服，即以其名呼之。《韓詩外傳》卷3作『疏疏』，《家語》又作『倨倨』，則其義別。」冢田虎曰：「裾裾，《家語》作『倨倨』，驕傲之貌。」劉師培曰：「《類聚》卷8、《御覽》卷60引此文並作『襜襜』，與《說苑》同。」劉師培又曰：「此『裾』當作『倨』。《說文》：『倨，不遜也。』是倨為驕傲之意。」楊柳橋說同劉氏後說，當即取自劉說。朱起鳳曰：「倨、裾形近，疏、裾音近，『襜』乃草書之譌。」〔註66〕趙善詒從朱說〔註67〕。龍宇純曰：「《詩‧羔裘篇》云：『羔裘豹袪，自我人居居。』居居，衣服盛貌（案此用馬瑞辰說）。此即『居』加衣旁耳，《家語》作『倨』同。隸書『詹』字與『居』字形近，『襜』當是『裾』字形誤。『居』或作『尻』，與『疏』字偏旁形似，『疏』亦當為『裾』字之譌。郝說誤。」〔註68〕王天海曰：「裾裾，通『楚楚』，服飾鮮明貌。楊注未了，諸說皆未得。」王天海說乃竊自許維遹。許氏曰：「疏疏，讀為『楚楚』。《詩‧蜉蝣》：『衣裳楚楚。』毛傳：『楚楚，鮮明貌。』《說文》：『黼，會（合）五彩鮮貌。』引《詩》『衣裳黼黼』。然則『黼』正字，『楚』借字也……疏、裾音義亦相近。『襜襜』音異而義同。」〔註69〕《釋名》：「衽，襜也，在旁襜襜然也。裾，倨也，倨倨然直，亦言在後常見踞也。」《孔子集語》卷下亦作「襜襜」，龍氏形譌之說並非是。《論語‧鄉黨》：「衣前後襜如也。」《中說‧周公篇》：「衣裳襜如。」阮逸注：「襜如，盛貌。」「襜襜」即「襜如」。襜襜，衣服搖動貌〔註70〕；倨倨、裾裾，狀衣裾之直；疏疏、楚楚，狀衣服之鮮明。

〔註66〕 朱起鳳《辭通》卷3，上海古籍出版社1982年版，第247頁。

〔註67〕 趙善詒《韓詩外傳補正》卷3，商務印書館1938年版，第94頁。

〔註68〕 龍宇純《讀荀卿子三記》，收入《荀子論集》，學生書局1987年版，第322頁。

〔註69〕 許維遹《韓詩外傳集釋》卷3，中華書局1980年版，第118頁。《說文》原文作「黼，合五采鮮色」。

〔註70〕 參見蕭旭《孔子家語校補》，收入《群書校補（續）》，花木蘭文化出版社2014年版，第382頁。

（8）昔者江出於嶓山

按：劉師培曰：「《類聚》卷8引作『汶山』，《韓詩外傳》作『瀆』。」王天
海不引劉說，云：「嶓山，即岷山。《外傳》卷3作『瀆』，《說苑》、《家
語》作『岷山』，《類聚》引此文作『汶山』。屈守元曰：『岷、嶓、汶、
瀆，古皆相通，指山名也。』」元刊本《外傳》作「汶」，別本作「瀆」，
《類聚》引作「汶山」屈守元語亦及之〔註71〕，王氏竟析出作己說，
亦云陋矣。《御覽》卷60引亦作「汶山」。屈守元謂「瀆」與「岷（嶓）」
通，說本周廷寀。趙幼文曰：「『瀆』在文韻，『岷』在眞韻，不相通假，
周說非也。沈本作『汶』，『汶』與『岷』通。」〔註72〕

（9）及其至江之津也，不放舟，不避風，則不可涉也

　　楊倞注：放，讀爲方。《國語》曰：「方舟投柎。」韋昭曰：「方，並也。
　　　　編木爲柎。」《說苑》作「方舟」。方，柎也。《詩》曰：「方之舟
　　　　之。」

按：劉台拱曰：「楊注放讀爲方。案《韓詩外傳》亦作『方舟』。」劉師培
曰：「《類聚》及《御覽》卷60、《事類賦注》卷6並引作『方舟』（《外
傳》及《說苑・雜言篇》作『方』）。」久保愛曰：「《家語》『放舟』作
『舫舟』，《韓詩外傳》亦作『方舟』。」梁啓雄從楊注，又引《說文》
「方，併船也」以釋之。尙節之曰：「放，通『方』。」〔註73〕王叔岷
曰：「柳鍾城云：『《記纂淵海》卷66引放作舫。』《家語・三恕篇》『放』
亦作『舫』。舫亦借爲方。」楊柳橋曰：「放舟，與『避風』對文。放，
置也。放舟，謂用舟也。」王天海不引二劉及久說，云：「放舟，《外
傳》、《說苑》、《類聚》皆作『方舟』，《家語》作『舫舟』。楊注非也。
楊柳橋說是。」楊倞注至確，江津水大，故需編木爲柎。《元和郡縣志》
卷32引《荀子》亦作「方舟」，《孔子集語》卷下同，《初學記》卷6、
《御覽》卷40、《太平寰宇記》卷146引《家語》亦同。《家語》作「舫
舟」，「舫」是「方」俗分別字。「放」訓置，是棄置義，非置辦義，楊
柳橋說大誤。涉，《家語》同，《外傳》、《說苑》作「渡」。

〔註71〕屈守元《韓詩外傳箋疏》卷3，巴蜀書社1996年版，第326頁。
〔註72〕趙幼文《〈韓詩外傳〉識小》，《金陵學報》第8卷第1、2期合刊，1938年版，
　　　　第111頁。
〔註73〕尙節之《荀子古訓考（續）》，北京《雅言》1941年第7期，第20頁。

（10）今汝衣服既盛，顏色充盈

按：《家語》同，《外傳》卷3作「衣服其盛，顏色充滿」，《說苑‧雜言》作「衣服甚盛，顏色充盈」。趙幼文曰：「『其』爲『綦』之借，綦，極也。『既』亦『綦』之聲假。」〔註74〕裴學海曰：「『既』訓『太』，與『甚』同義。」〔註75〕二氏說是，「其」、「既」音之轉耳。四庫館臣、周廷寀、趙懷玉並謂「其」爲「甚」誤，趙善詒、許維遹、賴炎元、屈守元從其說〔註76〕，非也。

（11）子路趨而出，改服而入，蓋猶若也

　　楊倞注：猶若，舒和之貌。《禮記》曰：「君子蓋猶猶爾也。」

按：劉台拱曰：「案《韓詩外傳》作『蓋攝如也』。」孫詒讓說同〔註77〕。龍宇純曰：「猶若，《家語》作『自若』，《說苑》作『自如』，《外傳》作『攝如』。『如』、『若』通用，『猶』、『攝』形近，『自』字亦與『攝』字右旁略近，未審原所當作。」〔註78〕王天海曰：「猶若，同『猶然』。《逸周書‧官人》：『喜色猶然以出。』孔晁注：『猶然，舒和貌。』」猶若，猶言仍然，與「自如」、「自若」同義。楊注非是。王氏引《逸周書》以申楊注，亦非。且「猶然，舒和貌」是朱右曾說，非孔晁注。朱右曾即引《荀子》此文以說〔註79〕，王說實即竊取朱說耳。《外傳》一本作「攝如」，一本作「揖如」。

（12）孔子曰：「志之，吾語女。」

按：俞樾謂上文「由」當在「志之」上，《外傳》正作「由志之」。俞說是也，梁啓雄、楊柳橋、李滌生從其說。《家語‧三恕》亦作「由志之」，

〔註74〕趙幼文《〈韓詩外傳〉識小》，《金陵學報》第8卷第1、2期合刊，1938年版，第111頁。

〔註75〕裴學海《古書虛字集釋》，中華書局1954年版，第336頁。

〔註76〕趙善詒《韓詩外傳補正》卷3，商務印書館1938年版，第95頁。許維遹《韓詩外傳集釋》，中華書局1980年版，第119頁。賴炎元《韓詩外傳校勘記》，（香港）《聯合書院學報》第1期，1962年版，第42頁。屈守元《韓詩外傳箋疏》卷3，巴蜀書社1996年版，第327頁。

〔註77〕孫詒讓《荀子校勘記》，收入《籀𢊝遺著輯存》，中華書局2010年版，第542頁。

〔註78〕龍宇純《讀荀卿子三記》，收入《荀子論集》，學生書局1987年版，第322頁。

〔註79〕朱右曾《周書集訓校釋》卷7，收入《續修四庫全書》第301冊，上海古籍出版社2002年版，第155頁。

《說苑・雜言》作「由記之」。本書《法行篇》「元志之，吾語汝」亦
其比。王天海謂「俞說泥」，所謂以不狂爲狂也。

（13）色知而有能者，小人也

　　楊倞注：色知，謂所知見於顏色。有能，自有其能。皆矜伐之意。

按：于省吾曰：「而，猶如也。」熊公哲曰：「有，猶恃也。」王天海曰：「色
　　知，由表情而知也。而，猶其也。有，專也。有能，自專其能。此謂由
　　表情上知其專能者，小人也。《外傳》作『色知而有長者，小人也』。《說
　　苑》、《家語》『知』並作『智』。」諸解皆非是，王說尤支離破碎，古書
　　無此讀法。色知，猶《管子・心術》、《呂氏春秋・自知》之「知於顏色」，
　　高誘注：「知，猶見也。」「知」即表現義，「智」則借字。「而」是連詞。
　　「有」讀如字。謂有才能而表現於顏面者是小人。

（14）孔子曰：「君子，其未得也，則樂其意；既已得之，又樂其治。」

　　楊倞注：樂其意，樂其爲治之意。

按：王先謙曰：「得，謂得位也。樂其意，自有所樂也。楊注非。治，謂所
　　事皆治。」梁啓雄從王說。劉師培曰：「《說苑・雜言篇》作『其知』。」
　　王天海曰：「未得，未得志也，指入仕而得用也。意，志也，理想也。
　　楊注未了，王說亦非。治，事也。」二王說皆非。「君子」二字，《家語・
　　在厄》作「君子之修行也」，《說苑・雜言》作「君子之修其行」，則「得」、
　　「意」、「治」皆指修行而言。「得」謂修行有所得。「治」謂修行有所成。
　　《說苑》「治」誤作「知」。

《法行篇》第三十校補

（1）公輸不能加於繩，聖人莫能加於禮

　　楊倞注：公輸，魯巧人，名班。雖至巧，繩墨之外亦不能加也。

按：顧千里曰：「案正文『繩』下，據注疑亦當有『墨』字，宋本同。今本
　　蓋皆誤。」梁啓雄、楊柳橋從顧說。孫詒讓曰：「元刻『繩』下有『墨』
　　字，此脫。」〔註80〕王天海曰：「繩，與『禮』對文，含『墨』，顧說非。」

─────────────────

〔註80〕孫詒讓《荀子校勘記》，收入《籀廎遺著輯存》，中華書局 2010 年版，第 542 頁。

顧、孫說是，《記纂淵海》卷 25 引正作「繩墨」〔註 81〕。

（2）其云益乎

按：王先謙曰：「云益，有益也。」楊柳橋、李滌生從王說。王叔岷曰：「柳
鍾城云：『《記纂淵海》卷 52 引云作忘，卷 55 作亡。忘、亡古通。』
案元本、《類纂》本、《百子》本『云』並作『亡』，亡讀爲無。」董治
安曰：「劉本、遞修本『云』作『亡』。」王叔岷說是，「云」是「亡」
形誤，宋本《記纂淵海》分別在卷 2、90，引並作「亡」，《曾子全書》
同。《鹽鐵論・詔聖》亦有「其亡益乎」語。

（3）栗而理，知也

楊倞注：鄭云：「栗，堅貌也。理，有文理也。似智者處事，堅固又有文理。

按：王念孫曰：「栗而理，宋呂本如是。宋錢佃本及元刻依《聘義》於『栗』
上增『縝』字，而盧本從之〔註 82〕。引之曰：增『縝』字者，誤也。楊
注但釋『栗』、『理』二字而不釋『縝』字，則正文之無『縝』字甚明。
《說苑・雜言篇》說玉曰『望之溫潤，近之栗理。望之溫潤者，君子比
德焉；近之栗理者，君子比智焉』，亦言『栗理』而不言『縝』。栗者，
秩然有條理之謂，故有似於智。楊依《聘義》注，訓『栗』爲堅貌，亦
非。」王先謙、梁啓雄從王說，孫詒讓說略同王氏〔註 83〕，蓋即取自王
說。楊柳橋曰：「鄭玄《詩》箋：『栗，析也。古聲栗、裂同也。』栗而
理，謂分析而有文理也。」王天海曰：「栗，通『剫』，治玉也。言其易
治而易理也。諸說似未得之。」「理」字楊注解爲「有文理」，是也。王
天海解作「易理」，是作「治理」解，非是；又讀栗爲剫，亦是不考文
獻，亂說通借。《禮記・聘義》：「縝密以栗，知也。」王引之曰：「栗者，
秩然有條理之貌。《說文》：『瑮，玉英華羅列秩秩。』『瑮』與『栗』同。
栗之爲言猶秩也。《爾雅》曰：『條條秩秩，知也。』玉體密緻而條理秩
然，有如知者處事密緻而秩然不紊，故曰『縝密以栗，知也』。《管子・
水地篇》：『夫玉溫潤以澤，仁也。鄰以理者，知也。』《荀子・法行篇》：
『夫玉者溫潤而澤，仁也。栗而理，知也。』（俗本『栗』上有『縝』

〔註 81〕 四庫本《記纂淵海》在卷 59。
〔註 82〕 王天海引，此上誤作王引之語，又「增」誤作「填」。
〔註 83〕 孫詒讓《荀子校勘記》，收入《籀廎遺著輯存》，中華書局 2010 年版，第 542
頁。

字，後人據《聘義》增之也。）《說苑・雜言篇》云云。鄰、栗一聲之轉，皆清徹之貌也。《唐風・揚之水》傳曰：『潾潾，清徹也。』『潾』與『鄰』通。（尹知章訓鄰爲近，非。）《爾雅》曰：『秩秩，清也。』『秩』與『栗』通。玉之符采清徹而有條理，亦如知者之不惑，故曰『鄰以理者，知也』，又曰『栗而理，知也』，又曰『近之栗理者，君子比知焉』。」〔註84〕《管子・水地》「鄰以理」王引之校曰：「鄰，堅貌也。《聘義》云云，鄭注：『栗，堅貌。』《荀子・法行篇》曰：『縝栗而理，知也。』栗與鄰，一聲之轉耳。本書《五行篇》：『五穀鄰熟。』尹彼注曰：『鄰，緊貌。』《爾雅》釋竹類曰『鄰（潾）堅中』郭注曰：『其中實。』義與此並相近也。尹此注訓鄰爲近，非是。洪說同。」〔註85〕洪頤煊曰：「鄰讀如『白石潾潾』之潾，謂玉堅而有文理者。《禮記・聘義》作『縝密以栗，知也』，鄭注：『縝，緻也。』《荀子・法行篇》作『縝栗而理』。縝、鄰聲相近，皆謂玉文。《事類賦注》卷9引『鄰』作『潾』。尹注非。」〔註86〕洪說「縝、鄰聲相近」，與王說「栗與鄰一聲之轉」不同，王引之謂「洪說同」則失察。《詩・揚之水》：「白石潾潾。」馬瑞辰曰：「《說文》：『潾，水生厓石潾潾也。』正與《詩》義合。《釋文》：『潾，本又作磷。』皆後人增益之字。『潾』又通借作『鄰』，《管子》、《荀子》云云。鄰、栗一聲之轉，皆清澈之貌。」〔註87〕王引之有二說，其解本書及《禮記》，皆謂「栗」是有條理之貌；其解《管子》，則從楊注，謂「栗」是堅貌。其實二義相因，玉紋有條理，則堅實矣。

（4）廉而不劌

楊倞注：劌，傷也。雖有廉稜而不傷物，似有德行者不傷害人。

按：劌，本書《不苟》、《管子・水地》、《禮記・聘義》、《外傳》卷2、《家語・問玉》同，《說苑・雜言》、《脩文》亦同，《董子・執贄》作「殺」。

（5）扣之，其聲清揚而遠聞，其止輟然，辭也

〔註84〕 王引之《經義述聞》卷16，江蘇古籍出版社1985年版，第393頁。
〔註85〕 王引之說轉引自王念孫《管子雜志》，收入《讀書雜志》卷8，中國書店1985年版，本卷第7頁。《爾雅》原文作「鄰」。
〔註86〕 洪頤煊《管子義證》卷5，收入《續修四庫全書》970冊，上海古籍出版社2002年版，第538頁。
〔註87〕 馬瑞辰《毛詩傳箋通釋》卷11，中華書局1989年版，第342～343頁。

　　　楊倞注：「扣」與「叩」同。似有辭辨（辯）。言發言則人樂聽之，言畢更
　　　　　　無繁辭也。《禮記》作「叩之，其聲清越以長，其終屈然，樂也」。

按：劉師培曰：「揚、越雙聲。」梁啓雄曰：「輟然，猶戛然也。」楊柳橋曰：
　　「輟，亦止也。此疑借爲剟。《說文》：『剟，刊也。』剟然，言其止如
　　刀削也。」王天海曰：「輟，已也。輟然，自已之貌。辭，謙讓也。楊
　　注非也。揚，巾箱三本作『越』。」劉說是也，《周禮・考工記》：「宜其
　　聲清陽而遠聞。」陽亦讀爲揚。今本《禮記・聘義》「屈」作「詘」，《家
　　語・問玉》同。鄭玄注：「越，揚也。詘，絕止貌也。」王肅注：「詘，
　　斷絕貌，似樂之息。」「輟」自當訓止，「詘（屈）」則爲借字。「辭」當
　　作「樂」。扣，讀爲敂。《說文》：「敂，擊也。」「叩」亦借字。

（6）曾子曰：「同遊而不見愛者，吾必不仁也；交而不見敬者，吾必不
　　長也；臨財而不見信者，吾必不信也。」

　　　楊倞註：仁者必能使人愛己。不長厚，故爲人所輕。廉潔不聞於人。

按：郝懿行曰：「長，謂敬長，即謂之長，非謂不長厚也，楊注失之。」俞
　　樾曰：「不長者，無所長也。不長猶不能也。」梁啓雄曰：「長，良也。」
　　張之純曰：「不長，猶言無所短長。」楊柳橋曰：「長者，忠也，善也。」
　　王天海曰：「長者，尊也。郝說近之，然未了。」郝說是，王說即自郝
　　說化出，敬長即是尊敬長者，郝說何以未了？李中生從郝說。《鄧子・
　　無厚》：「夫遊而不見敬，不恭也。居而不見愛，不仁也。言而不見用，
　　不信也。」

《哀公篇》第三十一校補

（1）魯哀公問於孔子曰：「吾欲論吾國之士，與之治國，敢問何如之
　　耶？」

按：盧文弨曰：「舊本脫『取』字，今據《大戴禮・哀公問五義》、《家語・
　　五儀解》增。」久保愛說同。王天海曰：「如，猶爲也，說見吳昌瑩《經
　　詞衍釋》。何如，何爲也。盧校本據《大戴》、《家語》於『何如』下補
　　『取』字，是不明『何如』之義本通也，今不從。凡補『取』字者皆非。」
　　盧、久說是。《大戴》作「何如者取之」，《家語》作「敢問如何取之」。
　　「何如」即「如何」。王氏妄說耳，依其說，《大戴》「何如」何義？

（2）生今之世，志古之道；居今之俗，服古之服

　　楊倞注：志，記識也。服古之服，猶若夫子服逢掖之衣，章甫之冠也。

　按：久保愛曰：「志訓記識，非也。古之服，言先王之法服也。」鍾泰曰：「服古之服，謂行古之行也。服，行也。」李中生曰：「志，當爲『志慕』。」王天海曰：「服，猶習也。上言『居今之俗』，俗亦習也。此云『服古之服』，即習古之習也。楊注非，鍾說亦非。」「志」李說是，「服古之服」楊注是，楊樹達申證楊說〔註88〕。王氏謂「服」訓習，即「俗」，不知「今之俗」與「今之世」對舉同義，「俗」謂世俗。

（3）舍此而爲非者，不亦鮮乎

　　楊倞注：舍，去。此，謂古也。

　按：王懋竑曰：「『舍』字文義不順，疑當作『若』。」〔註89〕陶鴻慶曰：「舍，當讀去聲，其訓爲處。」王天海曰：「舍，居也，止也。楊注非。」王懋竑說誤，《大戴》、《家語》並作「舍」。《鹽鐵論・褒賢》：「服古之服，誦古之道，舍而爲非者，鮮矣。」正用此文，亦其證。陶、王說是，然王說實竊自王聘珍。王聘珍曰：「舍讀曰『宿舍』之舍，居也。」〔註90〕

（4）哀公曰：「然則夫章甫、絇屨、紳〔帶〕而搢笏者，此賢乎？」

　　楊倞注：王肅云：「絇，謂屨頭有拘飾也。」鄭康成云：「絇之言拘也，以爲行戒，狀如刀衣鼻，在屨頭。」

　按：絇屨，《大戴》作「句屨」，《家語》作「絇履」，王肅注作「絇履，履頭有鉤飾也」。所引鄭說見《儀禮・士冠禮》「黑屨青絇」注，謂「絇之言拘」非也。句、絇，並讀爲矩，方也。方履、絇（句）履，言履頭有矩形之飾也。古人認爲天圓地方，故爲圓冠、方履以象法之〔註91〕。

（5）斬衰、菅屨、杖而啜粥者，志不在於酒肉

〔註88〕楊樹達《鍾泰〈荀注訂補〉》，《清華學報》第11卷第1期，1937年版，第225頁。

〔註89〕王懋竑《荀子存校》，《讀書記疑》卷11，收入《續修四庫全書》第1146冊，第358頁。

〔註90〕王聘珍《大戴禮記解詁》，中華書局1983年版，第8頁。

〔註91〕參見蕭旭《孔子家語校補》，收入《群書校補（續）》，花木蘭文化出版社2014年版，第357頁。

楊倞注：菅，菲也。此言服被於外，亦所以制其心也。

按：《大戴》作「斬衰、菅屨、杖而歠粥者，志不在於飲食」，《家語》作「斬衰、管菲、杖而歠粥者，則志不在於酒肉」。久保愛曰：「『啜』與『歠』同。」啜，讀爲歠，飲也。「管」當作「菅」。「藺」同「蘭」，讀爲菅，茅也。

（6）口不能道善言，心不知色色

按：盧文弨曰：「《大戴》作『志不邑邑』。」郝懿行曰：「『色』當爲『邑』，字形之誤。『邑邑』與『悒悒』同，憂逆短氣貌也。」豬飼彥博說同郝氏，王先謙、孫詒讓、梁啓雄、楊柳橋、屈守元從郝說〔註92〕。久保愛曰：「『色色』不可讀，《家語》作『心不存愼終之規』，《韓詩外傳》作『心不能知先王之法』。」劉師培曰：「郝說『色當作邑』是也，惟『邑』與『挹』同，即謙退之義也。楊、郝說非。」王天海從劉說。郝說是也，《先聖大訓》卷1：「邑邑，猶深潛。」孔廣森曰：「邑邑，憂貌。」〔註93〕王聘珍曰：「邑，讀曰悒。《一切經音義》引《蒼頡》云：『悒悒，不舒之貌。』志不悒悒，謂志意放肆也。」〔註94〕心不知邑邑，猶言心不知憂懼。《韓詩外傳》卷2：「〔以〕善廢而不悒悒。」《治要》卷36引《尸子·勸學》作「以善廢而不邑邑」。《家語·五儀解》作「心不存愼終之規，口不吐訓格之言」，《長短經·品目》同。「不存愼終之規」亦謂不知戒愼也。

（7）勤行不知所務，止交不知所定

楊倞注：交，謂接待於物。皆言不能辨是非，倀倀失據也。

按：郝懿行、王引之並據《大戴》、《外傳》卷4校「勤行」作「動行」，「止交」作「止立」，久保愛亦據《大戴》、《外傳》校「止交」作「止立」，是也，王先謙、楊柳橋從郝、王說，孫詒讓、屈守元從王說〔註95〕，梁

〔註92〕孫詒讓《荀子校勘記》，收入《籀廎遺著輯存》，中華書局2010年版，第543頁。屈守元《韓詩外傳箋疏》卷4，巴蜀書社1996年版，第432頁。

〔註93〕孔廣森《大戴禮記補注》，收入《叢書集成新編》第34冊，新文豐出版公司1985年印行，第510頁。

〔註94〕王聘珍《大戴禮記解詁》，中華書局1983年版，第9頁。

〔註95〕孫詒讓《荀子校勘記》，收入《籀廎遺著輯存》，中華書局2010年版，第543頁。屈守元《韓詩外傳箋疏》卷4，巴蜀書社1996年版，第432頁。

啓雄從郝說。王天海曰：「務者，求也。此言行雖勤而不知所求也，其
義甚明，不必依《大戴》作『動行』。止，聚集也。交者，合也。謂聚
合不知所定也。其義本通，然楊注不得，諸說又以《大戴》、《外傳》律
此，不亦謬乎？」《家語》作「不力行以自定，見小闇大而不知所務」，
《長短經·品目》同。《治要》卷48引杜恕《體論》：「小人則不然，心
不在乎道義之經，口不吐乎訓誥之言，不擇賢以託身，不力行以自定，
隨轉如流，不知所執。」此「勤行」即「力行」之誼。《大戴》、《外傳》
作「動」，是「勤」形誤。郝、王二氏校「止交」作「止立」則是也。

（8）五鑿為正，心從而壞

　　楊倞注：鑿，竅也。五鑿，謂耳目鼻口及心之竅也。言五鑿雖似於正，而
　　　　　　其心已從外物所誘而壞矣。一曰：五鑿，五情也。《莊子》曰：「六
　　　　　　鑿相攘。」司馬彪曰：「六情相攘奪。」《韓詩外傳》作「五藏為
　　　　　　正」也。

　　按：盧文弨曰：「《大戴禮》作『五鑿為政』，此『正』字義當與『政』同，
　　　　古通用，注似非。」王懋竑曰：「『正』與『政』同。言五鑿為之主，而
　　　　心為之役也，故曰『心從而壞』。」〔註96〕劉台拱曰：「《荀子》書多『正』
　　　　為『政』。《韓詩外傳》亦作『五藏為政』。」元刊本《韓詩外傳》卷4
　　　　作「五藏為政」，沈氏刊本「為」誤作「無」。郝懿行、王念孫、周廷寀
　　　　皆取楊注後說解「五鑿」為「五情」〔註97〕。孔廣森曰：「政，主也。《春
　　　　秋左傳》曰：『今日之事，我為政。』」〔註98〕王聘珍曰：「五，讀曰午，
　　　　猶忤也。鑿，穿鑿也。五鑿為政，謂政不率法。心從而壞，謂私心壞政
　　　　也。」〔註99〕豬飼彥博曰：「『正』、『政』通，言五官役心也。」劉師培
　　　　曰：「《家語》王注引此文釋之云：『言五竅之正為物所誘也。』據彼說，
　　　　則『五鑿為正』乃五竅汨（汨）沒其正也。然『為』字義仍難曉。」鍾
　　　　泰曰：「五鑿，即五官。為正，猶為政。五鑿為正，謂五鑿為主也。」

〔註96〕王懋竑《荀子存校》，《讀書記疑》卷11，收入《續修四庫全書》第1146冊，
　　　　第358頁。
〔註97〕周廷寀《韓詩外傳校注》卷4，畿輔叢書本，本卷第17頁。
〔註98〕孔廣森《大戴禮記補注》，收入《叢書集成新編》第34冊，新文豐出版公司
　　　　1985年印行，第510頁。
〔註99〕王聘珍《大戴禮記解詁》，中華書局1983年版，第10頁。

包遵信曰：「五鑿，《外傳》作『五藏』，是也。又作『五中』。」〔註100〕
王天海曰：「爲，猶當也，亦爲應當之義。此謂五官本當端正不邪，以
心放縱而致壞也。」王天海純是臆說，五官端正與否，與心放縱何涉？
盧文弨、王懋竑讀正爲政，是也。《小學紺珠》卷3引「正」作「政」。
《正字通》亦曰：「正，與『政』同。」楊注前說「五鑿」爲「五竅」
亦是。《先聖大訓》卷1作「五鑿爲政」，解云：「五鑿，五竅也。耳二
竅，鼻二竅，與口而五。」梁啓雄曰：「五鑿，殆謂耳目口五竅。」所
指與楊說不同。「從」即順從義。

（9）所謂士者，雖不能盡道術，必有率也

　　楊倞注：率，循也。雖不能盡徧，必循處其一隅，言有所執守也。

　按：王叔岷曰：「《外傳》卷1、《大戴禮・哀公問五義》『率』並作『由』，
　　義近。」《家語》亦作「率」，王肅注：「率，猶行也。」《治要》卷10
　　引王肅注作「率，猶述也」，《長短經・品目》亦同。

（10）所謂君子者，言忠信而心不德

　　楊倞注：不自以爲有德。

　按：《家語・五儀解》作「言必忠信而心不怨」，王肅注：「怨，咎。」《治要》
　　卷10引作「怨」，引注作「忍（怨），怨害也」。《長短經・品目》「怨」
　　作「忌」，注作「忌，怨害也。」此文「忠信」上當補「必」字。《大戴》
　　作「躬行忠信其心不買」，元刻本「買」作「置」。《先聖大訓》卷1作
　　「覺」，云：「《家語》作『覺』，《大戴記》作『買』，皆通。」其云《家
　　語》作「覺」，未知所據。王念孫曰：「置，讀爲德。《荀子》作『言忠
　　信而心不德，仁義在身而色不伐』。不德、不伐，猶《繫辭》言『勞而
　　不伐，有功而不德』也。」裴學海從王說〔註101〕，方向東申證王說。
　　汪照曰：「疑『悳』與『置』形近而誤。」王聘珍曰：「『買』義未詳。
　　或云：『買』當爲『置』。」孫詒讓曰：「孫星衍校云：『疑『置』亦『悳』
　　字之譌，《荀子》所謂『言忠信而心不德』也。」王樹枏曰：「『置』爲
　　『悳』字之誤，『買』又『置』字之誤，皆形近致譌。悳，古文『德』。

〔註100〕包遵信《讀〈荀子〉札記（下）》，《文史》第6輯，1979年出版，第235頁。
〔註101〕裴學海《評高郵王氏四種》，《河北大學學報》1962年第2期，第65頁。

－607－

宜據《荀子》正。《家語》作『言必忠信而心不怨』。」余舊說云：「買
蓋借爲瞬，《說文》：『瞬，小視也。』」〔註102〕嚴元照曰：「晁說之云：
『古文『德』類『置』字，因相亂。』」〔註103〕「置」、「悳（德）」形
聲俱近，王念孫說爲長，余舊說誤矣。盧文弨說同王念孫〔註104〕。隋·
蕭吉《五行大義》卷5：「躬行忠信而心不怨不置。」是其所見本正作
「置」也。

（11）仁義在身而色不伐

按：《大戴》作「仁義在己而不害不知聞，志廣博而色不伐」〔註105〕，《家
語》作「仁義在身而色無伐」，隋·蕭吉《五行大義》卷5作「仁義志
意廣博而色不伐」。王肅注：「無伐善之色也。」

（12）思慮明通而辭不爭

按：《大戴》、《五行大義》作「思慮明達而辭不爭」，《家語》、《長短經》作
「思慮通明而辭不專」。《說苑·修文》：「是故君子德行成而容不知，聞
識博而辭不爭，知慮微達而能不愚。」與此文可互證。

（13）孔子對曰：「所謂賢人者，行中規繩而不傷於本，言足法於天下
而不傷於身。」

楊倞注：本亦身也。

按：《家語》作「所謂賢人者，德不踰閑，行中規繩，言足以法於天下而不
傷於身，道足以化於百姓而不傷於本」，《治要》卷10引無二「以」字。
王肅注：「閑，法。本，亦身。」此疑有脫文，「行中規繩」上脫「德不
踰閑」四字，其下脫「道足化於百姓」六字。《大戴》作「行中矩繩而
不傷於本，言足法於天下而不害於其身」，亦有脫文。

（14）富有天下而無怨財

〔註102〕各說皆轉引自方向東《大戴禮記匯校集解》，中華書局2008年版，第55～56頁。
〔註103〕嚴元照《娛親雅言》卷3，收入《叢書集成續編》第25冊，新文豐出版公司
1988年印行，第369頁。
〔註104〕盧文弨《經典釋文考證·周易音義考證》，收入《叢書集成新編》第3冊，新
文豐出版公司1985年版，第284頁。
〔註105〕「聞」字據《先聖大訓》卷1屬上讀。

楊倞注：怨，讀爲蘊。言雖富有天下，而無蘊蓄私財也。《家語》作「無宛」。《禮記》曰：「事大積焉而不宛。」古「蘊」、「苑」通，此因誤爲「怨」字耳。

按：傅山曰：「注『怨』讀蘊，亦不必爾。凡財皆斂怨之具。言富有天下，而無取怨之才也。」郝懿行曰：「此注得之，而義猶未盡。怨、宛皆從夗聲，此同聲假借也。音轉而爲苑，又轉而爲蘊，此雙聲假借也。不知假借之義，故謂爲字誤耳……《韓詩外傳》卷2：『子路與巫馬期薪於韞丘之下。』韞丘即宛丘。此即『苑』、『蘊』相借之例也。『蘊』與『韞』音義同。」王先謙從郝說。朱駿聲曰：「怨，叚借爲蘊、爲鬱。」又「薀，積也，字亦作蘊。《荀子》以『怨』爲之。」〔註106〕王天海曰：「怨，如字。怨財，聚怨之財。楊注非，傅說是。」楊說至確，郝、朱說亦是。王天海取傅氏陋說，可謂無識。《家語》王肅注：「宛，積也。古字亦或作此，故或誤，不著草矣。」《長短經・品目》引作「苑」，引注作「苑，積」。楊注所引《禮記》，今《禮運》作「苑」。《外傳》之「韞丘」，許瀚曰：「韞邱，即宛邱。《說文》無『韞』字，其本字當作『薀』。《說文》：『薀，積也。《春秋傳》曰「薀利生孽」。』而俗又變作『蘊』今書傳相承多用『蘊』字。『蘊』、『宛』音義同，假借通用。《荀子・富國篇》：『使民夏不宛暍。』楊倞注：『宛，讀曰蘊，暑氣也。』《哀公篇》注云云。古『蘊』、『宛』通。」〔註107〕《晏子春秋・內篇雜下》：「怨利生孽。」王念孫曰：「孫曰：『《左傳》怨作薀（《昭十年》），杜預注：「薀，畜也。」薀與怨聲相近。然據此文，凡有血氣者，皆有爭心，則怨字直是怨惡之怨，左氏取此書改其文顯然可見。』孫說非也。爭利而相怨，可謂之怨人，不可謂之怨利。若以怨爲怨惡，則『怨利』二字義不可通矣。《左傳》作『薀利』，本字也。此作『怨利』，借字也。（《大戴記・四代篇》：『委利生孽。』委亦薀也。薀、怨、委一聲之轉）前《諫上篇》：『外無怨治，內無亂行。』言君勤於政，則外無蘊積之治，內無昏亂之行也。是《晏子》書固以『怨』爲『蘊』矣。《荀子・哀公篇》楊注云云，彼言『怨財』，猶此言『怨利』。」〔註108〕

〔註106〕朱駿聲《說文通訓定聲》，武漢市古籍書店1983年版，第710、802頁。
〔註107〕許瀚《韓詩外傳校議》，收入《攀古小廬全集（上）》，齊魯書社1985年版，第116～117頁。
〔註108〕王念孫《晏子春秋雜志》，收入《讀書雜志》卷9，中國書店1985年版，本

金其源曰：「蘊、奧、宛三字音義俱與『鬱』同，古時通假。」《詩·素冠》：「我心蘊結。」桂馥曰：「《檜風》：『我心蘊結。』《小雅》：『我心菀結。』皆謂鬱結也。《集韻》慍、悆並音鬱：『心所鬱積也。』《南風歌》：『可以解吾民之慍兮。』《史記·倉公傳》：『宛篤不發。』《荀子·哀公篇》注云云。」〔註 109〕字亦省作縕，《易·繫辭上》：「乾坤其易之縕耶？」韓康伯注：「縕，淵奧也。」《集解》引虞翻曰：「縕，藏也。」朱駿聲謂縕借爲醞〔註 110〕，非是。

（15）布施天下而不病貧

　　　　楊倞注：言廣施德澤，子惠困窮，使家給人足而上不憂貧乏。

　按：注「子惠困窮」，當據遞修本作「慈惠用窮」，四庫本「困」誤作「用」。

（16）繆繆肫肫，其事不可循

　　　　楊倞注：「繆」當爲「膠」，相加之貌。《莊子》云：「膠膠擾擾。」「肫」與「訰」同。訰，雜亂之貌。《爾雅》云：「訰訰，亂也。」言聖人治萬物錯雜，膠膠訰訰然，而眾人不能循其事〔註 111〕。

　按：王應麟《困學紀聞》卷 5：「《哀公問五義》云：『穆穆純純，其莫之能循』，《荀子》云云，蓋古字通用。楊倞注非也。」傅山曰：「肫肫，即『肫肫其仁』之『肫肫』，何必曰『訰』？又何必曰『雜亂』也？」郝懿行曰：「《大戴記》作『穆穆純純，其莫之能循』。穆穆，和而美也。純純，精而密也。穆、繆古字通。純、肫聲相借耳。注並失之。」王先謙、孫詒讓、梁啓雄、楊柳橋、李滌生從郝說〔註 112〕。毛奇齡曰：「繆，讀作交。」〔註 113〕毛氏僅擬其音，非關通借。久保愛曰：「『繆』不必爲『膠』。」豬飼彥博曰：「繆繆肫肫，《大戴記》作『穆穆純純』，古字通用，深遠純粹之貌。」梁啓雄曰：「循，借爲揗，摩也。」尚節之曰：

　　　　卷第 11～12 頁。

〔註 109〕桂馥《札樸》卷 1，中華書局 1992 年版，第 22～23 頁。

〔註 110〕朱駿聲《說文通訓定聲》，武漢市古籍書店 1983 年版，第 802 頁。

〔註 111〕中華書局《荀子集解》點校本誤以「然」屬下句，點作「然而眾人不能循其事」。王天海承其誤，而不知改正。

〔註 112〕孫詒讓《荀子校勘記》，收入《籀廎遺著輯存》，中華書局 2010 年版，第 543 頁。

〔註 113〕毛奇齡《古今通韻》卷 5，收入景印文淵閣《四庫全書》第 242 冊，臺灣商務印書館 1986 年初版，第 97 頁。

「注全誤。『繆』與『穆』古通用。《詩‧大雅》傳：『穆穆，美也。』《中庸》：『肫肫其仁。』注：『肫肫，懇摯也。』穆穆肫肫，言聖德淵懿，不可測度，故云『其事不可循』（後閱《大戴禮》果作『穆穆純純』）。」〔註114〕陳直曰：「『肫肫』即《禮記‧中庸》之『肫肫其仁』，鄭注：『懇誠貌。』本文極順通，楊注訓爲亂義，反失之。」駱瑞鶴曰：「『循』字當依本字讀之，其義爲遵循，爲隨行。」王天海曰：「繆繆，通『繚繚』，纏繞之貌。肫肫，通『沌沌』，水流動貌。循，依從也。楊注未得，他說亦不切也。」王天海視《大戴》如未見，妄說耳。《大戴記》作「穆穆純純」者，王樹枏從郝說，汪照曰：「呂氏大臨曰：『北幽曰穆，則穆穆者，雍容深厚之貌。』」王聘珍曰：「穆穆，敬也。純，讀曰肫。《中庸》曰：『肫肫其仁。』鄭注云：『肫肫，或爲純純，懇誠貌也。』循，巡也。」〔註115〕《爾雅》：「訰訰，亂也。」郭璞注：「皆闇亂。」又「邈邈，悶也。」郭璞注：「皆煩悶。」郝懿行曰：「訰者，諄之或體也。《說文》云：『諄，告曉之孰也。』與煩亂義近。通作啍，《莊子‧胠篋篇》云：『啍啍已亂天下矣。』別作忳，《中庸》注云：『肫肫，讀如「誨爾忳忳」之忳。』《楚辭‧惜誦篇》云：『中悶瞀之忳忳。』《荀子‧哀公篇》云：『繆繆肫肫。』並與『諄諄』同。」郝懿行又曰：「邈者，藐之或體也。《釋詁》：『藐藐，美也。』美、悶以聲轉爲義。《詩‧抑》傳：『藐藐然不入也。』箋云：『藐藐然忽略。』《正義》引舍人曰：『藐藐，憂悶也。』《荀子》：『繆繆肫肫。』按：繆、邈聲轉，楊倞注讀繆爲膠，失之。」〔註116〕是郝氏二說不同也。郝氏後說近之，而諸家皆不知徵引。傅山、陳直說亦是，而不知會通。汪鋆曰：《詩》《正義》引舍人曰：『藐藐，憂悶也。』邢疏引作『邈邈』，蓋因經誤改，當依《詩》《正義》作『藐』。當作『繆』。《荀子‧哀公》：『繆繆肫肫。』『繆繆』即《爾雅》之『邈邈』，『肫肫』即《爾雅》之『訰訰』。」〔註117〕其說同於郝氏。「肫肫」即「純純」，同「忳忳」、「訰訰」，淳樸誠懇貌，與「悶亂」義

〔註114〕尚節之《荀子古訓考（續）》，北京《雅言》1941年第7期，第22頁。

〔註115〕各說皆轉引自方向東《大戴禮記匯校集解》，中華書局2008年版，第63頁。方氏僅以「北幽曰穆」四字爲呂大臨語，非是，徑正。又所引王樹枏說引郝說標點亦誤。《欽定禮記義疏》卷7亦引呂大臨說。

〔註116〕郝懿行《爾雅義疏》，上海古籍出版社1983年版，第551～552頁。

〔註117〕汪鋆《爾雅正名》，《制言》第18期，1936年版，本文第28頁。

相因,故《楚辭》云「中悶瞀之忳忳」也。字亦作「屯屯」、「醇醇」、「淳淳」,河上公本《老子》第 58 章:「其政悶悶,其民醇醇。」王弼注本作「淳淳」,馬王堆帛書乙本作「屯屯」,《治要》卷 34 引作「醇醇」,《文子‧上禮》、《意林》卷 1、《通典》卷 165、《御覽》卷 624 引作「淳淳」,《淮南子‧道應篇》引作「純純」。循,梁啓雄讀爲揗,是也,猶言按撫。

（17）百姓淺然不識其隣

隣,近也。百姓淺見,不能識其所近,況能識其深乎?所謂「日用而不知」者也。

按:郝懿行曰:「淺然,當依《大戴記》作『淡然』。」王先謙從郝說。王樹枏曰:「『淺然』即『淡然』之義,不可以此而易彼。」〔註 118〕劉師培曰:「《大戴》作『莫知其善』。『鄰』疑『類』訛。類,善也。」楊柳橋從劉說。梁啓雄曰:「《釋名》:『鄰,連也,相接連也。』指大聖之智與大道相連接而言。」駱瑞鶴曰:「楊以鄰爲近義,可從。淺然,當讀爲淡然,恬靜貌。」李滌生曰:「『鄰』字不知其確解。」王天海曰:「隣,親也。謂聖人如天之覆萬物而無私,故言『百姓淡然不知其親』也。楊注不是,他說並非也。」王樹枏說是,本書《修身》:「少聞曰淺。」淺然,淺薄貌,「淡然」義亦同,二者無相通之理,亦非恬靜貌,駱說非也。隣,《家語》作「鄰」,王肅注:鄰,以喻界畔也。」鄰、隣,正、俗字。依王說,字當讀爲轔,亦作瞵。余謂讀爲令。《爾雅》:「令,善也。」字亦作霝,《廣雅》:「霝,善也。」令,指令德,猶言至德。句謂百姓識見淺薄,不知聖人之令德。

（18）古之王者,有務而拘領者矣

楊倞注:務,讀爲冒。「拘」與「句」同,曲領也。言雖冠,衣拙朴而行仁政也。《尚書大傳》曰:「古之人衣上有冒而句領者。」鄭康成注云:「言在德不在服也。古之人,三皇時也。冒,覆項也。句領,繞頸也。禮,正服方領也。」〔註 119〕

〔註 118〕王說轉引自方向東《大戴禮記匯校集解》,中華書局 2008 年版,第 64 頁。
〔註 119〕據《玉海》卷 81 引,「禮,正服方領也」亦鄭注,王天海誤作楊倞語。

按：郝懿行曰：「《尚書大傳》作『冒而句領』，古讀冒、務音同，拘讀若句。句者，曲也。」朱駿聲謂「務」、「鍪」並借爲「冃」〔註120〕。楊柳橋從郝、朱說。久保愛曰：「《淮南子》曰：『古者有鍪而綣領以王天下者矣。』注云：『鍪，頭著兜鍪帽。』冒、鍪、冃古音通用。」梁啓超曰：「務，讀爲鍪。《淮南子・氾論》云云，正作『鍪』字。」劉師培曰：「《淮南子・氾論訓》云云，鍪而綣領，即此文『務而拘領』，高注云：『鍪，頭著兜鍪帽。』〔註121〕是鍪著於首，楊注引《大傳》鄭注云『冒，覆項也』，義與高違，『項』乃『頭』字之訛。《禮記・冠義》疏引《書傳略說》正作『以冒覆頭』。」〔註122〕尚節之曰：「『務』、『冒』音近通用。『拘』、『句』通。」〔註123〕楊樹達曰：「鍪、務、冒古音並同。句、拘字同，皆謂曲。然則綣似當讀爲卷，訓爲曲。」王利器曰：「冒、鍪、務古音通用。」〔註124〕王天海曰：「務者，鍪之省也。鍪、務雙聲，與『帽』聲同韻近，故皆可通也。」王天海只引劉說，其說即竊取諸說而稍易其辭。

（19）烏鵲之巢可俯而窺也

按：王叔岷曰：「《莊子・馬蹄篇》：『鳥鵲之巢可攀援而闚』（《御覽》卷928引『鳥』作『烏』，與《荀子》合。）《鶡冠子・備知篇》：『是以鳥鵲之巢可俯而窺也。』」烏，《類聚》卷92、《初學記》卷30、《御覽》卷921、928引同，《淮南子・氾論篇》、《中說・王道》亦同。當作「鳥鵲」，字之誤也，《皇王大紀》卷80引作「鳥巢之巢」，「鳥」字不誤。《禮記・禮運》：「其餘鳥獸之卵胎皆可俯而闚也。」《家語・禮運》：「其餘鳥獸及卵胎皆可俯而窺也。」《文子・上禮》：「飛鳥之巢可俯而探也，走獸可係而從也。」《御覽》卷624、928引《莊子》並誤作「烏鵲」。

（20）魯哀公問於孔子曰：「寡人生於深宮之中，長於婦人之手，寡人未嘗知哀也，未嘗知憂也，未嘗知勞也，未嘗知懼也，未嘗知

〔註120〕朱駿聲《說文通訓定聲》，武漢市古籍書店1983年版，第262頁。
〔註121〕王天海引誤以「帽」屬下句，是未讀《淮南》高注也。
〔註122〕《玉海》卷81引鄭注作「冒，覆頂也」，則「項」爲「頂」之誤，形尤相近。
〔註123〕尚節之《荀子古訓考（續）》，北京《雅言》1941年第7期，第21頁。
〔註124〕王利器《文子疏義》，中華書局2000年版，第511頁。

危也。」

按：王天海曰：「『未嘗知危也』下當有發問之詞，疑其脫也。《家語・五儀解》此下作『恐不足以行五儀之教，若何』，是也。」《新序・雜事四》同《荀子》，是西漢人所見如此，並無脫文。

（21）登自胙階

楊倞注：「胙」與「阼」同。

按：朱駿聲曰：「胙，段借爲阼。」〔註125〕吳玉搢、李賡芸、李滌生說同〔註126〕。阼亦階也，《家語・五儀解》、《新序・雜事四》正作「阼」。

（22）仰視榱棟，俛見几筵

楊倞注：榱，亦椽也。

按：劉師培曰：「《御覽》引作『仰見榱棟，俯察几筵』（《新序・雜事四》上『視』字亦作『見』，《家語・五儀解》作『機筵』）。」《御覽》卷459引作「机筵」，不作「几筵」；《家語》作「机筵」，不作「機筵」，劉氏皆誤記。棟，《新序》同，《家語》作「桷」。石光瑛曰：「桷，榱也。以下文『幾筵』二物例之，則作『桷』者，王肅之謬也。」〔註127〕

（23）一物不應，亂之端也

按：久保愛曰：「不應，不當理也。《家語》作『失理』，《新序》「不應」同，《御覽》卷459引作「失所」。石光瑛曰：「不應，不合于道也。」〔註128〕

（24）諸侯之子孫必有在君之末庭者

按：章詩同曰：「末庭，朝堂的遠處。」王天海曰：「末庭，即門庭。門、末雙聲。《新序・雜事四》正作『門廷』。」《御覽》卷459引無「末」字。章說是也，《楚辭・九歎・怨思》：「恐登階之逢殆兮，故退伏於末庭。」

〔註125〕朱駿聲《說文通訓定聲》，武漢市古籍書店1983年版，第450頁。
〔註126〕吳玉搢《別雅》卷4，收入景印文淵閣《四庫全書》第222冊，臺灣商務印書館1986年初版，第718頁。李賡芸《炳燭編》卷2，收入《叢書集成新編》第13冊，新文豐出版公司1985年版，第596頁。
〔註127〕石光瑛《新序校釋》，中華書局2001年版，第584頁。
〔註128〕石光瑛《新序校釋》，中華書局2001年版，第587頁。

王逸注：「末，遠也。言己思欲登君階陛，正言直諫，恐逢危殆，故復退身於遠庭而竄伏也。」《廣韻》：「末，遠也。」亦作「末廷」，《賈子·勢卑》：「臣賜歸伏田廬，不復洿末廷，則忠臣之志快矣。」

（25）君出魯之四門，以望魯四郊，亡國之虛則必有數蓋焉

楊倞注：虛，讀為墟。有數蓋焉，猶言「蓋有數焉」，倒言之耳。《新序》作「亡國之虛列必有數矣」〔註129〕。

按：盧文弨曰：「數蓋，猶言數區也。」劉淇曰：「此『蓋』字亦是語助辭。語助則或上或下，各從所安，本無定所，不必專以『蓋有數焉』為正文也。」〔註130〕郝懿行曰：「《新序》作『虛列』，此『虛則』即『虛列』之譌。蓋者，苫也。言故虛羅列其間，必有聚廬而居者焉。」孫詒讓、梁啓雄、楊柳橋從郝說〔註131〕。久保愛曰：「《家語》無『蓋』字，此衍。」于鬯曰：「蓋者，屋也。」劉師培曰：「《禮記·王制篇》疏云：『蓋謂屋宇。』數蓋，猶言數廬也（《御覽》卷459引作『則必有類焉』，誤）。」劉師培又曰：「『蓋』即『蓋撍』之蓋也。『蓋』本以苫覆屋之義。必有數蓋，猶言蓋撍之屋必有數所也。眾說均未晰。」邵瑞彭曰：「『蓋』即《大略篇》『在乎區蓋之間』之『蓋』。」〔註132〕石光瑛曰：「盧說極是。《荀子》：『言之信者，在乎區蓋之間。』『區蓋』連稱，其誼同也。郝改『則』為『列』，極有識。惟郝訓蓋為苫，則不如盧說之當。」〔註133〕楊柳橋曰：「蓋，謂車蓋。丘墟如蓋，故以蓋論之，猶今言堆也。」張新武從楊柳橋說，謂「蓋」由名詞演變為量詞〔註134〕。李滌生曰：「『蓋』字作動詞，就是編茅覆屋。作名詞，就是廬舍。數蓋，猶言幾所廬舍。郝說近之。」李中生曰：「『蓋』指門扇。」王天海曰：「正文『則』字，巾箱三本無。此『則』字或衍，《家語》亦無。《家語》作『睹亡國之墟必將有數焉』。蓋者，房屋之代稱也。」《御覽》卷459引作「亡國之墟則必有類焉」，《新序》作「亡國

〔註129〕王天海誤點作「亡國之虛，列必有數矣」。
〔註130〕劉淇《助字辨略》卷4，中華書局1954年版，第209頁。
〔註131〕孫詒讓《荀子校勘記》，收入《籀廎遺著輯存》，中華書局2010年版，第544頁。
〔註132〕邵瑞彭《荀子小箋》，《唯是》第3期，1920年版，第29頁。
〔註133〕石光瑛《新序校釋》，中華書局2001年版，第589頁。
〔註134〕張新武《〈荀子〉校釋辨正》，中國訓詁學會2014年年會論文，第418頁。

之墟列必有數矣」。郝說「虛則」當作「虛列」，是也，言丘虛之行列。
余謂「蓋」指頭蓋骨，俗字作顟、顡，《集韻》：「顟、顡：頭骨皃，或
從蓋。」敦煌寫卷 S.5514《失名字書》：「顟：古蓋。髑：徒谷。髏：
落侯。」〔註135〕三者皆擬其音，無釋義，「顟」亦同「髑髏」之義也。
言亡國之墟必將有數個頭蓋骨也（句中量詞省略）。《玄應音義》卷 19：
「顱顙：又作髗，同。《說文》：『顯盧也。』《字書》：『腦蓋也。』《廣
雅》：『頂顱謂之顯顙。』」《慧琳音義》卷 5：「髑髏：《說文》云：『髑
髏，頂骨也。』《埤蒼》云：『頭骨也。』《字書》云：『腦蓋也。』或
作顯顙，或名頭顱，或名頷（頏）顱，皆一義，亦由楚夏音殊，輕重
訛轉耳。」今本《廣雅》作「頂顱謂之髑髏」，《玉篇》「顯」字條引《埤
蒼》作「顯顙，頭骨」。

（26）君者，舟也。庶人者，水也。水則載舟，水則覆舟

按：數語亦見《王制篇》引《傳》曰。梁啟雄曰：「則，能也。」裴學海說
同〔註136〕。石光瑛曰：「則者，或也。」〔註137〕董治安曰：「《御覽》
卷 97 作『水則行舟，亦能覆舟』，卷 620 作『水能載舟，亦能履舟』。」
王天海曰：「《新序》作『水所以載舟，亦所以覆舟』。」《新序》同此文，
《家語‧五儀解》作「水所以載舟，亦所以覆舟」，王氏失檢。《御覽》
卷 97 未引此文，又卷 620 引作「水能行舟，亦能覆舟」，董氏亦失檢。
《御覽》卷 459 引此文作「水能載舟，亦能覆舟」，《文選‧東京賦》李
善注引作「所以載舟，所以覆舟」，又《三國名臣序贊》李善注引作「水
則載舟，亦能覆舟」，《後漢書‧皇甫規傳》李賢注引《家語》作「水可
載舟，亦以覆舟」。

（27）且丘聞之：「好肆不守折，長〔者〕不為市。」竊其有益與其無
益，君其知之矣

楊倞注：好，喜也。言喜於市肆之人，不使所守貨財折耗，而長者亦不
能為此市井盜竊之事。長者不為市，而販者不為非也。《家語》

〔註135〕S.5514《失名字書》，收入《英藏敦煌文獻》第 7 卷，四川人民出版社 1992
年版，第 213 頁。
〔註136〕裴學海《古書虛字集釋》，中華書局 1954 年版，第 608 頁。
〔註137〕石光瑛《新序校釋》，中華書局 2001 年版，第 589 頁。

　　王肅注云：「言市肆弗能爲廉，好肆則不〔守〕折也。人爲市估
　　之行，則不守折。人爲長者之行，則亦不爲市買之事。竊，宜
　　爲『察』。」察其有益與〔其無益〕，以「竊」字屬下句。
按：注「好肆則不折」，「折」上當據遞修本補「守」字，今本《家語》王
　　肅注亦有。郝懿行曰：「楊注明晰，又引《家語》王肅注，意亦同，
　　而云『竊宜爲察，以「竊」字屬下句』，是矣。」久保愛曰：「折，折
　　閲之折。『竊』與『察』通。」鍾泰曰：「『竊』屬下爲句，是也。但
　　自爲語辭，不訓察。若訓察，下又言『君其知之』，『察』與『知』犯
　　複。」金其源曰：「『竊』與『察』本可通用，不必爲『察』。」〔註138〕
　　高亨曰：「『竊』、『察』古通用。」駱瑞鶴曰：「當從楊倞讀，於『竊』
　　下斷。好，善也。言善爲買賣者不坐守折閲，而長者不爲市井盜竊。」
　　王天海曰：「守，久也。」久、金、高說是也，「竊」屬下句，言當竊
　　其有益與其無益，此君所宜知也。

（28）無取健……健，貪也

　　　　楊倞注：健羨之人。健羨之人多貪欲。《說苑》曰：「無取捷者……捷者
　　　　　　　　必兼人，不可爲法也。」《韓詩外傳》云：「無取健……健，驕
　　　　　　　　也。」
按：傅山曰：「文只有一『健』字，而注遽添『羨』字，因《史記》『健羨』。
　　多字原有二義，不知何人作一義讀。凡稱『羨』曰『健羨』，遂習而二
　　字不相捨。此又因『健』而添一『羨』字，與因『羨』字而添一『健』
　　字同失。」物双松曰：「倞注添一『羨』字，以強求『貪也』之義，非
　　也。健，只是酷吏類，其人必貪。」郝懿行曰：「『健』無貪義，不知
　　何字之譌……『貪』爲譌字。」孫詒讓、楊柳橋從郝說〔註139〕。楊柳
　　橋又云：「『貪』或『矜』借字或譌字。」朱駿聲曰：「健，叚借爲羨。
　　《荀子·哀公》：『健，貪也。』」〔註140〕李滌生從朱說。章詩同曰：「健，
　　急於進取的人。」王天海不引朱駿聲說，竊作己說，云：「健，通『羨』，
　　貪欲也。楊注是，他說非。《家語》作『捷捷』。」此文「健，貪也」

〔註138〕金其源《讀書管見》，（上海）商務印書館1957年初版，第340頁。
〔註139〕孫詒讓《荀子校勘記》，收入《籀廎遺著輯存》，中華書局2010年版，第544頁。
〔註140〕朱駿聲《說文通訓定聲》，武漢市古籍書店1983年版，第728頁。

非訓詁，朱駿聲說非是。《家語‧五儀解》作「無取捷捷……捷捷，貪也」，王肅注：「捷捷而不已食，所以為貪也。」《先聖大訓》卷1：「捷捷，輕捷貪逐。」今本《家語》「捷」字不當重。今本《說苑‧尊賢》「捷」作「健」，楊倞易「健」作「捷」，二字義同。《鹽鐵論‧周秦》：「雖有慶忌之健，賁育之勇。」王利器曰：「『捷』原作『健』，今據張敦仁說校改。張云：『健當作捷，司馬相如《諫獵》亦云：「捷如慶忌。」』器案：張說是，《漢書‧東方朔傳》：『捷若慶忌。』」〔註141〕徐復曰：「『健』字不誤。《廣雅》：『捷，健也。』王念孫《疏證》：『《漢書‧東方朔傳》云云，皆健之義也。』」〔註142〕徐說是也。《慧琳音義》卷1引《集訓》：「健，勁健也。」言健捷之人多貪，非訓健為貪也。楊倞注云「健羨之人」者，加「羨」以足義，非訓健為羨也。王天海讀健為羨，妄說通借耳。《史記‧太史公自序》：「去健羨，絀聰明。」《集解》引如淳曰：「知雄守雌，是去健也。不見可欲，使心不亂，是去羨也。」李冶《敬齋古今黈》卷5：「健羨、健忘、健倒，健者，敏速絕甚之謂。」如、李說皆得之。蔣禮鴻曰：「健即是貪，健羨猶言貪欲耳。」郭在貽從其說〔註143〕，非是。

（29）無取詌……詌，亂也

　　楊倞注：未詳。《家語》作「無取鉗」，王肅云：「謂妄對，不謹誠者。」
　　　　　　或曰：捷給鉗人之口者。鉗忌之人多悖亂。《說苑》曰：「無取
　　　　　　拑者……拑者太給利，不可盡用也。」《韓詩外傳》云：「無取
　　　　　　佞……佞，諂也。」

　　按：盧文弨曰：「《家語‧五儀解》作『無取鉗鉗』，下作『無取啍啍』。」
　　〔註144〕劉台拱曰：「《解蔽篇》：『彊鉗而利口。』鉗，惡也，見《方言》
　　卷10。『詌』、『鉗』假借字。」洪頤煊曰：「《方言》：『鉗，惡也，南

〔註141〕王利器《鹽鐵論校注》，中華書局1992年版，第591頁。

〔註142〕徐復《鹽鐵論雜志》，收入《後讀書雜志》，上海古籍出版社1996年版，第104頁。

〔註143〕蔣禮鴻《義府續貂》，收入《蔣禮鴻集》卷2，浙江教育出版社2001年版，第44頁。郭在貽《漢書札記》，《郭在貽文集》卷1，中華書局2002年版，第48頁。

〔註144〕中華書局《荀子集解》點校本誤點作：「《家語‧五儀解》作『無取鉗』，『鉗』下作『無取啍啍』。」王天海承其誤，而不知改正。

楚凡人殘罵謂之鉗。』」〔註145〕郝懿行曰：「『詌』蓋譌字。《說苑・尊賢篇》作『拑』，是也。拑訓脅持。《家語・五儀解》作『鉗』，亦假借字耳。《韓詩外傳》卷4『詌』作『佞』。」孫詒讓、楊柳橋從郝說〔註146〕。朱駿聲曰：「譀，誕也，字亦作詌。《荀子》云云。」〔註147〕《家語》作「無取鉗鉗……鉗鉗，亂也」。劉師培曰：「《解蔽篇》云云，王念孫據《方言》、《廣雅》訓鉗爲惡，其說甚確。此『鉗』字亦與彼同，無取詌者，即無取殘惡之人也，故下文以『詌』爲亂。」關嘉曰：「拑，謂拑口不言者。」〔註148〕陳直曰：「『詌』爲『拑』字之假借。《說文》：『拑，脅持也。』」駱瑞鶴曰：「作『佞』者別爲一義。疑『詌』、『拑』、『鉗』俱當從日，字之誤也。此文云『無取拑』，『拑』與『滑』音同而通用，故後文云『詌（拑），亂也』。」駱氏妄改古書，殊不足取。且讀「滑」之字當從「曰（yue）」作「拑」，從「日（ri）」作「拑」者形譌也。從「日（ri）」如何讀爲「滑」？駱氏不通古音。《家語》「鉗鉗」不當重。拑、詌、鉗，並讀爲譀、詔，《玉篇》：「詔，佞也。」

（30）無取口啍……口啍，誕也

楊倞注：「啍」與「諄」同。《方言》云：「齊、魯凡相疾惡謂之諄憎。」

王肅云：「啍閔，多言。」或曰：《詩》云：「誨爾諄諄。」口諄，謂口教誨心無誠實者。諄諄，倫也。讒嫉之人多妄誕。《說苑》曰：「無取口叡者……口叡者多誕而寡信，後恐不驗也。」《韓詩外傳》云：「無取口讒……口讒，誕也。」

按：注「諄諄，倫也」，遞修本無，四庫本「倫」作「論」，盧文弨訂作「諄，之倫反」。注引《方言》，今本《方言》卷7「齊魯」作「宋魯」，無「疾」字。注引王肅注「啍閔多言」，今本《家語》王肅注作「啍啍多言」。郝懿行曰：「口啍，《家語》作『啍啍』，王肅注：『多言也。』《外傳》作『口讒』，恐亦譌字，當作『口鑱』。鑱者，銳也。今《說苑》正作

〔註145〕洪頤煊《讀書叢錄》卷15，收入《續修四庫全書》第1157冊，第691頁。所引《方言》見卷10。
〔註146〕孫詒讓《荀子校勘記》，收入《籀廎遺著輯存》，中華書局2010年版，第544頁。
〔註147〕朱駿聲《說文通訓定聲》，武漢市古籍書店1983年版，第138頁。
〔註148〕關說轉引自左松超《說苑集證》，（臺灣）國立編譯館2001年版，第488頁。

『銳』，是矣。楊注引作『口叡』，『叡』、『銳』蓋以音近，故譌耳。」
楊柳橋從郝說。朱駿聲曰：「啍，段借爲諄。」〔註149〕劉師培曰：「《說
文》云：『諄，告曉之熟也。』則『口啍』即出言圓熟之人也，與『口
銳』同，故下文以爲誕。」李滌生從劉說。駱瑞鶴曰：「疑『啍』字假
借作『錞』。無取口錞，當是以錞稱銳底之鐏，以諭口齒捷利，故《說
苑》改作『銳』字矣。」王天海曰：「啍，通『諄』。《方言》：『諄，罪
也。』戴震《疏證》：『謂罪惡也。』則此『口啍』乃指口惡無德之人
也。楊注前說近是，後說非也。」「啍」楊注是，「口啍」即「口惡」，
謂好讒毀人，與《外傳》作「口讒」義同。讒之言鑱，是言辭銳利的
專字，郝氏改字未得。「錞」無形容詞用法，駱說非是。《家語》作「無
取啍啍……啍啍，誕也」。《說文》：「諄，語諄諄也。」王筠曰：「『諄』
當作『啍』。《集韻》：『諄，啍諄，語不正。』《荀子‧哀公篇》：『無取
口啍。口啍，誕也。』注：『啍與諄同，讒疾之人多妄誕。』案：啍，
徒渾切，『啍』、『諄』雙聲。故此字小徐、《玉篇》皆在『詑』、『謾』
之閒，以其不正也。」〔註150〕王筠說非是，《玉篇殘卷》引《說文》
仍作「諄諄」。「諄諄」即「鈍遲」，倒言則曰「遲鈍」〔註151〕，非此
文之誼。

（31）故弓調而後求勁焉，馬服而後求良焉，士信愨而後求知能焉

按：久保愛曰：「服，言服乘以閑練之也。」熊公哲曰：「服，習也。」王
天海曰：「服，通『輔』，駕御，乘用。《詩‧叔于田》：『卷無服馬。』
鄭箋：『服馬，乘馬也。』」王說非是，且讀服爲輔，亦竊自前人。所
引《詩》，馬瑞辰即云：「服者，輔之假借。」〔註152〕《外傳》同此文，
《家語》「信」作「必」。《說苑‧尊賢》：「夫弓矢和調而後求其中焉，
馬愨愿順然後求其良材焉，人必忠信重厚然後求其知能焉。」《淮南子‧
說林篇》：「弓先調而後求勁，馬先馴而後求良，人先信而後求能。」
《文子‧上德》「馴」作「順」，借字。「服」乃馴服義。

〔註149〕朱駿聲《說文通訓定聲》，武漢市古籍書店1983年版，第794頁。
〔註150〕王筠《說文解字句讀》，中華書局1988年版，第84頁。
〔註151〕段玉裁曰：「諄諄，蓋猶鈍遲也。」段玉裁《說文解字注》，上海古籍出版社
　　　　1981年版，第91頁。
〔註152〕馬瑞辰《毛詩傳箋通釋》卷8，中華書局1989年版，第254頁。

（32）語曰：「桓公用其賊，文公用其盜。」

　　　　楊倞注：謂管仲、寺人勃鞮也。盜亦賊也。以喻士信愨則仇讎可用，不信
　　　　　　　　愨則親戚可疎。

　按：郝懿行曰：「賊謂管仲，盜謂里鳧須。」梁啓雄、李滌生從郝說。久保
　　　愛曰：「管仲射桓公中鉤，故曰賊。文公之豎頭須，竊藏以逃，已而又
　　　用之，故曰盜。」趙生群說同久氏〔註153〕。「頭須」一曰「里鳧須」，
　　　見《左傳・僖公二十四年》杜預注、《國語・晉語四》韋昭注。二說皆
　　　通。《新序・雜事五》載管仲射小白中其帶鉤、里鳧須竊文公寶貨而逃
　　　之事，下亦引《語》曰：「桓公任其賊，而文公用其盜。」是郝、久說
　　　之確證。《史記・鄒陽傳》《獄中上書自明》：「夫晉文公親其讎，彊霸諸
　　　侯；齊桓公用其仇，而一匡天下。」《集解》：「謂晉寺人勃鞮、齊管仲
　　　也。」《文選》李善注引張晏曰：「寺人勃鞮也。」此楊注所承。《國語・
　　　晉語四》：「獻公使寺人勃鞮伐公於蒲城，文公踰垣，勃鞮斬其袪。及入，
　　　勃鞮求見，公辭焉……對曰：『伊尹放太甲而卒以爲明王，管仲賊桓公
　　　而卒以爲侯伯』云云。」此楊注之確證。

（33）其馬將失

　　　　楊倞注：失，讀爲逸，奔也。下同。《家語》作「馬將佚也」。

　按：劉師培曰：「《御覽》引『失』作『佚』，下同。」王天海曰：「失，《外
　　　傳》、《呂氏》並作『敗』，《外傳》、《新序》、《家語》皆作『佚』。」王
　　　氏校語甚是疏失，《莊子・達生》、《呂氏春秋・適威》作「敗」，《新序・
　　　雜事五》同此文作「失」，《外傳》卷 2、《家語・顏回》作「佚」，《治
　　　要》卷 10 引《家語》作「逸」，《御覽》卷 746 引此文作「佚」。佚、
　　　失、逸，並讀爲軼，馬相出也，越駕而走也，取突出爲義，謂失其行
　　　序也〔註154〕。

（34）三日而校來謁〔之〕

　　　　楊倞注：校人，掌養馬之官也。

〔註153〕趙生群《〈荀子〉疑義新證》，《傳統中國研究集刊》第 8 輯，上海人民出版社
　　　　2011 年版，第 56 頁。
〔註154〕參見蕭旭《〈說文〉「𠈌，睞也」音義考》，收入《群書校補（續）》，花木蘭文
　　　　化出版社 2014 年版，第 1875 頁。

按：劉師培曰：「《御覽》引『校』作『牧』（與《家語》同，《外傳》作『廐
人』）。」張之純曰：「支木爲欄格以養馬曰校。《周禮・夏官》有『校
人』。」王天海不引張說，竊作己說，云：「校，當作『校人』，爲馬官
之長。《周禮・夏官・校人》『掌王馬之政』。」校來謁之，《御覽》卷
746 引作「牧來謂之」，《家語》作「牧來訴之」，《御覽》卷 896 引《家
語》作「校來報之」，《冊府元龜》卷 845 作「牧來謂之」〔註155〕。此
文當作「牧來謁之」，「校」是「牧」形誤。「牧」指養馬之人。《外傳》
作「廐人」，義亦同，「廐」本指養馬之處。《周禮・地官》謂牧人「掌
牧六牲而阜藩其物」。

（35）東野畢之馬失，兩驂列，兩服入廐

楊倞注：兩服，馬在中。兩驂，兩服之外馬。「列」與「裂」同，謂外馬
擘裂，中馬牽引而入廐。

按：東野，複姓，漢印有「東予涂」〔註156〕，即「東野」省寫。王念孫、
吳玉搢、姜皋皆從楊注謂「列」與「裂」同〔註157〕，朱駿聲謂「列」
訓分解〔註158〕，亦同楊說。俞樾曰：「楊注云云，是以七字作一句，
殆非也。兩驂裂者，兩驂斷鞅而去也。兩驂在外，故得自絕而去，於
是止存兩服馬還入殿中矣。故曰『兩驂列（句），兩服入廐』。」〔註159〕
王先謙、梁啓雄、楊柳橋從俞說。于鬯曰：「此當讀『失兩驂』爲句，
『列兩服入廐』爲句。列，讀爲駕。《說文》云：『駕，次第馳也。』
《廣雅》云：『駕，犇也。』謂東野畢之馬失其兩驂，其兩服犇馳而入
廐。楊注斷『失』字句，作七字爲一句，非也。俞說尤非。《家語》作
『東野畢之馬佚兩驂，曳兩服入於廐』，此明證。」豬飼彥博讀「兩驂
列兩服」句，云：「《家語》『列』作『曳』，『列』疑『引』字誤。」劉
師培曰：「『列』乃『引』字之訛，《家語・顏回篇》作『兩驂曳兩服入

〔註155〕《冊府元龜》據宋本，四庫本作「牧來謂之」。
〔註156〕葉豐、葉肇春《鶴盧印存》，榮寶齋 1998 年影印，第 250 頁。
〔註157〕王念孫《漢書雜志》、《讀書雜志餘編上・韓子》，收入《讀書雜志》卷 6、16，
　　　　中國書店 1985 年版，本卷第 77、51 頁。吳玉搢《別雅》卷 5，收入景印文淵
　　　　閣《四庫全書》第 222 冊，臺灣商務印書館 1986 年初版，第 758 頁。姜皋說轉
　　　　引自梁章鉅《文選旁證》卷 12，福建人民出版社 2000 年版，第 284～285 頁。
〔註158〕朱駿聲《說文通訓定聲》，武漢市古籍書店 1983 年版，第 678 頁
〔註159〕王天海引脫「殆」字，「絕」誤作「斷」。

於廄』，曳、引義同。《御覽》引此文正作『引』，是其證。楊注云云，
疑所據之本『列』下亦有『引』字，楊氏不知『列』字爲羨文，後人
又刪『引』字，遂不可通。」尚節之曰：「『列』、『裂』通。」〔註160〕
王天海曰：「楊注是，句讀非。俞說義長。」于鬯句讀誤，馬失，《御
覽》卷 746 引作「馬佚」，《家語》同，與上文「其馬將失（佚）」相
應，則不當「失兩驂」爲句甚明。《外傳》卷 2 作「廄人以東野畢馬
佚聞矣」，尤爲「馬佚」二字當連文之確證。《家語》當讀爲「兩驂曳，
兩服入於廄」，于、劉、豬飼亦誤讀。「斷軼」不得但謂之「列」，俞
說亦誤。王天海之說不知所云，既謂楊注是，又謂俞說義長，莫所適
從。俞樾讀作「兩驂列，兩服入廄」，于鬯讀列爲駕，訓犇，是也。《廣
雅》：「駃、駕、驅、驟、馳、騖、騁、騰，犇也。」字亦作駋、驪，
字亦省作厲，本書《禮論篇》：「步驟馳騁厲騖，不外是矣。」「厲騖」
即《廣雅》之「駕騖」，另詳《禮論篇》校補。曳，讀爲跩、迣、趒，
猶言騰跳、超踰，與「列」亦音之轉耳〔註161〕。字亦作跩、迻、跡、
趒，P.2011 王仁昫《刊謬補缺切韻》：「跩：跳，亦作跡。」《集韻》：
「趒，超踰也，或作跩、跩、迻，通作迣。」《文選・洞簫賦》：「超
騰踰曳。」四字同義連文。李善注：「曳亦踰也，或爲跩。鄭德曰：『跩，
度也。』」王念孫曰：「曳與跡亦聲近義同。」〔註162〕朱駿聲曰：「曳，
叚借爲跩。」〔註163〕音轉亦作趫、踱、趙、跔〔註164〕。謂外面二馬
騰跳而去，惟中間二馬入廄而歸耳。《御覽》卷 746 引「列」作「引」，
《冊府元龜》卷 845 亦作「引」，蓋不得其誼而妄改，不可據信。石
光瑛從俞說，而斥《家語》「兩驂曳兩服入於廄」謬甚〔註165〕，亦未
得其句讀，又失其誼。

（36）定公越席而起曰

按：越，《家語・顏回》同，《外傳》卷 2 作「揭」，《新序・雜事五》作「躐」。

〔註160〕尚節之《荀子古訓考（續）》，北京《雅言》1941 年第 7 期，第 21 頁。
〔註161〕「迣」、「迻」是改易聲符的異體字。
〔註162〕王念孫《廣雅疏證》，收入徐復主編《廣雅詁林》，第 168 頁。
〔註163〕朱駿聲《說文通訓定聲》，武漢市古籍書店 1983 年版，第 565 頁。
〔註164〕參見蕭旭《〈爾雅〉「獜貐」名義考》，收入《群書校補（續）》，花木蘭文化出
版社 2014 年版，第 1817～1827 頁。
〔註165〕石光瑛《新序校釋》，中華書局 2001 年版，第 709 頁。

趙懷玉曰：「《新序》作『躐席』。疑此『揭』本作『蹋』，乃『躐』字之俗體。」賴炎元全襲其說〔註166〕。許維遹、屈守元從趙說，許氏又云：「『越』、『躐』義同。」屈氏又云：「躐與越同義。躐、撠相通，撠字俗作撠，因訛爲『揭』耳。」〔註167〕石光瑛曰：「『躐』有越義。《說文》無『躐』，止作『獵』，經典多作『躐』。凡從鼠偏旁字俗作葛。《外傳》作『揭』，疑『獦』字之誤文。獦即獵字。」〔註168〕諸說皆是也，《顏氏家訓・書證》：「自有訛謬，過成鄙俗……獵化爲獦，寵變成寵。」已經指出這種俗字的訛混現象。《禮記・玉藻》：「登席不由前爲躐席。」鄭注：「升必由下也。」孔疏：「庾云：『失節而踐爲躐席。應從於下升，若由前升，是躐席也。」章太炎曰：「躐席，猶越席，非失禮之辭也。」〔註169〕

（37）昔舜巧於使民而造父巧於使馬，舜不窮其民，造父不窮其馬

按：王天海曰：「二『巧』，《外傳》作『工』。」《家語》作『巧』，《新序》亦作「工」。下「窮」，《外傳》卷2作「極」，《新序》作「盡」。

（38）今東野畢之馭，上車執轡，銜體正矣

楊倞注：銜體，銜與馬體也。

按：注「與」，當從四庫本作「輿」。石光瑛曰：「『銜』與『御』形近，疑『御』之譌字。言御者之體既正也。」〔註170〕屈守元曰：「『銜』字當依《新序》及《說郛》所引《外傳》作『御』。」龍宇純曰：「『銜』當是『御』字之誤。御體正，謂御馬之體正。」〔註171〕王天海不引龍說，竊作己說，云：「銜體，當作『御體』。御體，指馭車人之體勢也。」《御覽》卷746引作「銜體」，《通鑑》卷73胡三省註、《合璧事類備

〔註166〕賴炎元《韓詩外傳校勘記》，（香港）《聯合書院學報》第1期，1962年版，第19頁。
〔註167〕許維遹《韓詩外傳集釋》卷2，中華書局1980年版，第44頁。屈守元《韓詩外傳箋疏》卷2，巴蜀書社1996年版，第149頁。屈氏引趙說「蹋」誤作「撠」。
〔註168〕參見石光瑛《新序校釋》，中華書局2001年版，第709頁。
〔註169〕　章太炎《詁經箚記・「躐席」解》，收入《章太炎全集》，上海人民出版社2014年版，第284～285頁。
〔註170〕參見石光瑛《新序校釋》，中華書局2001年版，第712頁。
〔註171〕龍宇純《讀荀卿子三記》，收入《荀子論集》，學生書局1987年版，第325頁。

要》別集卷 81、《事文類聚》後集卷 38、《群書通要》卷 8 引作「御體」，《家語》、《外傳》作「銜體」，《事類賦注》卷 21、《記纂淵海》卷 26 引《家語》作「銜體」〔註172〕，《西山讀書記》卷 28 引《家語》作「容體」，《孔子編年》卷 2、《冊府元龜》卷 743 作「御體」，《冊府元龜》卷 845 作「銜體」〔註173〕。「銜」為「銜」俗字，又為「御」俗字（見《龍龕手鑑》）。此文作「銜體」是也。《大戴禮記·盛德》：「善御馬者，正銜勒，齊轡筴，均馬力，和馬心。」〔註174〕銜體正，即銜勒正也。

（39）步驟馳騁，朝禮畢矣

楊倞注：謂調習其馬，或步驟馳騁，盡朝廷之禮也。

按：郝懿行曰：「楊注非。『朝』與『調』古字通。言馬之馳驟皆調習也。」王先謙、龍宇純從郝說〔註175〕。石光瑛曰：「郝說亦非，其謂朝讀調，訓調習，則是。禮，猶理也。此言調習之理法已畢也。」〔註176〕梁啟雄從郝說，又曰：「『朝禮畢矣』當作『畢朝矣』。畢朝，謂皆調習之意。」楊柳橋從郝說，又曰：「禮，即理也。朝禮，即調理也。」李滌生說同楊柳橋。屈守元曰：「朝，猶會也。駟馬若一，故曰朝。動有文體，故曰禮。」「步驟馳騁」四字平列，步者，行也。朝訓會是指人的會聚，屈守元說誤。楊注不誤，二句《家語》同，王肅注：「馬步驟馳騁，盡禮之儀也。」《外傳》、《新序》作「周旋步驟，朝禮畢矣」，周旋步驟正謂朝廷之禮。《莊子·達生》：「進退中繩，左右旋中規。」（「左右旋」即「周旋」）。《禮記·玉藻》：「周還中規，折還中矩。」《韓詩外傳》卷 1：「行步中規，折旋中矩。」〔註177〕《賈子·容經》：「步中規，折中矩。」《說苑·修文》：「行步中矩，折旋中規。」（此例「矩」、「規」二字誤倒）。《廣雅·釋獸》：「步行中規，折還中榘。」即其誼也。

（40）歷險致遠，馬力盡矣

〔註172〕四庫本《記纂淵海》在卷 59。
〔註173〕《冊府元龜》據宋本，四庫本卷 743、845 皆作「御體」。
〔註174〕《家語·執轡》同。
〔註175〕龍宇純《讀荀卿子三記》，收入《荀子論集》，學生書局 1987 年版，第 324 頁。
〔註176〕參見石光瑛《新序校釋》，中華書局 2001 年版，第 712 頁。
〔註177〕《說苑·辨物》同。

按：盡，《家語》同，《外傳》、《新序》作「殫」。

（41）猶求馬不已

按：石光瑛曰：「求，誅求，謂盡其力。」〔註178〕王天海曰：「求，當讀爲
驅。《外傳》『求』作『策』，策亦驅馬也。」石說是，王氏妄說通假。
求馬不已，《家語》同，《通鑑》卷73胡三省註引作「求進不已」，《新
序》作「求不已」，《西山讀書記》卷28引《家語》亦作「求進不已」。
求，責求。求馬不已，謂窮其馬，馬力已盡，仍責求其進而不止也。「策」
亦謂策馬求進。

《堯問篇》第三十二校補

（1）忠誠盛於內，賁於外，形於四海，天下其在一隅邪？夫有何足致
也

楊倞注：賁，飾也。形，見也。夫物在一隅者，則可舉而致之。今有道，
天下盡歸，不在於一隅，焉用致也？有，讀爲又。

按：郝懿行曰：「賁，當音符分切，義與『墳』同。墳者，大也。」久保
愛曰：「本注『不』字恐『如』誤。」豬飼彥博曰：「『形』當作『刑』。
《孝經》：『德教加於百姓，刑于四海。』」劉師培曰：「賁、債古通，
債、奮亦古通。《廣雅》訓奮爲動，又訓爲舒。《史記集解》則訓奮爲
發。則賁於外者，即發舒於外之義也。」梁啓雄、李滌生從劉說。鍾
泰曰：「邪，嘆詞，非反詰。在一隅，謂如在居室之內也，故曰『何
足致』，楊注失之。」裴學海曰：「足，猶難也。其，若也。邪，猶『也』
也。」〔註179〕楊柳橋改「忠誠」作「忠信」。徐仁甫校作「忠信誠於
內」。王天海曰：「盛，通『成』。《廣雅》：『賁，美也。』賁於外者美
之現於外也。其，猶乃也。邪，猶『也』。」「盛於內」、「賁於外」、「形
於四海」的主語都是「忠誠」，王天海未得其句法，所說無一可取。
且《廣雅》「賁，美也」與「賁，飾也」之訓並無二致，皆謂文飾之
美。忠誠，猶言忠信。《禮記・禮器》：「忠信，禮之本也。」「盛」讀

〔註178〕參見石光瑛《新序校釋》，中華書局2001年版，第713頁。
〔註179〕裴學海《古書虛字集釋》卷8，中華書局1954年版，第645頁。

如字，猶言充滿、充盈。劉氏讀賁爲奮，是也。字亦作憤，《淮南子・修務篇》高誘注：「憤，發也。」形，讀爲刑，正也。《孝經》唐明皇注：「刑，法也。」宋・范浚《咸有一德論》引正作「刑」。「其……邪」猶言「其……乎」，是古漢語以反詰的句式表示肯定。裴氏訓足爲難，亦是也。何足，猶言不難。《大戴禮記・小辨》：「百官承事，忠滿于中，而發于外，刑于民而放于四海，天下其孰能患之？」與《荀子》正可互證。《董子・楚莊王》：「樂者，〔和〕盈於內而動發於外者也。」《初學記》卷 15 引《春秋元命苞》：「樂者，和盈於內，動發於外。」〔註 180〕文例亦近之。謂忠誠如果盛於內賁於外而正於四海之民，則天下如在一隅，致天下不難也。

（2）魏武侯謀事而當，群臣莫能逮，退朝而有喜色，吳起進曰

楊倞注：武侯，晉大夫畢萬之後，文侯之子也。

按：《吳子・圖國》、《新序・雜事一》記此事亦屬之魏武侯、吳起，《呂氏春秋・驕恣》屬之魏武侯、李悝〔註181〕，《御覽》卷 388 引《春秋後語》屬之魏文侯、吳起。《居延漢簡》簡 40.29 殘簡：「『諸侯大夫之論莫及寡人也。』居有閒，而三稱之，吳起進對曰：『不審亦……』」亦屬之吳起，但未知屬武侯還是文侯。

（3）其在中蘬之言也

楊倞注：「中蘬」與「仲虺」同，湯左相也。

按：魯實先指出《呂氏春秋・驕恣》作「仲虺」〔註182〕。

（4）天使夫子振寡人之過也

楊倞注：振者，舉也。

按：《新序・雜事一》同。王念孫曰：「振，救也。（《說文》：『振，舉救也。』）《史記・蒙恬傳》曰：『過可振而諫可覺』，故曰『振寡人之過』。楊注於義未該。」孫詒讓、梁啓雄、楊柳橋從王說〔註183〕。桂馥亦引此文

〔註180〕《書鈔》卷 105、《御覽》卷 566 引同。
〔註181〕以上魯實先《荀子札記》已及，《責善》半月刊，第 1 卷第 24 期，1941 年版，第 11 頁。
〔註182〕魯實先《荀子札記》，《責善》半月刊，第 1 卷第 23 期，1941 年版，第 10 頁。
〔註183〕孫詒讓《荀子校勘記》，收入《籀廎遺著輯存》，中華書局 2010 年版，第 544 頁。

以證《說文》〔註184〕。久保愛曰：「振，振救也。」王天海曰：「振，
拯也，雙聲可通。」王天海不通古音，妄說音轉。楊樹達即指出「『振』
在痕部，『拯』在登部，二字音不同也」〔註185〕。楊注亦是。「振」謂
振揚、顯露，與「救」義相會。《韓子‧說林下》：「是振我過者也。」
王先愼曰：「振，揚也。」〔註186〕《史記‧張儀傳》：「而儀振暴其短，
以扶其說。」《索隱》：「振，謂振揚而暴露其短。」楊倞振訓舉者，「舉」
謂揭發。本書《不苟》：「正義直指，舉人之過惡，非毀疵也。」《白虎
通‧壽命》：『滔天則司命舉過。』蓋舉其過，即所以正其過也。」《漢
書‧敘傳》：「正諫舉郵。」郵、過同義。《賈子‧官人》：「能舉君之失
過。」《說苑‧政理》：「進賢舉過者有賞。」《戰國策‧韓策二》：「舉
韓傀之過。」《呂氏春秋‧當賞》：「數舉吾過。」又《自知》：「故天子
立輔弼，設師保，所以舉過也。」高誘注：「舉猶正也。」揭發與糾正
義亦相會。《廣雅》：「糾，舉也。」是舉亦糾也，故高注訓正。《董子‧
必仁且智》：「以爲天欲振吾過，救吾失，故以此報我也。」蘇輿曰：「《國
語》注：『振，救也。』《史記‧蒙恬傳》、《荀子‧堯問篇》云云。」
〔註187〕

（5）君子好以道德，故其民歸道；彼其寬也，出無辨矣

楊倞注：彼伯禽既無道德，但務寬容，此乃出於善惡無別。

按：豬飼彥博曰：「出無辨矣，其所出之政，無辨別是非也。」劉師培曰：
「辨，訓爲治。言其內務寬仁，出則無致治之法也。」梁啓雄從劉說。
駱瑞鶴曰：「『出』謂出而爲諸侯國君也。辨，劉說爲是。」楊柳橋曰：
「出，猶作也。」王天海曰：「出，讀爲拙。謂其拙而不辨善惡也。
惜自來注家無釋此『出』爲『拙』者。」「出」讀如字，駱說是也。「辨」
訓辨別，豬飼說是也。言伯禽太過寬弘，則其出國歸魯將不辨善惡是
非也。

（6）君子力如牛，不與牛爭力；走如馬，不與馬爭走；知如士，不與

〔註184〕桂馥《說文解字義證》，齊魯書社 1987 年版，第 1054 頁。
〔註185〕楊樹達《讀呂氏春秋札記》，收入《積微居讀書記》，上海古籍出版社 2006
年版，第 201 頁。
〔註186〕王先愼《韓非子集解》，中華書局 1998 年版，第 191 頁。
〔註187〕蘇輿《春秋繁露義證》，中華書局 1992 年版，第 260 頁。

－628－

士爭知

按：王天海曰：「知，智也。」《類聚》卷 23、《御覽》卷 394、459 引二「知」
作「智」。

（7）彼爭者，均者之氣也

楊倞注：爭事，乃均敵者尚氣之事，非人君之量者也。

按：注「人君」，《集解》本誤作「大君」。于鬯曰：「均，蓋讀爲勻。勻，
少也。少、小義通。猶言爭者小人之氣耳。」王天海曰：「均，通『畇
（耘）』。耘者，農夫也。此言彼競爭者，猶農夫之氣量。楊注不是，
于說亦非。」楊注是，于、王皆亂說通借。勻訓少，指物均分之少，
不得轉爲小人義。畇訓畇田，指所耕之田均勻，「畇者」不得指農夫。
又王氏謂「畇」同「耘」，亦未聞。

（8）聞之日（曰），無越踰不見士

楊倞注：周公聞之古也。越踰，謂過一日也。

按：盧文弨曰：「日，宋本作『日』。注『過一日』語疑有誤。觀下所云，
則士皆有等，勿因下士與己踰等而不見也。」王懋竑曰：「謂無自嫌其
越踰而不見士也。」〔註 188〕俞樾曰：「原文當作『聞之，無越日不見
士』，楊注原文當作『越日，謂過一日也』。」楊柳橋從俞說。冢田虎
曰：「謂薄於上士厚於下士爲越踰。然則言無踰越乎階位，則不得見善
士也。」久保愛曰：「越踰，謂越等位而見至賤。『不』字當在『無』
字下。」劉師培曰：「『日』當作『曰』，下云『越踰好士』，與此相應。
越踰好士，謂過於好士也。越踰不見士，謂過於不見士也。楊注『一
日』二字，匪誤即衍。」王天海曰：「越踰者，超越其常規也。見，發
現也。無越踰不見士，謂不超越常規則不能發現賢士也。楊注未得，
諸說亦不切也。」盧、劉校「日」作「曰」，是也。「見」謂接見，下
文「見士問曰」亦同，下文「相見者」之「見」皆同，王天海解作「發
現」，殊誤。冢說義長。

（9）欲言而請畢事者千有餘人

〔註 188〕王懋竑《荀子存校》，《讀書記疑》卷 11，收入《續修四庫全書》第 1146 冊，
第 358 頁。

楊倞注：謂卑賤之士，恐其言之不盡，周公先請其畢辭也。

按：冢田虎曰：「依注，『事』當作『辭』與？」王天海曰：「欲言，猶婉言。」
二氏說誤。《玉海》卷 134、《記纂淵海》卷 147、《事文類聚》別集卷
26、《合璧事類備要》續集卷 49、《四六標準》卷 3、《論語全解》卷 9
引同今本〔註 189〕，宋・鄭獬《舉士論》、宋・王安石《周公論》、宋・
范浚《寄上李丞相書》引亦同，《資治通鑑外紀》卷 3 亦同。是「事」
字是不誤，請畢事，則需畢其辭也。「欲」助動詞，「言」動詞，王說皆
誤。

（10）為人下者乎，其猶土也，深扣之而得甘泉焉

楊倞注：扣，掘也。

按：劉師培曰：「《御覽》卷 37 引『扣』作『掘』（《家語・困誓篇》作『汨』，
《說苑・臣術篇》同）。」《說苑》作「掘」，劉氏誤記（王叔岷已訂正）。
王天海曰：「乎，猶夫也。夫，猶彼也。『乎』當屬下句，為句首發語
詞。凡屬上讀為『為人下者乎』，皆誤也。扣，《外傳》、《說苑》皆作
『掘』，《家語》作『汨』。」「汨」當作「汨」。古籍中絕無用「乎」為
「彼」之例，王氏好為妖異之說，此亦其例。「扣」當從「曰（yue）」
作「扣」，故聲訓為「掘」，遞修本正文形訛作「相」。扣，定縣漢簡《儒
家者言》作「厥」。「掘」為本字。

（11）樹之而五穀播焉，草木殖焉

按：錢佃《考異》：「五穀蕃焉，監本作『五穀播焉』。」王天海曰：「播，當
讀為蕃。諸本並作『蕃』。」《御覽》卷 37 引作「蕃」，《說苑・臣術》
作「生」，《家語・困誓》作「滋」。

（12）生則立焉，禽獸育焉，死則入焉

按：育，《家語・困誓》、《說苑・臣術》同，《韓詩外傳》卷 7 作「遂」，定
縣漢簡《儒家者言》、《董子・山川頌》作「伏」。遂亦育也。伏，讀為
孵。《廣韻》：「伏，鳥菢子也。」

（13）多其功而不息，為人下者，其猶土也

〔註 189〕四庫本《記纂淵海》在卷 68。

按：劉台拱曰：「不息，《說苑・臣術篇》、《韓詩外傳》、《春秋繁露・山川頌》作『不言』。」王引之曰：「『言』與『息』形聲皆不相近，若本是『言』字，無緣誤爲『息』。『息』當爲『悳』。悳，古『德』字。《繫辭傳》曰『有功而不德』是也。《韓詩外傳》、《春秋繁露》《說苑》作『不言』，意與『不德』同。《家語・困誓篇》作『多其功而不意』，王肅曰：『功雖多而無所意也。』兩『意』字亦『悳』字之誤。《家語》本於《荀子》，則《荀子》之本作『悳』明矣。《太平御覽・地部二》正引作『多其功而不德』。」梁啓雄、楊柳橋從王說。孫詒讓說略同王氏〔註190〕，當即取自王說。王天海曰：「息，止也。猶言其功多而不止，義亦通。」定縣漢簡《儒家者言》作「不言」，宋本《御覽》卷37 引《荀子》作「不得」。王引之說至確，言其功雖多，而不以爲德也。《意林》卷5 引杜恕《體論》：「夫人臣，猶如土也，萬物載焉而不辭其重，水瀆污焉而不辭其下，草木植焉而不有其功。」即本《荀子》，「不有其功」是其誼也，言其功雖多，而不自以爲有功，即「不德」義。王天海解作「功多而不止」，豈其然乎？

（14）仁者詘約，天下冥冥

按：久保愛曰：「詘，舊作『絀』，今據宋本、韓本改之。『詘』與『屈』同。」王天海不引久說，竊作己說，云：「詘，通『屈』。約，要也。要，通『腰』。詘約者，猶折腰也。或曰：詘，通『黜』，貶黜，貶退也。約，束也，困也。詘約，即遭貶黜而困窮。詘，諸本作『絀』。」王氏二說皆誤，另詳《賦篇》「仁人絀約」校補。

（15）行全刺之，諸侯大傾

按：高亨曰：「『之』當作『正』。《說文》：『刺，戾也。』行全刺正，謂其行爲完全違戾正道也。下文云『循道正行』，適與此句對映。」熊公哲曰：「全，疑即《勸學篇》『不全不粹』之『全』。刺，戾也。行全刺之，似謂行爲全粹，則以爲違戾而疾之。」于省吾曰：「謂行爲純全，反受譏刺也。」梁啓雄、李滌生、李中生從于說。章詩同說同于氏，當即取自于說。王天海不引于說，竊作己說，又稍異其辭，云：「行，德行

〔註190〕孫詒讓《荀子校勘記》，收入《籀廎遺著輯存》，中華書局 2010 年版，第 544 頁。

也。全，全備完善也。刺者，譏諷也。題注本、遞修本、明世本、四
庫本『刺』並作『刺』，形誤也。」「刺」當從諸本作「刺」，刺、戾一
聲之轉，猶言乖違、邪僻。行全刺之，謂行爲全爲乖戾也。「全」是副
詞。

（16）**然則孫卿將懷聖之心，蒙佯狂之色，視天下以愚**

按：將懷聖，盧文弨、久保愛並乙作「懷將聖」，俞樾說同，且云：「《論
語》曰：『固天縱之將聖。』此『將聖』二字即本《論語》。」〔註191〕
梁啓雄曰：「《論語・子罕》云云，《正義》：『將，大也。』」李滌生從
梁說。熊公哲曰：「將，殆也，猶庶幾也。《論語》云云。」王天海曰：
「將，猶以也，用也。懷，追思也。此言孫卿以追思聖人之心。盧校
非。」盧、久、梁說是。《論語・子罕》：「子貢曰：『固天縱之將聖，
又多能也。』」《集解》引孔安國曰：「言天固縱之大聖之德，又使多
能也。」錢大昕曰：「問：固天縱之將聖，《集注》訓將爲殆，頗難曉。
曰：將聖之義，當從古注爲長。《釋詁》云：『將，大也。』《詩》『有
娀方將』、『我受命溥將』之將，並訓爲大。然則將聖者，大聖也。孔
安國云云，此以大訓將之明證也。」〔註192〕劉寶楠曰：「注以『固天
縱之將聖』爲句，亦通。大聖即將聖也。錢氏大昕《潛研堂文集》：『《詩》
「有娀方將」、「我受命溥將」之將並訓爲大，然則將聖者，大聖也。』
案《荀子・堯問篇》『然則孫卿懷將聖之心』，亦謂大聖也。」〔註193〕
錢繹謂「將」與「奘（壯）」同，亦從孔安國說〔註194〕。徐時棟曰：
「《堯問篇》『孫卿懷將聖之心』，據此，是《論語》『固天縱之將聖』，
『將』字不當作虛字解也。」〔註195〕

〔註191〕俞樾《荀子詩說》，收入《曲園雜纂》卷6，光緒二十五年《春在堂全書》本，
本卷第21頁。

〔註192〕錢大昕《潛研堂文集》卷9《答問六》，收入《嘉定錢大昕全集（九）》，江蘇
古籍出版社1997年版，第118頁。

〔註193〕劉寶楠《論語正義》卷10，中華書局1990年版，第331頁。

〔註194〕錢繹《方言箋疏》卷1，上海古籍出版社1984年版，第61～62頁。

〔註195〕徐時棟《煙嶼樓讀書志》卷14，收入《續修四庫全書》第1162冊，上海古
籍出版社2002年版，第574頁。

《荀子》佚文辨正

王念孫、劉師培所輯《荀子》佚文，皆極愼重，多可信從。而董治安、王天海所輯，但見類書有引作《孫卿子》或《荀卿子》者，即信以爲眞，以爲是《荀子》佚文，而不作考辨，所輯絕大多數都不當，魚目混珠，其學疏矣。

一、王念孫所輯

（1）桃李蒨粲於一時，時至而後殺；至於松柏，經隆冬而不凋，蒙霜雪而不變，可謂得其眞矣

  王念孫曰：右三十四字，見《文選‧左思〈招隱詩〉》注，又分見於《蜀都賦》注，《上林賦》注，《歐陽堅〈臨終詩〉》注，《藝文類聚‧果部上》、《木部上》，《太平御覽‧木部三》。

 按：王氏語「歐陽堅」下脫「石」字，李善注引孫盛《晉陽秋》：「建字堅石。」張銑注引王隱《晉書》：「歐陽建字堅石。」王天海照鈔，而不知訂正，又脫去「木部上」三字，鈔書極其馬虎。《文選‧招隱詩》李善注：「峭倩，鮮明貌。」變，《類聚》卷88（即《木部上》）、《御覽》卷954（即《木部三》）、《記纂淵海》卷95引同，《文選‧蜀都賦》李善注引誤作「攣」。時至而後殺，《類聚》卷86（即《果部上》）引作「至乃殺」。眞，讀爲貞，《記纂淵海》卷95引正作「貞」。

（2）天下無二道，聖人無兩心。神人無功，聖人無名。聖人者，天下
利器也

　　　王念孫曰：右二十六字見《太平御覽‧人事部四十二》，又分見於《藝文類
聚‧人部四》、《初學記‧人事部上》。案「天下無二道」二句見
今本《解蔽篇》。《御覽》此下有「神人無功」四句，《類聚》亦
有「神人無功」二句。《初學記》亦有「聖人者」二句，而今本
皆無之。且細繹下文文義，亦不當有此四句，則《御覽》諸書
所引當別是一篇，非《解蔽篇》文也。

　　按：王天海鈔錄，「利器」上憑空多出一「之」字。《意林》卷 1、《類聚》
卷 20（即《人部四》）引作「兩心」，《御覽》卷 401 引作「二心」。《意
林》卷 1 亦引「天下無二道」二句。

（3）何世之無才？何才之無施？良匠提斤斧造山林，梁棟阿衡之材，
櫨柱楣椽之朴，森然陳於目前，大夏之器具矣

　　　王念孫曰：右四十二字見《太平御覽‧器物部九》，又分見於《文選‧左思‧
詠史詩》注。

　　按：《御覽》卷 764（即《器物部九》）、《文選‧詠史詩》李善注引作「《孫
子》」，劉師培曰：「似係孫綽之書。」《選》注僅引「何世之無才」二句。
王念孫引「材」誤作「才」，王天海照鈔，而不知訂正。《記纂淵海》卷
55、60 亦引《孫子》「良匠」五句，「梁棟」作「棟梁」。孫詒讓輯本「斤」
誤作「升」〔註1〕。

二、劉師培所輯

（1）宋之愚人得燕石於梧桐（《御覽》所引無此字）臺之東，歸而藏
之，以為寶（《御覽》所引「宝」上有「大」字）。周客聞而（《御
覽》無此二字）觀焉（《御覽》作『之』），主人齋七日，端冕玄
服以發寶，革匱千重，緹巾十襲。客見之（《御覽》無「主人」
至「客見之」廿三字），掩口而笑曰：「此燕石也，其與瓦甓不殊
（《御覽》作「差」。此上之文，均據《白帖》卷 5 所引《荀卿子》，

〔註1〕 孫詒讓《荀子佚文》，收入《籀廎遺著輯存》，中華書局 2010 年版，第 565 頁。

以《御覽》卷 499 所引校之）。」主人大怒曰：「商賈之言，醫匠之口。」藏之俞固，守之彌謹（此上之文，均據《御覽》卷 499 所引《孫卿子》。又案此條之文與《文選・百一詩》注所引《闞子》同。）

按：王天海引劉氏校語，只引最後二句「此上之文，均據《御覽》……《闞子》同」，大乖劉旨。前面一段，劉氏明明係據《白帖》卷 5 所輯。王氏又云：「《文選・百一詩》注引《闞子》曰云云，文與此小異，不可謂『同』也。」《選》注如何不同，王氏亦未交待，所辨等於不辨。《御覽》作「醫匠」、「愈」，劉氏誤作「醫匠」、「俞」，王氏竟未覺察，其校書疏甚。《文選》注引《闞子》作：「宋之愚人得燕石於梧臺之側，藏之以爲大寶。周客聞而觀焉。主人齋七日，端冕玄服以發寶，革匱十重，巾十襲。客見，俛而掩口盧胡而笑曰：『此特燕石也，其與瓦甓不殊。』主人大怒曰：『商賈之言，醫匠之心。』藏之愈固，守之彌謹。」《類聚》卷 6 引作《闞子》，「此燕石也」作「此特燕石也」。《御覽》卷 51、《記纂淵海》卷 42 引作《闞子》，「掩口而笑」作「盧胡而笑」（《淵海》作「胡盧而笑」），「殊」作「異」。《事類賦注》卷 9 引作《闞子》，「掩口而笑」作「掩口胡盧而笑」，「瓦甓」作「礫」，「愈固」作「愈密」。《合璧事類備要》前集卷 6、《事文類聚》前集卷 14 引作《荀子》，文與《白帖》同。《記纂淵海》卷 6 引亦作《荀子》。《後漢書・應劭傳》：「宋愚夫亦寶燕石，緹緼十重，夫覩之者掩口盧胡而笑。」李賢注引《闞子》，「掩口而笑」作「俛而掩口盧胡而笑」，「醫匠之口」作「豎匠之心」，「俞」作「愈」。各有脫誤。「醫匠之口」當作「醫匠之心」，「掩口」下脫「胡盧」或「盧胡」二字。又考《水經注・淄水》：「古梧宮之臺，臺東即《闞子》所謂『宋愚人得燕石』處。」「闞子」無考，當是「闞子」形誤。《漢書・藝文志》：「《闞子》一篇。」《漢藝文志考證》卷 7 引《闞子》「宋之愚人得燕石於梧臺之東，歸而藏之以爲寶」。《類聚》卷 89 引《闞子》：「魯人有好釣者，以桂爲餌，黃金爲鉤。」《後漢書・班彪傳》李賢注、《御覽》卷 957 引同，《御覽》卷 834、《漢藝文志考證》卷 7 引作「《闞子》」。

三、董治安所輯

（1）鉏擾棘矜，非銛（音談）於句戟長鎩也（如淳曰：「長刃矛也。」
又曰：「矛刃下有鐵，上句曲。」），然而成敗異變，功業相反也（《御
覽》卷 353 引《孫卿子》曰）

　按：《賈子・過秦上》：「鉏櫌棘矜，非銛於鉤戟長鎩也……然而成敗異變，
　　功業相反，何也？」《史記・秦始皇本紀》、《陳涉世家》「擾」作「櫌」，
　　「銛」作「銛」，無「何」字。《秦始皇本紀》《集解》引徐廣曰：「銛，
　　一作銛。」又引如淳曰：「長刃矛也。」又曰：「鉤戟似矛，刃下有鐵，
　　橫方上鉤曲也。」「擾」當作「櫌」，《漢書・陳勝傳》、《文選》、《類
　　聚》卷 11 引《過秦論》作「櫌」，字同。《漢書》「銛」作「敵」。此
　　非《荀子》佚文，《御覽》上二條引《荀子》，此條引出處作「又曰」，
　　蓋誤也。

（2）慶封為亂於齊，而將之越。其族人曰：「晉近，奚不之？」慶封曰：
「越遠，利以避難。」族人曰：「變是心也，居晉而安；不變是心，
雖越，其可以安乎？」（《御覽》卷 459 引《荀子》曰）

　按：《韓子・說林上》：「慶封為亂於齊，而欲走越。其族人曰：『晉近，奚
　　不之晉？』慶封曰：『越遠，利以避難。』族人曰：『變是心也，居晉
　　而可；不變是心也，雖遠越，其可以安乎？』」此非《荀子》佚文，《御
　　覽》上條引《荀子》，此條標出處作「又曰」，亦誤也。下條「桓公往
　　問管仲曰」云云，標出處作「又曰」，董氏亦輯作《荀子》佚文，亦誤，
　　出《韓子・難一》。

（3）大夫待放于境，君賜以環，即返；以玦，即去（《御覽》卷 692 引
《荀卿子》曰）

　　董治安曰：此或《大略》「絕人以玦，反絕以環」之注文。

　按：《白虎通義・諫諍》：「臣待於郊者，君絕其祿者，示不欲去也……賜之
　　環則反，賜之玦則去，明君子重恥也。」《通典》卷 90：「晉崇氏問淳
　　于睿曰：『凡大夫待放於郊，三月，君賜環則還，賜玦則去。』」

（4）昔衛靈公坐重華之臺，侍御數百，隨珠照日，羅衣從風。仲叔御

入諫，靈公下席再拜，曰：「寡人過矣。」（《御覽》卷 803 引《孫卿子》曰）

按：《文選·舞賦》李善注引《王孫子》：「衛靈公侍衛（御）數百，隨珠照日，羅衣從風。」《類聚》卷 24、《御覽》卷 457 並引《王孫子新書》：「衛靈公坐重華之臺，侍御數百，隋珠照日，羅衣從風。仲叔敖入諫曰：『昔桀紂行此而亡，今四境內侵，諸侯加兵，土地日削，百姓乖離，今君內寵無乃太盛歟？』靈公再拜曰：『寡人過矣，微子之言，社稷幾傾。』於是出宮女之不進者數百人，百姓大悅。」《御覽》卷 117 引《王孫子》同，惟「仲叔敖」作「仲叔御」。《類聚》卷 62 引《王孫子》：「昔衛公坐重華之臺，侍御數百，隨珠照日，羅衣從風。」《御覽》卷 117 引《孫子》同。《類聚》卷 84 引《王孫子》：「昔衛靈公坐重華之臺，侍女數百，隨珠照日，羅衣從風。仲叔圉入諫，靈公下席再拜曰：『寡人過矣。』」《類聚》卷 85、《御覽》卷 816 並引《王孫子》：「隨珠耀日，羅衣從風。」是此文出《王孫子》也。《文選·征西官屬送於陟陽候作詩》李善注引《王孫子》：「仲叔諫衛靈公曰：『百姓乖離。』」亦出此文。考《漢書·藝文志》儒家：「《王孫子》一篇。」《意林》卷 1：「《王孫子》一卷。」《隋書·經籍志》：「梁有《王孫子》一卷，亡。」《御覽》卷 803 標出處誤衍一「卿」字，董氏不察，誤輯作《荀子》佚文也。「仲叔御」即「仲叔圉」，作「仲叔敖」者誤，《資治通鑑外紀》卷 8 誤同，《白氏六帖事類集》卷 11 又誤作「孫叔敖」〔註 2〕。考《論語·憲問》：「子言衛靈公之無道也，康子曰：『夫如是，奚而不喪？』孔子曰：『仲叔圉治賓客，祝鮀治宗廟，王孫賈治軍旅，夫如是，奚其喪？』」朱子注：「仲叔圉，即孔文子也。」《左傳·哀公十五年》：「衛孔圉取大子蒯聵之姊，生悝。」杜預注：「孔圉，孔文子也。」「仲叔圉」即「孔圉」也。

（5）自上莅下，猶夫釣者焉，隱於手而應於釣，則可以得魚（《御覽》卷 834 引《荀卿子》曰）

按：此亦非《荀子》佚文。《申鑒·政體》：「自上御下，猶夫釣者焉，隱於手〔而〕應於鈞，則可以得魚。自近御遠，猶夫御馬焉，和於手而調於銜，則可以使馬。」「釣」當是「鈞」形誤。

〔註 2〕《白孔六帖》在卷 39。

四、王天海所輯

（1）許負、唐舉、鄧通、條侯，此四公皆善相

王天海曰：右十四字見《藝文類聚・人部》，疑《非相篇》佚文。

按：此十四字見《類聚》卷 75，即《養生部》，王氏誤標出處。此十四字必非《荀子》佚文，《類聚》誤記出處，而王氏不能辨之。《史記・絳侯周勃世家》記載許負相周勃之子條侯周亞夫。「鄧通」是西漢人。皆非荀子所得知。考《潛夫論・相列》：「及唐舉之相李兌、蔡澤，許負之相鄧通、條侯，雖司命班祿，追紩行事，弗能過也。」蓋其出處。

（2）《荀子》曰：以為天不知人事耶？則周公有風雷之災，宋景有三次之福；以為知人事乎？則楚昭有弗祭之應，邾文無延期之報。由是言之，則天道之與相占，可知而疑，不可得而無也

王天海曰：右六十八字，亦見《藝文類聚・人部》，疑《非相篇》或《天論篇》佚文。

按：亦見《類聚》卷 75，即《養生部》，王氏誤標出處。此六十八字亦非《荀子》佚文。《類聚》引魏陳王曹植《相論》：「故扁鵲見桓公知其將亡，申叔見巫臣知其竊妻而逃也。荀子曰以為天不知人事耶？則周公有風雷之災，宋景有三次之福；以為知人事乎？則楚昭有弗祭之應，邾文無延期之報。由是言之，則天道之與相占，可知而疑，不可得而無也。」其中「荀子曰」三字，《御覽》卷 731 引作「苟子」，是也。「苟」是表假設語氣的連詞。趙幼文《曹植集校注》亦失校〔註3〕。

（3）以冠纓絞之，遂殺其二子。幕及平夏，葬王於郟，謂之郟敖

王天海曰：右二十二字，見《史記・吳太伯世家》《索隱》引「孫卿曰」。

按：當「遂殺其二子幕及平夏」九字作一句讀。《左傳・昭公元年》：「公子圍至，入問王疾，縊而弑之，遂殺其二子幕及平夏……葬王于郟，謂之郟敖。」杜預注：「皆郟敖子。」又引孫卿曰：「以冠纓絞之。」《釋文》：「幕，音莫。」《史記・楚世家》：「十二月己酉，圍入問王疾，絞而弑之，遂殺其子莫及平夏。」「莫」同「幕」。《集解》引荀卿曰：「以冠纓

〔註3〕趙幼文《曹植集校注》，人民文學出版社 1984 年版，第 118 頁。

絞之。」又引《左傳》：「葬王于郏，謂之郟敖。」是「幕、平夏」為楚王二子之名也。王天海以「幕及平夏」四字句，「平夏」旁標專名線，「幕」則未標，是王氏未達其誼也。《荀子》佚文只當是「以冠纓絞之」五字，餘皆《左傳》文也。考《史記・吳太伯世家》《索隱》：「《左傳》曰：『楚公子圍將聘於鄭，未出竟，聞王有疾而還。入問王疾，縊而殺之，孫卿曰：以冠纓絞之。遂殺其子幕及平夏。葬王於郏，謂之郟敖也。』」「孫卿曰以冠纓絞之」八字當移至「謂之郟敖也」下。

五、補　輯

（1）物禁太盛

按：《史記・李斯列傳》：「李斯喟然而歎曰：『嗟乎！吾聞之荀卿曰：「物禁太盛。」』」《漢書・馮參傳》：「丞相翟方進謂參『物禁太甚』。」